● 指定数量

第4類危険物の指定数量

品　名	性　質	指定数量	主 な 物 品
特殊引火物		50 l	ジエチルエーテル、二硫化炭素 アセトアルデヒド、酸化プロピレン
第1石油類	非水溶性	200 l	ガソリン、ベンゼン、トルエン、酢酸エチル
	水溶性	400 l	アセトン
アルコール類		400 l	メタノール（メチルアルコール） エタノール（エチルアルコール） イソプロピルアルコール（2-プロパノール）
第2石油類	非水溶性	1 000 l	灯油、軽油、キシレン、n-ブチルアルコール
	水溶性	2 000 l	酢酸
第3石油類	非水溶性	2 000 l	重油、クレオソート油、ニトロベンゼン
	水溶性	4 000 l	エチレングリコール、グリセリン
第4石油類		6 000 l	ギヤー油、シリンダー油
動植物油類		10 000 l	アマニ油、ナタネ油

第4類以外の危険物の指定数量（重要品名のみ）

類	品　名	物品名	指定数量
第2類	硫化りん（三硫化りん）、赤りん、硫黄		100 kg
	鉄粉		500 kg
	引火性固体	固形アルコール	1 000 kg
第3類	カリウム、ナトリウム アルキルアルミニウム		10 kg
	黄りん		20 kg
第6類	すべて	過酸化水素、硝酸	300 kg

過去問パターン分析！

乙4類危険物試験

解法ガイド　鈴木幸男［著］

Ohmsha

本書を発行するにあたって，内容に誤りのないようできる限りの注意を払いましたが，本書の内容を適用した結果生じたこと，また，適用できなかった結果について，著者，出版社とも一切の責任を負いませんのでご了承ください．

本書は，「著作権法」によって，著作権等の権利が保護されている著作物です．本書の複製権・翻訳権・上映権・譲渡権・公衆送信権（送信可能化権を含む）は著作権者が保有しています．本書の全部または一部につき，無断で転載，複写複製，電子的装置への入力等をされると，著作権等の権利侵害となる場合があります．また，代行業者等の第三者によるスキャンやデジタル化は，たとえ個人や家庭内での利用であっても著作権法上認められておりませんので，ご注意ください．
本書の無断複写は，著作権法上の制限事項を除き，禁じられています．本書の複写複製を希望される場合は，そのつど事前に下記へ連絡して許諾を得てください．
出版者著作権管理機構
（電話 03-5244-5088, FAX 03-5244-5089, e-mail: info@jcopy.or.jp）

JCOPY ＜出版者著作権管理機構 委託出版物＞

読者の皆様方へ

1 本書の主旨

　私は危険物講習の講師を30年以上勤めている現役の講師です。講習の傍ら各地で行われる試験を年20回ほど受け、試験問題を全部覚えて対策問題を作成していますが、最近受験して感じることは
　①年々出題される問題の変わり方が早くなっていること
　②難しい問題が増えていること
です。①に関して以前には法令や物理の中で、全く同じ問題が年間4、5回繰り返し出題されていましたが、最近は2回も出題されればよいほうです。また、②に関しては今までに参考例のない初めての出題で、講師でも正解を出すのに苦労する「難問題」が増えていることです。特に物理・化学にそれが顕著です。このような現状を鑑み、**最新の40回分の試験問題（約2年の収集による）の出題パターンのほぼ全てを完璧に分析して作成したものが本書です**。市販の類書で、本書以上の分析がなされたものはないと確信いたしております。貴方が有効に活用され、合格されることを期待しております。

2 本書の特長

　豊富なデータをもとに**本書では、危険物試験と同じ出題順の35問で構成し、番号を見ればどのような問題が出るのか一目瞭然にしました。また、すべての問題の冒頭に「本問の出題率」を掲載しました**。

貴方が大事だと思っていた問題や苦手な問題の出題率は何パーセントでしょうか？

　また、貴方は毎回出題される大切な問題をおろそかにして、ほとんど出ない問題にこだわっていませんでしたか。
　本書を使えば、効率的な勉強をしていただけます。
　特に多くの受験生の皆さんが苦手とする、物理・化学の「物理・化学・燃焼・消火」の4項目については、16番から25番までの10問で構成されております。
　ここでは、出題数が多く性質の問題にも影響のある『燃焼関連』の重要問題を前半に配し、近年出題数の少ない「物質の三態」、「熱の移動」、「液体（ガソリン）の膨張計算」など『物理』の範疇に入る問題を後半に収録して、より実践に則った内容にしています。

導入章　本書の特長と使い方

1 危険物取扱者乙種第4類試験の概要

(1) 受験資格
受験資格に経験などの制限がないので、誰でも受験ができます。

(2) 試験科目

出題数と合格点

科　目	出題数	合格に必要な正解数
危険物に関する法令（法令）	15	9 (60%)
基礎的な物理学及び基礎的な化学（物理・化学）	10	6 (60%)
危険物の性質並びにその火災予防及び消火の方法（性質）	10	6 (60%)

※合格には、科目ごとにそれぞれ60%以上の正解が必要です。合計点で60%以上であっても1科目でも60%に満たない場合は、合格できません。

(3) 試験時間
2時間（拘束35分間）

(4) その他
五肢択一式、計算機は使用不可

"正しいもの" "誤っているもの" のいずれを選ぶにしても、五肢択一式は山勘で答えをだすのは難しいものです。しかし、"なぜ" その答えになるかを理解すれば、関連の他の問題についても解答できる場合が多いので、勉強の仕方が大切となります。

2 "合格の秘訣"

合格の秘訣は、五肢択一式の問題の各項目すべてに、○×の印を付けることです。

(1) 一項目ずつ文章を最後まで読み、正しい項には○印を、誤っている項には×印をする（後述の例題参照）。

(2) 誤っていて×印をした項は、誤っている箇所を正しく直す（簡単な文章や数値等）。

例：灯油及び軽油の発火点は、~~100℃~~ **220℃** より低い。

(3) 本書で解説されておらず、分からない項には？マークをして、無理に○×の印をしない。難しくて？マークをした項が答えになることは、90%の確率でありません（最近の出題傾向より）。

(4) 正しいものを選ぶ問題は、○が1個、×が4個付くので○印の番号が答えです。
　　誤っているものを選ぶ問題では、この逆になります（後述の例題参照）。
(5) 大切で覚えてほしい問題は何度も出るので、このようにすべてに○×の印を付けて解答することで、自然に問題を覚えて物理・化学や性質に強くなり、合格できるはずです。
　　面倒だと思わずに、まずはやってみよう！

〔例　題〕
【問1】自動車ガソリンの性状について、次のうち誤っているものはどれか。
　○1. 揮発性物質である。
　○2. 水面に流れたものは、広がりやすい。
　○3. 流動摩擦等により静電気が発生しやすい。
　×4. 自動車ガソリンの蒸気比重は1より小さい。→大きい。
　○5. 引火点は－40℃以下である。
【問2】自動車ガソリンの性状について、次のうち正しいものはどれか。
　×1. 自然発火しやすい。→引火点が低いので引火しやすいが、自然発火はしない。
　×2. 自動車ガソリンの蒸気比重は1より小さい。→大きい。
　×3. 燃焼範囲は、ジエチルエーテルより広い。→狭い（おおむね1～8％）。
　×4. 発火点は、二硫化炭素より低い。→ガソリンの発火点は、約300℃で高い。
　○5. 水よりも軽い。→石油製品はすべて水より軽い（試験に出る範囲内）。

　受験生の皆さん、設問が「正しいか」「誤っているか」のいかんにかかわらず、答えの項目に○印でチェックしているだけではありませんか？このやり方で例題を行うと
　　　　問1の4項「自動車ガソリンの蒸気比重は1より小さい。」
では、誤っている選択肢が答えなので4項に○印を付けてしまい、一方、同じ内容の問2の2項では×印を付けることになります。このように同じ文章でも○が付いたり×が付いたりすると、頭の中が混乱して、できる問題でも間違ったり、なかにはパニックになる方もいます。このようなことを防ぎ危険物試験に強くなるコツは、五肢択一式の各項目には正しければ○印を、誤っていれば×印をしてみてください！

3 本書の効果的な使い方

　各問題ともに（1）本問の出題率➡（2）出題パターン分析にもとづく合格のポイント➡（3）出題頻度の高い再現問題➡（4）解法パターン＆コツの（1）から（4）の順に構成しています。

(1) 本問の出題率
各問題ごとのカテゴリ別に出題率を算出しグラフ化することによって、ひと目で出題傾向が把握でき、学習指針を立てやすくしました。

(2) 出題パターンの分析結果にもとづく合格のポイント
問題を解くためのテキストです。不要な部分は極力省略し、必要な内容のみを掲載しました。試験問題では「誤っているものはどれか」という問題が半数近くあります。市販の教科書、問題集には正しいことは数多く説明と解説がされていますが、誤っている項目の説明と解説が少ないのが実態です。本書では、最近の出題傾向よりまとめた「このような文言は誤っている」等を主要な項目に掲載しました。

また、最近の試験問題に効率よく対処するために、「簡便法で合格率アップ」という項目を設け、解答には○か×かを記載し、誤っている場合には解説を入れました。この「簡便法」は、試験問題を何千回と練習する中から生まれた実践的な手法であり、答えの多くは簡便法に含まれていると自信をもっています。

〈性質の問題を解くのに簡便法を使用した例〉
　前頁【問2】の「解法パターン＆コツ」➡ p.220, 221の簡便法参照
【問2】自動車ガソリンの性状について、次のうち正しいものはどれか。
　　× 1. 自動車ガソリンが自然発火しやすいと出れば、簡便法⑤を用いて、自然発火するのは動植物油のアマニ油、キリ油で、それ以外はすべて×で OK。
　　× 2. 自動車ガソリンの蒸気比重は1より小さいと出れば、簡便法②を用いて、第4類はすべて蒸気比重は1以上で空気より重い（大きい）ので×となる。
　　× 3. 燃焼範囲はジエチルエーテルより広いと出れば、簡便法⑥を用いて、ガソリンは特殊引火物、メタノール以外になるので、すべて×となる。
　　× 4. 発火点は、二硫化炭素より低いと出れば、簡便法④を用いて、すべて×となる。参考例：ガソリンの発火点は約300℃で、二硫化炭素の90℃より高い。
　　○ 5. 水よりも軽いと出れば、簡便法②では二硫化炭素以外はすべて○で OK。

このように簡便法とは、「数値等が覚えられない場合でも答えを出す方法」であり、第4類危険物の性状等に関する問題のほぼすべてに使えます。また、法令と物理・化学にも簡便法を掲載しました。

(3) 出題頻度の高い再現問題

最近2年間の出題傾向を分析して作成した、最新の予想問題です。練習問題は5〜8問程で構成してあり、出題ランク別に分類しています。

★（できれば取り組みたい）
★★（よく出題される）
★★★（必ずマスターしたい）

(4) 解法パターン＆コツ

解答解説の選択肢の左にある〇×印には、次のような意味があります。

〇印の正しい項目の解説　➡　練習問題に記載された内容どおりなので、大切で他に影響のある項目を主に解説し掲載しました。

×印の誤っている項目の解説　➡　「"なぜ"誤っているのか」を理解して頂くため基本的に全部掲載しました。

また、問題は難易度ランク別に、次のように分類しています。

☺（易しい）
😐（標準）
☹（難しい）

◎ 得点力アップのポイント 　　問題を解く鍵を端的に解説	得点力UPのポイント
◎ 出題パターンのアドバイス 　　最新の傾向分析によるポイント解説	出題パターンのアドバイス
◎ 解法のテクニック 　　問題を解くための裏ワザ解説	解法のテクニック

4 学習に取り組む上での留意点

1回の受験で合格を目指すためには、各科目で80％以上の得点を取ることが大切です。80％以上の得点を取るために、次のことに留意して問題に取り組みましょう。

合格を目指して

絶対に問題を3回やるぞ
80％以上を目指すぞ！

① 各問題は最低3回行うため答えを書かないようにし、付録（p.280）の「解答用紙」をA4に拡大コピー（130%）して使ってください。引火点や発火点等の数値は、ノートやメモ用紙等に書いて覚えるようにしてみよう！　消えるボールペンも有効に使って下さい。
② わからない問題はそのままにしておき、後ほど「出題パターンの分析結果にもとづく合格のポイント」で確認して覚えるようにしてください。山勘で正解しても、本試験で間違っては意味がありません。

★次のステップで問題に取り組みましょう

---

1 問題は3回行う

　同じ問題を3回行えば、苦手な問題も自然に覚えられます。また、1回目に1時間使って答えを出した問題も、2回目は40分、3回目は30分と早くできるようになります。

2 法令の場合の実施例
　　問題1〜問題5を実施→解説で答えの確認
　　問題6〜問題10を実施→解説で答えの確認
　　問題11〜問題15を実施→解説で答えの確認
　＊このパターン（5問題ずつ解く）を以降同じ内容で2回繰り返す。
　　1回目は問題1を行い解説で答えを確認し、次いで問題2を行い解説で答えを確認するパターンでもかまいません。2回目以降は、実施例を参考に行ってください。

3 物理・化学の場合の実施例
　　問題16〜問題20を実施→解説で答えの確認
　　問題21〜問題25を実施→解説で答えの確認
　＊このパターン（5問題ずつ解く）を以降同じ内容で2回繰り返す。
　　物理・化学が苦手な方は、問題を1つずつ行い重要なポイントを覚えてください。

4 性質の場合の実施例
　　物理・化学と同様に行ってください。

5 時間に余裕があれば、苦手な問題をもう一度やってみてください。

1〜5のすべてが終了したならば、あなたは合格に一歩近付きました。自信をもって試験に臨んでください。

目次

第1章 危険物に関する法令

問題 ❶ 消防法上の危険物 …………………………………………… 2
問題 ❷ 製造所等の区分・予防規程 ………………………………… 10
問題 ❸ 指定数量 ……………………………………………………… 18
問題 ❹ 保安距離・保有空地 ………………………………………… 26
問題 ❺ 消火設備 ……………………………………………………… 32
問題 ❻ 製造所-1(屋内貯蔵所・屋外タンク貯蔵所・屋内タンク貯蔵所・
　　　　地下タンク貯蔵所・屋外貯蔵所) ……………………………… 38
問題 ❻ 製造所-2(給油取扱所・販売取扱所・標識掲示板、他) ……… 46
問題 ❼ 設置許可申請等の手続き(許可、承認、認可、届出等) ……… 54
問題 ❽ 法令違反に対する措置(設置許可の取り消し・使用停止命令、他) … 62
問題 ❾ 定期点検 ……………………………………………………… 68
問題 ❿ 危険物取扱者、危険物取扱者免状の交付・書き換え、他 …… 76
問題 ⓫ 保安講習 ……………………………………………………… 86
問題 ⓬ 危険物保安監督者・危険物施設保安員・所有者等の責務、他 … 92
問題 ⓭ 移動タンク貯蔵所・移送の基準 …………………………… 100
問題 ⓮ 危険物運搬の基準 …………………………………………… 106
問題 ⓯ 貯蔵・取扱いの基準 ………………………………………… 112

第2章 基礎的な物理学・基礎的な化学

問題 ⓰ 燃焼の基礎知識・完全燃焼/不完全燃焼 ………………… 120
問題 ⓱ 燃焼の仕方・燃焼の難易 …………………………………… 128
問題 ⓲ 引火点・燃焼範囲・発火点・物質の危険性、他 …………… 136
問題 ⓳ 消火の基礎知識 ……………………………………………… 146
問題 ⓴ 自然発火・粉じん爆発・燃焼の総合問題 ………………… 154
問題 ㉑ 静電気 ………………………………………………………… 160
問題 ㉒ 物理-1(物質の三態、沸騰、比重、気体の性質、潮解) …… 168

ix　　　　　　　　　　　　　　　◆目　次◆

- 問題 22　物理-2（比熱と熱容量、熱量の計算、熱の移動、熱膨張、ガソリンの膨張計算、湿度・物理総合）……176
- 問題 23　物理変化・化学変化、単体・化合物・混合物、元素、熱化学、溶液・溶解度・濃度……182
- 問題 24　金属・イオン化傾向・腐食、有機化合物……192
- 問題 25　酸・塩基・pH、酸化と還元、酸化剤と還元剤……200

第3章　危険物の性質・火災予防・消火の方法

- 問題 26　危険物の類ごとの性質……212
- 問題 27　第4類に共通する特性……218
- 問題 28　第4類に共通する火災予防……226
- 問題 29　事故事例……232
- 問題 30　第4類に共通する消火の方法……238
- 問題 31　第1石油類-1（ガソリン）……246
- 問題 32　第2石油類（灯油、軽油、酢酸、キシレン、他）……252
- 問題 33　第3石油類、4石油類、動植物油類、第4類全般……260
- 問題 34　特殊引火物、アルコール類……268
- 問題 35　第1石油類-2（ベンゼン、トルエン、アセトン、他）……274

解答用紙……280

第1章
危険物に関する法令

◎ 問題 1 ◎
消防法上の危険物

Check!

本問の出題率 ➡ __100__ %

消防法上の危険物・他

- 出題率
  - 50% 2回に1回出る
  - 100% 毎回必ず出る
  - 150%

消防法上の危険物・他
- その他の類の危険物
- 危険物の定義
- 特殊引火物の関連問題
- その他の第4類

☑ 出題パターンの分析結果にもとづく**合格のポイント**

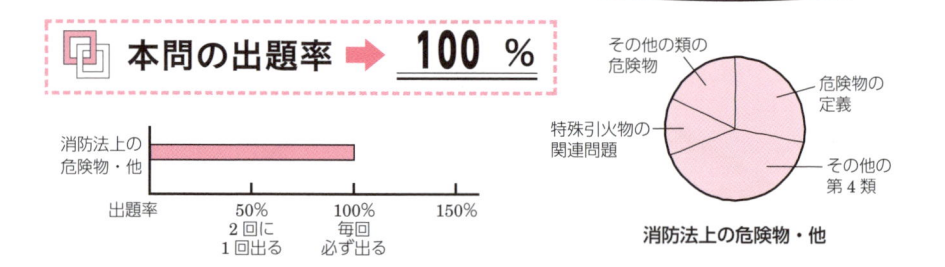

1．消防法上の危険物

① 消防法でいう「危険物」とは、「消防法別表第1の品名欄に掲げる物品」をいう。
② 危険物は常温（20℃）で固体又は液体であり、プロパン、水素ガス等の気体は危険物ではない。

〈消防法別表第1より抜粋（最近の出題傾向より）〉

類別	性質	品名
第1類	酸化性固体	塩素酸塩類、硝酸塩類、過マンガン酸塩類他
第2類	可燃性固体	硫化りん、赤りん、**硫黄**、鉄粉、マグネシウム、金属粉（アルミニウム粉、亜鉛粉）他
第3類	自然発火性及び禁水性物質	カリウム、**ナトリウム**、アルキルリチウム、黄りん他
第4類	引火性液体	特殊引火物、第1石油類、アルコール類、第2石油類他
第5類	自己反応性物質	有機過酸化物、硝酸エステル類、ニトロ化合物他
第6類	酸化性液体	**過酸化水素、硝酸**、過塩素酸他

危険物でない物品：プロパン、**水素**、液体酸素、硫酸、クロルスルホン酸、ニッケル粉、消石灰等

2. 消防法別表の備考（消防法別表の備考より抜粋）

1. 特殊引火物	ジエチルエーテル、二硫化炭素 その他1気圧において、発火点が100℃以下のもの又は引火点が－20℃以下で沸点が40℃以下のものをいう。	
2. 第1石油類	アセトン、ガソリン その他1気圧において、引火点が21℃未満のものをいう。	
3. アルコール類	1分子を構成する炭素の原子の数が1個から3個までの飽和1価アルコール（変性アルコールを含む）をいう。（含有量が60％未満の水溶液を除く。）	
4. 第2石油類	灯油、軽油 その他1気圧において引火点が21℃以上70℃未満のものをいう。	
5. 第3石油類	重油、クレオソート油 その他1気圧において引火点が70℃以上200℃未満のものをいう。	
6. 第4石油類	ギヤー油、シリンダー油 その他1気圧において引火点が200℃以上250℃未満のものをいう。	
7. 動植物油類	動物の脂肪等又は植物の種子若しくは果肉から抽出したものであって、1気圧において引火点が250℃未満のものをいう。	

簡便法で合格率アップ！ ★大切だから必ず読んでね！

① **こう出たら ○** 危険物は、法別表第1の品名欄に掲げる物品で、同表に定める区分に応じ同表の性質欄に掲げる性状を有するものをいう

② **こう出たら ✕** 危険物は1気圧において、温度零度で固体又は液体の状態であるものと定義されている。
 ⇨ 温度が零度ではなく20℃で、固体、液体と定められている。

③ **こう出たら ✕** 気体（プロパンガス、水素など）は、危険物である。
 ⇨ 危険物は液体と固体だけであり、気体は含まれない。プロパンガス等は危険物ではなく、「高圧ガス保安法」で規制されている。

④ **こう出たら ✕** クレオソート油は、第4石油類に相当する。
 ⇨ クレオソート油は、第3石油類に相当する。

⑤ **覚えよう** アルコール類とは、1分子を構成する炭素の原子の数が（A：1～3個）までの飽和1価アルコールをいい、その含有量が（B：60％）未満の水溶液を除く。
 ⇨ アルコールは、1～3個と60％の2つの数値を覚えるのがポイント。

出題頻度の高い★再現問題

問1 法令上、危険物に関する記述について、次のうち正しいものはどれか。

1. 危険物は、法別表第1の品名欄に掲げる物品で、同表に定める区分に応じ同表の性質欄に掲げる性状を有するものをいう。
2. ある危険物が法別表第1の性質欄に掲げる性状の2以上を有している場合、任意の性状を有する危険物として取り扱うことができる。
3. 危険物は、火災危険性だけでなく、人体に対する毒性危険、環境に対する汚染危険を判断するための試験によって判定される。
4. 危険物か否かが明らかでない物品を貯蔵し又は取り扱う所有者等は、法令で定められている試験を自ら行い、その固有の性状を確認することはできない。
5. 危険物は、1気圧20℃において液体又は気体である。

問2 法令上、危険物に関する記述として、次のうち誤っているものはどれか。

1. 法別表第1の品名欄に掲げる物品で、同表に定める区分に応じ、同表の性質欄に掲げる性状を有するものをいう。
2. 酸化性固体、可燃性固体、自然発火性物質及び禁水性物質、引火性液体、自己反応性物質、酸化性液体に分類される。
3. 危険物の性質により、第1類から第6類に分類されている。
4. 1気圧において、温度零度で固体又は液体の状態であるものと定義されている。
5. 法別表に掲げる品名のほか、政令で定められている品名がある。

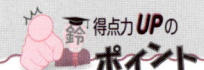

得点力UPのポイント ★必ず読んでね!★

① 一項目ずつ文章を最後まで読み、正しい項には〇印を、誤っている項には×印を付ける。
② 誤っているとして×印をした項は、誤っている箇所を正しく直す。

　例:ガソリンの引火点は、~~常温(20℃)~~ −40℃以下 以上である。

③ 分からない項には?マークを付け、無理に〇×の印を付けない。本書にその項に関する説明がなく、解答を導くのが難しくて?マークをした項が答えになることは、90%の確率でありません。
④ 正しいものを選ぶ問題は、〇が1個、×が4個付くので〇印の番号を解答とする。誤っているものを選ぶ問題では、この逆になる。
⑤ このようにすべての項に〇×の印を付けて問題を行えば、自然に問題を覚えられるので危険物の試験問題に強くなり、合格できるはずです。面倒だと思わずにやってみよう!

解法パターン&コツ

問1 解答1

- ○ 1. 危険物は、法別表第1の品名欄に掲げる物品で、同表に定める区分に応じ同表の性質欄に掲げる性状を有するものをいうと定められており、正しい。
- × 2. ある危険物が法別表第1の性質欄に掲げる性状の2以上を有している場合、任意の性状を有する危険物としてではなく、**総務省令で別途定められている**。
- × 3. 危険物の危険性を表す試験に火災危険性はあるが、**人体に対する毒性危険、環境に対する汚染危険を判断する等はない。**
- × 4. 危険物か否かが明らかでない物品を取り扱う所有者等は、法令で定められている試験を自ら行い、**その固有の性状を確認することができる。**
- × 5. 危険物は1気圧20℃において液体又は固体であり、気体の危険物はない。

問2 解答4

- ○ 1. 法別表第1の品名欄に掲げる物品（p.2法別表第1参照）で、同表に定める区分に応じ、同表の性質欄に掲げる性状を有するものをいう。
  ※1項は正しく、又他の問題では答えになる最重要な内容である。
- ○ 2. 酸化性固体（第1類）、可燃性固体（第2類）、自然発火性物質及び禁水性物質（第3類）、引火性液体（第4類）、自己反応性物質（第5類）、酸化性液体（第6類）に分類される。
- ○ 3. 危険物の性質により、第1類から第6類（前2項参照）に分類されている。
- × 4. 危険物は1気圧において、温度零度ではなく20℃で、固体又は液体の状態であるものと定義されている。
- ○ 5. 法別表に掲げる品名のほか、第5類等に政令で定められている品名がある。

得点力UPのポイント ★必ず読んでね！★

　p.2の〈消防法別表第1より抜粋〉の表を見て解答したときは、第4類の引火性液体、第5類の自己反応性物質等大切な項目には蛍光ペンで色付けしよう！
　また、4項の数値が誤っている問題では、誤っている箇所を正しい数値に直そう！　ただし、問題集に×印をして正解の数値が記入してあると、2回目に解くときの効果が薄くなるので、メモ用紙に記入する等して工夫しよう！

合格のために
まとめノートの活用を！

✨出題頻度の高い★再現問題

問3 消防法別表第1の備考に掲げる品名の説明として、次のうち正しいものはどれか。

1. 特殊引火物とは、ジエチルエーテル、二硫化炭素その他1気圧において、発火点が100℃以下のもの又は引火点が－20℃以下で沸点が40℃以下のものをいう。
2. 第1石油類とは、ガソリン、軽油その他1気圧において引火点が21℃未満のものをいう。
3. 第2石油類とは、灯油、アセトンその他1気圧において引火点が21℃以上70℃未満のものをいう。
4. 第3石油類とは、重油、シリンダー油その他1気圧において引火点が70℃以上200℃未満のものをいう。
5. 第4石油類とは、ギヤー油、クレオソート油その他1気圧において引火点が200℃以上のものをいう。

問4 第4類の危険物について、法別表第1に掲げる危険物の品名と物品名の組合せについて、次のうち誤っているものはどれか。

〈法別表第1の品名〉　〈物品名〉
1. 特殊引火物　　　二硫化炭素
2. 第1石油類　　　ガソリン
3. アルコール類　　ジエチルエーテル
4. 第2石油類　　　軽油
5. 第4石油類　　　ギヤー油

問5 法に定める危険物の品名について、次のうち誤っているものはどれか。

1. ジエチルエーテルは、特殊引火物に該当する。
2. ガソリンは、第1石油類に該当する。
3. 重油は、第2石油類に該当する。
4. クレオソート油は、第3石油類に該当する。
5. シリンダー油は、第4石油類に該当する。

解法パターン＆コツ

問3　解答1

○ 1. 特殊引火物とは、ジエチルエーテル、二硫化炭素その他1気圧において、発火点が100℃以下のもの又は引火点が−20℃以下で沸点が40℃以下のものをいう。
× 2. 第1石油類とは、ガソリン、アセトン（軽油は第2石油類なので誤っている）その他1気圧において引火点が21℃未満のものをいう。
× 3. 第2石油類とは、灯油、軽油でありアセトンが誤っている。引火点は正しい。
× 4. 第3石油類とは、重油、クレオソート油でありシリンダー油が誤っている。
× 5. 第4石油類とは、ギヤー油、シリンダー油でありクレオソート油が誤っている。また、引火点は200℃以上250℃未満のものをいう。

出題パターンのアドバイス

消防法上の危険物は第1類から第6類まであるが、その中でも第4類が最も多く出題される。特にp.3の「2. 消防法別表の備考」が大切で、以前は特殊引火物、第1石油類、アルコール類からの出題が多くあったが、最近は全般的に出題されるように変わってきた。

問4　解答3

〈法別表第1の品名〉	〈物品名〉
○ 1.　特殊引火物	二硫化炭素○
○ 2.　第1石油類	ガソリン○
× 3.　アルコール類	ジエチルエーテル×
○ 4.　第2石油類	軽油○
○ 5.　第4石油類	ギヤー油○

※このような形式の問題では、特殊引火物の物品名が答えになる問題が増えている。特殊引火物は、ジエチルエーテル、二硫化炭素、アセトアルデヒド、酸化プロピレンと覚えよう！

問5　解答3

○ 1. ジエチルエーテルは、特殊引火物に該当する。
○ 2. ガソリンは、第1石油類に該当する。
× 3. 重油は第2石油類ではなく、第3石油類に該当する。
○ 4. クレオソート油は、第3石油類に該当する。クレオソート油は答えになることが多いので、第3石油類と覚えよう！
○ 5. シリンダー油は、第4石油類に該当する。

◆ 問題1　消防法上の危険物 ◆

出題頻度の高い★再現問題

問6 法に定める危険物の品名について、次のうち誤っているものはどれか。

1. 二硫化炭素は、特殊引火物に相当する。
2. アセトンは、第1石油類に相当する。
3. 軽油は、第2石油類に相当する。
4. 重油は、第3石油類に相当する。
5. クレオソート油は、第4石油類に相当する。

問7 法令上、次の文の（　）内のA〜Bに当てはまる語句の組合せとして、正しいものはどれか。

「アルコール類とは、1分子を構成する炭素の原子の数が（A）までの飽和1価アルコール（変性アルコールを含む）をいい、その含有量が（B）未満の水溶液を除く。」

　　　　〈A〉　　〈B〉
1. 1〜3個　　60％
2. 2〜4個　　60％
3. 3〜6個　　50％
4. 1〜3個　　50％
5. 2〜4個　　50％

問8 法別表第1に品名として記載されている危険物は、次のA〜Eの物質のうちいくつあるか。

A. 黄りん
B. 硝酸
C. プロパン
D. 水素
E. 過酸化水素

1. 1つ　　2. 2つ　　3. 3つ　　4. 4つ　　5. 5つ

第1章　危険物に関する法令

解法パターン＆コツ

問6　解答 5

× 5. クレオソート油は、第4石油類ではなく第3石油類に相当する。

出題パターンのアドバイス

最近のこれらの類似問題では、特殊引火物のジエチルエーテル、二硫化炭素、第3類のクレオソート油等が答えになる問題が多い。

問7　解答 1　A：1～3個　B：60％

「アルコール類とは、1分子を構成する炭素の原子の数が（A：1～3個）までの飽和1価アルコール（変性アルコールを含む）をいい、その含有量が（B：60％）未満の水溶液を除く。」

出題パターンのアドバイス

法令問題のアルコール類では、1～3個と60％の2つの数値を覚えれば万全である。

問8　解答 3

○ A. 黄りん→第3類の危険物で固体
○ B. 硝酸→第6類の危険物で液体
× C. プロパン→プロパン（ガス）は気体なので、消防法上の危険物でない。
× D. 水素→水素（ガス）は気体なので、消防法上の危険物でない。
○ E. 過酸化水素→第6類の危険物で液体
× 1. 1つ　× 2. 2つ　○ 3. 3つ　× 4. 4つ　× 5. 5つ

得点力UPのポイント　★必ず読んでね！★

p.2の〈消防法別表第1より抜粋〉の表を見て解答したときは、問題には「A. 黄りん→第3類の危険物 or 第3類」と記入し、表の第3類の黄りんに蛍光ペンで色を付けよう！
　面倒なようだがこうして少し工夫をすれば、自然に頭の中に問題とその解答が蓄積されていく。また、問1等にも記したように、消防法上の危険物は、液体と固体で気体は含まれない。

◆ 問題1　消防法上の危険物 ◆

◎ 問題 2 ◎
製造所等の区分、予防規程

Check!

本問の出題率 → 73 %

- 製造所等の区分　20%
- 予防規程　53%

出題率　50% (2回に1回出る)　100% (毎回必ず出る)　150%

円グラフ:
- 定めるべき内容
- 地下タンク貯蔵所
- 販売取扱所
- 屋内貯蔵所
- 認可、申請者他
- 定める必要のある施設

凡例:
- 製造所等の区分
- 予防規程

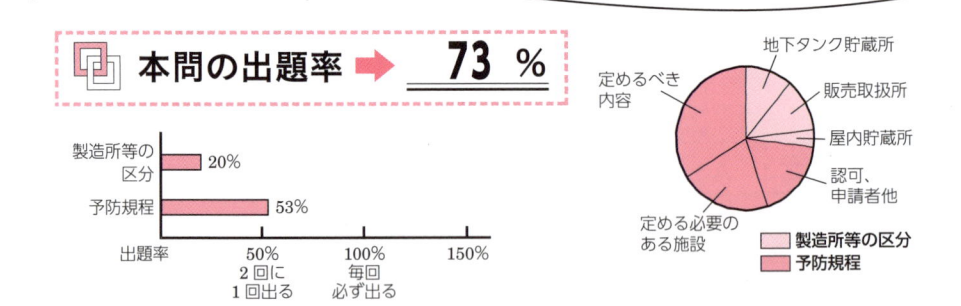

☑ 出題パターンの分析結果にもとづく合格のポイント

1 製造所等の区分

危険物施設 ＝ 製造所等 ─┬─ 1. 製造所　1 施設 ─┐
　　　　　　　　　　　　├─ 2. 貯蔵所　7 施設 ─┼─ 合計 12 施設
　　　　　　　　　　　　└─ 3. 取扱所　4 施設 ─┘

合計 12 施設をまとめて、危険物施設あるいは製造所等という。

1. 製造所

① 製造所→危険物を製造する施設

2. 貯蔵所

① 屋内貯蔵所　　　→屋内の場所において、危険物を貯蔵し、又は取り扱う施設（**タンクはない**）
② 屋外タンク貯蔵所→屋外にあるタンクにおいて、危険物を貯蔵し、又は取り扱う施設
③ 屋内タンク貯蔵所→屋内にあるタンクにおいて、危険物を貯蔵し、又は取り扱う施設
④ 地下タンク貯蔵所→地盤面下に埋設されているタンクにおいて危険物を貯蔵し、又は取り扱う施設

⑤ 簡易タンク貯蔵所　→簡易タンクにおいて危険物を貯蔵し、又は取り扱う施設
⑥ 移動タンク貯蔵所　→車両に固定されたタンクにおいて危険物を貯蔵し、又は取り
　　（タンクローリー）　扱う施設
⑦ 屋外貯蔵所　　　　→屋外の場所において第2類の硫黄、引火性固体（引火点0℃以上のもの）又は第4類の第1石油類（引火点0℃以上のもの）、アルコール類、第2石油類、第3石油類、第4石油類等を貯蔵し、又は取り扱う施設（**タンクはない**）

3. 取扱所

① 給油取扱所　　　　→固定した給油設備によって自動車等の燃料タンクに直接給
　　（ガソリンスタンド）　油するため、危険物を取り扱う施設
② 販売取扱所　　　　→店舗において容器入りのままで販売するため、危険物を取
　　（塗料店等）　　　　り扱う施設
　　　　　　　　　　　・第1種販売取扱所：指定数量の倍数が15以下
　　　　　　　　　　　・第2種販売取扱所：指定数量の倍数が15を超え40以下
③ 移送取扱所　　　　→配管及びポンプ等によって、危険物を取り扱う施設
④ 一般取扱所　　　　→給油取扱所、販売取扱所、移送取扱所以外の取扱所
　　（ボイラー施設等）

2 予防規程

予防規程とは、製造所等の火災を予防するため、危険物の保安に関し必要な事項を定めたもので、**所有者等が作成し、経営者、従業員等が守らなければならない規程**である。

1. 予防規程の作成と変更

① 予防規程を**作成や変更**したときは、**市町村長等の認可**が必要。
② 市町村長等は火災予防のために、予防規程の変更を命じることができる。

2. **予防規程を定めなければならない製造所等→すべての製造所等に必要なわけではない。**

   指定数量の倍数に規制のある危険物施設→5 施設（p.26 の保安距離と同じ。）
   ・製造所　・一般取扱所　・屋内貯蔵所　・屋外貯蔵所　・屋外タンク貯蔵所
   指定数量に規制がなく、すべてに必要な危険物施設→2 施設
   ・給油取扱所　・移送取扱所

3. **予防規程に定めるべき主な事項（重要項目を抜粋）**
   ① 危険物保安監督者が旅行、疾病等によって職務を行うことができない場合に、その職務の代行者。
   ② 化学消防車の設置・自衛の消防組織に関すること。→自衛消防組織を定めていても、予防規程は必要である。
   ③ 危険物の保安に係わる作業に従事する者に対する保安教育に関すること。
   ④ 危険物施設の運転又は操作に関すること。
   ⑤ 危険物の取扱い作業の基準に関すること。
   ⑥ 災害その他の非常の場合に取るべき措置に関すること。
   ⑦ 顧客に自ら給油等をさせる給油取扱所（セルフスタンド）にあっては、監視その他保安の措置に関すること。→一般の給油取扱所にはない規程である。

★簡便法で**合格率アップ！**　★大切だから必ず読んでね！

1. 製造所等の区分

① こう出たら ○　地下タンク貯蔵所とは、地盤面下に埋設されているタンクにおいて、危険物を貯蔵し、又は取り扱う貯蔵所。

② こう出たら ○　第1種販売取扱所とは、店舗において容器入りのままで販売するため、指定数量の倍数が 15 以下の危険物を取り扱う取扱所。

③ こう出たら ○　屋内貯蔵所とは、屋内の場所において危険物を貯蔵し、又は取り扱う施設をいう。
⇨ 屋内貯蔵所にはタンクがなく、屋内タンク貯蔵所にはタンクが有るので注意する。

2. 予防規程

① <u>こう出たら ✕</u> 予防規程は、当該製造所等の危険物保安監督者が作成し、認可を受けなければならない。
  ⇨ 予防規程は、危険物保安監督者や危険物取扱者が作成するものではなく、所有者等が作成して認可を受けなければならないと定められている。

② <u>こう出たら ✕</u> すべての製造所等は、危険物における災害の防止のために予防規定を定めなければならない。
  ⇨ 予防規程は12施設の危険物施設のうち、給油取扱所を始め7施設に必要である。

③ <u>こう出たら ◯</u> 製造所等の所有者等及び従業者は、危険物取扱者以外の者であっても予防規程を守らなければならない。

④ <u>こう出たら ✕</u> 予防規程には、危険物の在庫の管理と発注に関することを定めなければならない。
  ⇨ 製造所等の火災を予防する目的のための予防規程に、危険物の在庫の管理と発注に関することは関係がないので定める必要がない。

⑤ <u>こう出たら ✕</u> 予防規程には、製造所等において発生した火災及び消火のために受けた損害調査に関することを定めなければならない。
  ⇨ 前述の④項と同様で、火災等で受けた損害調査に関することを定める必要はない。

⑥ <u>覚えよう</u> 顧客自ら自動車等への給油等を行わせる給油取扱所（セルフスタンド）のみの予防規程に掲げる事項で正しいものは？
  ⇨ 顧客に対する監視その他保安のための措置に関すること。

◆ 問題2　製造所等の区分、予防規程 ◆

出題頻度の高い★再現問題

〈製造所等の区分〉

問1 法令上、製造所等の区分について、次のうち正しいものはどれか。

出題ランク ★★☆

1. 屋外貯蔵所……………屋外で特殊引火物、第1石油類、第2石油類を貯蔵し、又は取り扱う貯蔵所。
2. 屋内貯蔵所……………屋内にあるタンクにおいて危険物を貯蔵し、又は取り扱う貯蔵所。
3. 一般取扱所……………店舗において販売するため、危険物を取り扱う取扱所。
4. 移動タンク貯蔵所………自動車又は鉄道の車両に固定されたタンクにおいて危険物を貯蔵し、又は取り扱う貯蔵所。
5. 第1種販売取扱所………店舗において容器入りのままで販売するため、指定数量の倍数が15以下の危険物を取り扱う取扱所。

第1種販売取扱所〈塗料店〉

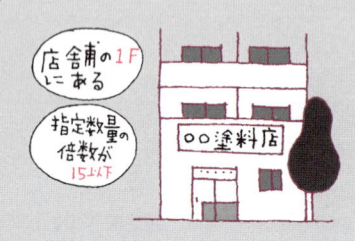

店舗の1Fにある
指定数量の倍数が15以下
○○塗料店

〈予防規程〉

問2 法令上、製造所等において定める予防規程について、次のうち誤っているものはどれか。

出題ランク ★★☆

1. 予防規程を定める場合及び変更する場合は、市町村長等の認可を受けなければならない。
2. 予防規程は、当該製造所等の危険物保安監督者が作成し、認可を受けなければならない。
3. 予防規程に関して火災予防上必要があるときは、市町村長等が変更を命じることがある。
4. 予防規程は、地震発生時における施設及び設備に対する点検、応急措置等に関することを定めなければならない。
5. 予防規程は、災害その他の非常の場合に取るべき措置に関することを定めなければならない。

第1章 危険物に関する法令

解法パターン＆コツ

〈製造所等の区分〉

問1　解答5

- × 1. 屋外貯蔵所………………特殊引火物は取り扱えない。第1石油類では引火点が0℃以上のものを、第2石油類はすべてを貯蔵し又は取り扱うことができる。
- × 2. 屋内貯蔵所………………屋内貯蔵所にタンクはない。
- × 3. 一般取扱所………………暖房用にボイラー等で大量の重油を使っている施設等（病院、その他公共施設等）をいう。
- × 4. 移動タンク貯蔵所………車両に固定されたタンクにおいて危険物を貯蔵し、又は取り扱う貯蔵所をいう。鉄道の車両が誤っている。
- ○ 5. 第1種販売取扱所………店舗（塗料店等）において容器入りのままで販売するため、指定数量の倍数が15以下の危険物を取り扱う取扱所なので正しい。

出題パターンのアドバイス

最近の出題傾向では、正しい、誤っているに関わらず、屋内貯蔵所、地下タンク貯蔵所、販売取扱所所を答えとする問題が多い。

問2　解答2

- ○ 1. 予防規程を定めたり変更する場合は、**市町村長等**の認可を受けなければならないと定められている。
- × 2. 予防規程は、危険物保安監督者や危険物取扱者が作成するものではなく、所有者等が作成し認可を受けなければならない。
- ○ 3. **市町村長等**は火災予防上必要があるときは、**予防規程の変更を命じることができる。**
- ○ 4. 予防規程は、火災を予防するため、地震発生時における施設及び設備に対する点検、応急措置等に関することを定めなければならない。
- ○ 5. 予防規程は、火災を予防するため、災害その他の非常の場合に取るべき措置に関することを定めなければならない。

得点力UPのポイント　★必ず読んでね！★

1項、3項は正しいので当問題では答えではないが、他の問題では答えになる大切な項目（文言）なので覚えておこう！

出題頻度の高い★再現問題

問3 法令上、次のA〜Eに掲げる製造所等のうち、指定数量の倍数により予防規程を定めなければならない組合せはどれか。

A. 製造所
B. 地下タンク貯蔵所
C. 移動タンク貯蔵所
D. 販売取扱所
E. 屋外タンク貯蔵所

1. AとB　　2. BとC　　3. CとD　　4. DとE　　5. AとE

得点力UPのポイント ★必ず読んでね！★

指定数量の倍数によって予防規程を定めなければならない製造所等は、「製造、一般、屋内、屋外、屋外タンク」と覚えればよい。p.26の2.保安距離・保有空地の必要な施設の覚え方と同じである。

簡便法としてはA〜Eの5つの危険物施設で、危険度の大きな施設を選べばよい。

問4 法令上、製造所等における予防規程に定めなければならない事項に該当しないものは、次のうちどれか。

1. 危険物の在庫の管理と発注に関すること。
2. 危険物の保安に関する業務を管理する者の職務及び組織に関すること。
3. 災害その他の非常の場合に取るべき措置に関すること。
4. 危険物の取扱い作業の基準に関すること。
5. 危険物の保安に係わる作業に従事する者に対する保安教育に関すること。

問5 法令上、予防規程に定めなければならない事項に該当しないものは、次のうちどれか。

1. 製造所等の位置、構造及び設備を明示した書類及び図面の整備に関すること。
2. 危険物保安監督者が、旅行、疾病その他の事故によってその職務を行うことができない場合にその職務を代行する者に関すること。
3. 危険物施設の運転又は操作に関すること。
4. 危険物の保安のための巡視、点検及び検査に関すること。
5. 製造所等において発生した火災及び消火のために受けた損害調査に関すること。

解法パターン＆コツ

問3　解答5

難易ランク 😐

- ○ A. 製造所→貯蔵量の規制がないので、危険度の大きな施設といえる。
- × B. 地下タンク貯蔵所→貯蔵量の規制はないが、貯蔵量が多くても第5種の小型消火器が2個以上と規定されているので、危険度は大きくない。
- × C. 移動タンク貯蔵所→タンク容量は30 000 l（30 kl）以下なので、危険度は大きくない。
- × D. 販売取扱所→第2種販売取扱所：指定数量の倍数が15を超え40以下なので、危険度は大きくない。
- ○ E. 屋外タンク貯蔵所→貯蔵量の規制がないので、大きなものは400 000 kl程（移動タンク貯蔵所の約13 000倍）もあり危険度は大きい。

× 1. AとB　　× 2. BとC　　× 3. CとD　　× 4. DとE　　○ 5. AとE

問4　解答1

難易ランク 😐

解法のテクニック

p.12の3.予防規程に定めるべき主な事項は、重要項目の抜粋なので、問4のすべての項目が記載されているものではない。

× 1. 製造所等の火災を予防する目的のための予防規程に、危険物の在庫の管理と発注に関することは関係がないので定める必要がない。

注意：2～5項は、製造所等の火災を予防する目的に沿う内容でありすべて正しい。

問5　解答5

難易ランク 😐

- ○ 1. 製造所等の位置、構造及び設備を明示した書類及び図面の整備等は、火災を予防するために必要なことである。
- ○ 2. 事故等により**危険物保安監督者がその職務を行うことができない場合は、資格を所持した代行者が必要である。**
- ○ 3. 火災を予防するため、危険物施設の運転又は操作に関することは定めなければならない。
- ○ 4. 危険物の保安のための巡視、点検及び検査に関することは、火災を予防するために定めなければならない。
- × 5. 製造所等の火災を予防する目的のための予防規程に、火災等で受けた損害調査に関することは関係がないので定める必要はない。

◆ 問題2　製造所等の区分、予防規程 ◆

◎ 問題 3 ◎ 指定数量

Check!

本問の出題率 → 100 %

指定数量

出題率　50% 2回に1回出る　100% 毎回必ず出る　150%

文章と数値の問題
指定数量の合計は？
一番大きいもの・小さいもの
指定数量以上は？

指定数量

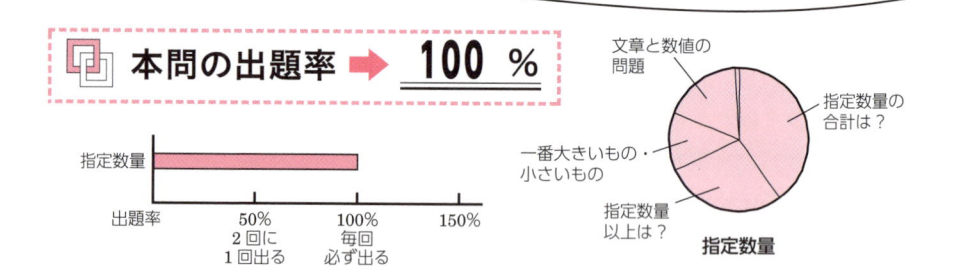

☑ 出題パターンの分析結果にもとづく合格のポイント

1. 指定数量とは

① 指定数量とは、その危険性を勘案して政令で定める数量と規定されている。
危険性の高い危険物は「指定数量を少なく」、危険性の低い危険物は「指定数量を多く」なるように定めている。
また、危険物の指定数量は、全国同一である。

② 指定数量未満の危険物については、市町村の火災予防条例で基準が定められている。

2. 指定数量の計算の仕方

① ガソリンのみを貯蔵している場合

$$\frac{指定数量}{の倍数} = \frac{ガソリンの貯蔵量〔l〕}{ガソリンの指定数量〔l〕}$$

② 複数の危険物（A、B、C、D）を同一場所で貯蔵している場合

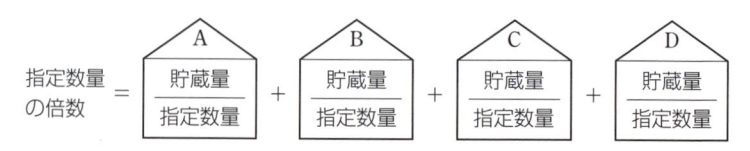

$$\frac{指定数量}{の倍数} = \frac{A\,貯蔵量}{指定数量} + \frac{B\,貯蔵量}{指定数量} + \frac{C\,貯蔵量}{指定数量} + \frac{D\,貯蔵量}{指定数量}$$

3. 第4類以外の指定数量

最近の試験では、第4類以外の危険物の指定数量計算が出題されている。

類	品　名	物品名	指定数量
第2類	硫化りん、赤りん、硫黄		100 kg
	鉄粉		500 kg
	引火性固体	固形アルコール	1 000 kg
第3類	ナトリウム、カリウム、アルキルアルミニウム		10 kg
	黄りん		20 kg
第6類	すべて	過酸化水素、硝酸	300 kg

★ 簡便法で**合格率アップ！**☆　　★大切だから必ず読んでね！

◎ 各物品の指定数量を覚えよう！

◆指定数量の覚え方
　油種を「名前」、指定数量を「電話番号」で覚える

名　前：と　い　あ　に　さ　よ　ど
電話番号：5 2 4 - 1 2 6 1

「と」は特殊引火物で「5」は 50 l。
「い」は第1石油類で「2」は 200 l。
特殊引火物の 50 から始まり、50 より大きい2は 200 l と覚える。

と	特殊引火物	5	50 l	ジエチルエーテル 二硫化炭素
い	第1石油類 〈水溶性は2倍〉	2	200 l 〈400 l〉	ガソリン、ベンゼン 〈アセトン〉
あ	アルコール類	4	400 l	メタノール エタノール
に	第2石油類 〈水溶性は2倍〉	1	1 000 l 〈2 000 l〉	灯油、軽油 〈酢酸〉
さ	第3石油類 〈水溶性は2倍〉	2	2 000 l 〈4 000 l〉	重油、クレオソート油 〈グリセリン〉
よ	第4石油類	6	6 000 l	ギヤー油、潤滑油等 シリンダー油
ど	動植物油類	1	10 000 l	アマニ油、なたね油

覚えなきゃ！

◆ 問題3　指定数量 ◆

出題頻度の高い★再現問題

問1 法令上、指定数量の倍数の求め方として、次の文中の（ ）内のA～Cに該当するもので、正しい組合せはどれか。

「別表第1に掲げる品名又は指定数量を異にする2以上の危険物を同一の場所で貯蔵し、又は取り扱う場合において、当該貯蔵又は取扱いに係わるそれぞれの危険物の（A）を当該危険物の（B）で除し、その（C）となるときは、当該場所は、指定数量以上の危険物を貯蔵し、又は取り扱っているものとみなす。」

	〈A〉	〈B〉	〈C〉
1.	数　量	指定数量	商の最大のものが1以上
2.	指定数量	数　量	商の和が1以上
3.	数　量	指定数量	商の和が1以上
4.	数　量	指定数量	商の最小のものが1以上
5.	指定数量	数　量	商の最大のものが1以上

問2 法令上、次の危険物を同一の場所に貯蔵する場合、貯蔵量は指定数量の何倍になるか。

重　油　　2 000 l　　アルコール類　　200 l
ガソリン　 100 l　　動植物油類　　　3 000 l
灯　油　　 500 l

1. 2.0倍　2. 2.8倍　3. 3.5倍　4. 4.0倍　5. 5.5倍

得点力UPのポイント ★必ず読んでね！★

余白に指定数量を含め計算式（答え）を書いてしまうと、本問を2回目以降に解くときに答えが分かってしまうので「計算用メモ用紙」等を用意しておこう！

問3 法令上、耐火構造の隔壁によって完全に区分された3室を持つ屋内貯蔵所において、次に示す危険物をそれぞれの室で貯蔵するとき、この屋内貯蔵所は、指定数量の何倍の危険物を貯蔵することになるか。

A. 酸化プロピレン　200 l　　C. 黄りん　100 kg
B. ベンゼン　　　 2 000 l

1. 9倍　2. 10倍　3. 11倍　4. 14倍　5. 19倍

解法パターン＆コツ

問1 解答3　A：数量　B：指定数量　C：商の和が1以上

解法のテクニック

p.18の「2. 指定数量の計算」②複数の危険物（A、B、C、D）の計算を使って解く。なお、文中の次の言葉に注意してほしい。

数量：貯蔵量のこと
除し：割る（÷）と同じ意味
商の和：それぞれの割り算の答えを足したもの（4種類の危険物を貯蔵している場合は、A、B、C、Dを足した指定数量の倍数の合計である）。

「別表第1に掲げる品名又は指定数量を異にする2以上の危険物を同一の場所で貯蔵し、又は取り扱う場合において、当該貯蔵又は取扱いに係わるそれぞれの危険物の（A：数量）を当該危険物の（B：指定数量）で除し、その（C：商の和が1以上）となるときは、当該場所は、指定数量以上の危険物を貯蔵し、又は取り扱っているものとみなす。」

問2 解答2

	〈貯蔵量〉	〈指定数量〉	〈倍数〉
重油	2 000 l ÷	2 000 l =	1
ガソリン	100 l ÷	200 l =	0.5
灯油	500 l ÷	1 000 l =	0.5
アルコール類	200 l ÷	400 l =	0.5
動植物油類	3 000 l ÷	10 000 l =	0.3

合計 2.8

× 1. 2.0倍　○ 2. 2.8倍　× 3. 3.5倍　× 4. 4.0倍　× 5. 5.5倍

解法のテクニック

計算はすべて行い、合計の部分も含めて整理して残すようにする。こうすれば間違ったところが後で確認でき、効率的に対処しやすくなる。

問3 解答5

	〈貯蔵量〉	〈指定数量〉	〈倍数〉
A. 酸化プロピレン	200 l ÷	50 l =	4
B. ベンゼン	2 000 l ÷	200 l =	10
C. 黄りん	100 kg ÷	20 kg =	5

合計 19

× 1. 9倍　× 2. 10倍　× 3. 11倍　× 4. 14倍　○ 5. 19倍

出題頻度の高い★再現問題

問4 指定数量の倍数の合計で最も少ない危険物の組合せは、次のうちどれか。なお、品名と指定数量は下表のとおりである。

品　名	指定数量
第1石油類（非水溶性）	200 l
第2石油類（非水溶性）	1 000 l
第3石油類（非水溶性）	2 000 l
第4石油類	6 000 l

1. ガソリン2 000 l とシリンダー油6 000 l
2. 灯油3 000 l とガソリン5 000 l
3. 重油4 000 l と灯油4 000 l
4. 軽油5 000 l と重油3 000 l
5. シリンダー油6 000 l と軽油2 000 l

解法のテクニック

今までのこのような形式の問題では、すべて最も大きなものを求める問題であった。この問題は、最も少ない組合せを求めているので注意しよう！

問5 第4類の危険物であるメタノールを100 l 貯蔵している同一の場所に、次の危険物を貯蔵した場合、法令上、指定数量の倍数が1以上となるものはどれか。

1. アセトアルデヒド　　20 l
2. トルエン　　　　　　90 l
3. 酢　酸　　　　　　 200 l
4. アセトン　　　　　　300 l
5. グリセリン　　　　　500 l

解法のテクニック

指定数量以上の危険物を貯蔵しようとすると消防法の規制を受け、多額の費用と時間等が必要になる。当問題は、それがどの場合かを問う問題である。

解法パターン＆コツ

問4　解答 5

品　名	指定数量
第1石油類（非水溶性）	200 l
第2石油類（非水溶性）	1 000 l
第3石油類（非水溶性）	2 000 l
第4石油類	6 000 l

× 1．ガソリン 2 000 l とシリンダー油 6 000 l　　10 ＋ 1 ＝ 11
　　　　　　　〈貯蔵量〉〈指定数量〉＜倍数＞
　　ガソリン　　　2 000 l ÷　　200 l　＝　10
　　シリンダー油　6 000 l ÷　6 000 l　＝　1
× 2．灯油 3 000 l とガソリン 5 000 l　　　　 3 ＋ 25 ＝ 28 →最も多い。
× 3．重油 4 000 l と灯油 4 000 l 　　　　　　 2 ＋ 4 ＝ 6
× 4．軽油 5 000 l と重油 3 000 l 　　　　　　 5 ＋ 1.5 ＝ 6.5
○ 5．シリンダー油 6 000 l と軽油 2 000 l 　　 1 ＋ 2 ＝ 3 ○→最も少ない。

問5　解答 4

① まず、貯蔵してあるメタノール 100 l の指定数量の倍数を計算する。

$$\frac{\text{メタノールの貯蔵量〔}l\text{〕}}{\text{メタノールの指定数量〔}l\text{〕}} = \frac{100\,l}{400\,l} = 0.25 \text{ 倍となる}$$

② 次に、1項のアセトアルデヒドから5項のグリセリンまで、指定数量の倍数を計算した数値にメタノールの 0.25 倍をプラスして、合計が1か1以上になる危険物が答えとなる。

〈①で計算したメタノールの指定数量の倍数〉
〈貯蔵量〉〈指定数量〉〈倍数〉　　　↓　　　〈合計〉
× 1．アセトアルデヒド　　 20 l ÷　　 50 l ＝ 0.4　　＋ 0.25 ＝ 0.65
× 2．トルエン　　　　　　 90 l ÷　　200 l ＝ 0.45　＋ 0.25 ＝ 0.7
× 3．酢　酸　　　　　　　200 l ÷　2 000 l ＝ 0.1　　＋ 0.25 ＝ 0.35
○ 4．アセトン　　　　　　300 l ÷　　400 l ＝ 0.75　＋ 0.25 ＝ 1 ○
× 5．グリセリン　　　　　500 l ÷　4 000 l ＝ 0.125 ＋ 0.25 ＝ 0.375

出題頻度の高い★再現問題

問6 法令上、第4類の危険物の指定数量について、次のうち誤っているものはどれか。

1. 第1石油類、第2石油類及び第3石油類に属する物品は、品名が同じであっても水溶性液体と非水溶性液体では、指定数量が異なる。
2. 水溶性の第1石油類とアルコール類は、指定数量が同一である。
3. 第2石油類と第3石油類は、指定数量が同一のものがある。
4. 第4石油類と動植物油類とは、指定数量が同一である。
5. 特殊引火物と第1石油類では、指定数量が同じものはない。

問7 法令上、貯蔵所でガソリン400 l、メタノール2 000 l 及び固形アルコール500 kg をそれぞれ貯蔵している場合、指定数量の倍数として、次のうち正しいものはどれか。

1. 1.8倍
2. 3.5倍
3. 4.5倍
4. 7.5倍
5. 12.5倍

解法のテクニック

固形アルコールは、第4類ではなく第2類の引火性固体である。

解法パターン＆コツ

問6　解答 4

　　　　　200 *l*　　　1 000 *l*　　2 000 *l* →非水溶性
　　　　　400 *l*　　　2 000 *l*　　4 000 *l* →水溶性

○ 1. 第1石油類、第2石油類及び第3石油類に属する物品は、品名が同じであっても水溶性液体と非水溶性液体では、指定数量が異なる。

　　　　　　　　　400 *l*　　　400 *l*

○ 2. 水溶性の第1石油類とアルコール類は、指定数量が同一である。

　　　　　1 000 *l*　　2 000 *l* →非水溶性
　　　　　2 000 *l*　　4 000 *l* →水溶性

○ 3. 第2石油類と第3石油類は、指定数量が同一のものがある。

　　　　　6 000 *l*　　10 000 *l*

× 4. 第4石油類と動植物油類とは、指定数量が同一ではなく異なっている。

　　　　　50 *l*　　　200 *l*　　340 0 *l*

○ 5. 特殊引火物と第1石油類では、指定数量が同じものはない。

得点力UPのポイント　必ず読んでね！

覚えた各品名の指定数量を、例えば1項の場合は第1石油類の上の上段に非水溶性200*l*、下段に水溶性400 *l* と記入して確認する。

問7　解答 4

	〈貯蔵量〉		〈指定数量〉		〈倍数〉	
ガソリン	400 *l*	÷	200 *l*	=	2	
メタノール	2 000 *l*	÷	400 *l*	=	5	合計 7.5
固形アルコール	500 kg	÷	1 000 kg	=	0.5	

× 1. 1.8倍　　× 2. 3.5倍　　× 3. 4.5倍　　○ 4. 7.5倍　　× 5. 12.5倍

問題 4
保安距離・保有空地

Check!

本問の出題率 ➡ 100 %

保安距離 55%
保有空地 45%

出題率　50% 100% 150%
　　　　2回に　毎回
　　　　1回出る　必ず出る

保有空地の幅は何mか？
保安距離の必要な施設
保有空地の必要な施設
対象となる建築物
保安距離は何mか

■ 保安距離
■ 保有空地

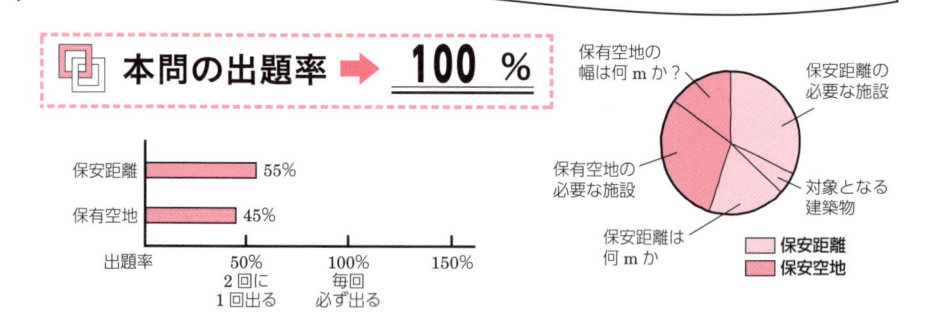

☑ 出題パターンの分析結果にもとづく**合格**のポイント

1. 保安距離・保有空地とは

① **保安距離とは**、製造所の火災、爆発等の災害時における延焼防止や避難等のために、付近の住宅、学校、病院等の保安対象物に対して、一定の距離を保つように定めたもの。

② **保有空地とは**、消防活動及び延焼防止のために製造所の周囲に確保する空地である。空地内には、どのような物品であっても置くことはできない。

2. 保安距離・保有空地の必要な施設

12ある危険物施設のうち、次の6施設に必要なので覚えておこう。

製造所等（危険物施設）	保安距離	保有空地
1. 製造所	○	○
2. 一般取扱所	○	○
3. 屋内貯蔵所	○	○
4. 屋外貯蔵所	○	○
5. 屋外タンク貯蔵所	○	○
6. 簡易タンク貯蔵所（屋外に設置）	×	○

第1章 危険物に関する法令

> **得点力UPのポイント** ★必ず読んでね！★
>
> 保安距離・保有空地の覚え方
> 『製造・一般・屋内・屋外・屋外タンク＋簡易タンク（保有空地のみ）』と覚える
> 製造とは製造所、屋内とは屋内貯蔵所である。

3．保安対象物と保安距離

①学校（幼稚園〜高校）、病院、公会堂等 （学校と人の集まる公共の施設。大学、短大は必要なし）	30 m 以上
②一般住宅（製造所の敷地外にあるもの）	10 m 以上
③重要文化財	50 m 以上
④特別高圧架空電線　7 000 V を超え 35 000 V 以下 　　　　　　　　　35 000 V を超える	3 m 以上（水平距離） 5 m 以上（水平距離）
⑤高圧ガスの施設	20 m 以上

※特別高圧**架空電線**は保安距離が必要で、**特別高圧埋設電線**は必要なし。

4．保有空地の幅

区　　分	空地の幅
指定数量の倍数が 10 以下の製造所	3 m 以上
指定数量の倍数が 10 を超える製造所	5 m 以上

★ 簡便法で **合格率アップ！** ★大切だから必ず読んでね！

① 保安距離、保有空地の必要な危険物施設
　製造・一般・屋内・屋外・屋外タンク＋簡易タンク（屋外に設置）
※両方とも 5 施設に必要であるが、保有空地は簡易タンクをプラスして 6 施設が必要となる。

② 保安距離の重点ポイント（最近の試験問題より）
　学校、病院は 30 m 以上　重要文化財は 50 m 以上　高圧ガス施設は 20 m 以上

③ 保安距離・保有空地の必要がない施設（最近の試験問題より）
　給油取扱所　屋内タンク貯蔵所　販売取扱所

出題頻度の高い★再現問題

〈保安距離〉

問1 法令上、300人以上の人員を収容する劇場、公会堂から一定の距離を保たなければならないものの組合せとして、次のうち正しいものはどれか。ただし、特例基準を適用するものは除く。

出題ランク ★★☆

1. 製造所　　　　　屋外タンク貯蔵所　　屋外貯蔵所
2. 製造所　　　　　移動タンク貯蔵所　　給油取扱所
3. 屋内タンク貯蔵所　簡易タンク貯蔵所　　移送取扱所
4. 屋外貯蔵所　　　屋内貯蔵所　　　　　販売取扱所
5. 製造所　　　　　地下タンク貯蔵所　　一般取扱所

問2 法令上、製造所等のうち、学校及び病院等の建築物等から、一定の距離を保たなければならない旨の規定が設けられていない施設は、次のうちどれか。

出題ランク ★★★

1. 給油取扱所
2. 屋内貯蔵所
3. 屋外タンク貯蔵所
4. 屋外貯蔵所
5. 製造所

問3 法令上、製造所等のなかには特定の建築物等との間に一定の距離（保安距離）を保たなければならないものがあるが、次のうち建築物等に相当するものはどれか。

出題ランク ★★☆

1. 大学、短期大学
2. 病　院
3. 7 000 V の特別高圧埋設電線
4. 重要文化財である絵画を保管する倉庫
5. 製造所等の存する敷地と同一敷地内に存する住居

第1章　危険物に関する法令

解法パターン&コツ

〈保安距離〉

問1　解答 1

- ○ 1. 製造所○　　　屋外タンク貯蔵所○　　　屋外貯蔵所○
- × 2. 製造所○　　　移動タンク貯蔵所×　　　給油取扱所×
- × 3. 屋内タンク貯蔵所×　簡易タンク貯蔵所×　移送取扱所×
- × 4. 屋外貯蔵所○　　屋内貯蔵所○　　　　　販売取扱所×
- × 5. 製造所○　　　地下タンク貯蔵所×　　　一般取扱所○

得点力UPのポイント　★必ず読んでね！★

保安距離の必要な施設の覚え方
　メモ用紙に、『製造・一般・屋内・屋外・屋外タンク』と必ず書いて覚えることが、大切なポイント。
　製造→製造所　　　一般→一般取扱所　　屋内→屋内貯蔵所
　屋外→屋外貯蔵所　　屋外タンク→屋外タンク貯蔵所

問2　解答 1

- × 1. 給油取扱所　　○ 2. 屋内貯蔵所　　○ 3. 屋外タンク貯蔵所
- ○ 4. 屋外貯蔵所　　○ 5. 製造所

出題パターンのアドバイス

　保安距離の必要がない危険物施設として、最近は給油取扱所、屋内タンク貯蔵所を答えとする問題が多くなっている。

問3　解答 2

- × 1. 幼稚園から高校までが保安距離の対象で、大学、短期大学は対象外である。
- ○ 2. 病院（多数の人が出入したり、収容する公共の施設は対象である。）
- × 3. 7 000 V の特別高圧架空電線は対象であるが、埋設電線は対象外である。
- × 4. 重要文化財の建造物は対象であるが、絵画を保管する倉庫は対象でない。
- × 5. 一般の住居は対象であるが、製造所等と同一敷地内にある住居（社宅等）は対象外である。

◆ 問題 4　保安距離・保有空地 ◆

出題頻度の高い★再現問題

問4 製造所の位置について、学校、病院等の建築物から一定の距離（保安距離）を保たなければならないものがあるが、次のうち法令に定める距離に適合していないものはどれか。ただし、当該建築物等との間に防火上有効な塀はないものとし、特例基準が適用されるものは除く。

1	使用電圧 66 000 V の特別高圧架空電線	水平距離 5 m
2	住居（当該製造所の敷地外にあるもの）	15 m
3	高圧ガス施設（高圧ガス保安法により都道府県知事の許可を受けた貯蔵所）	25 m
4	重要文化財の指定を受けた建造物	40 m
5	幼稚園	30 m

〈保有空地〉

問5 法令上、次に掲げる製造所等で、危険物を貯蔵し又は取り扱う建築物等の周囲に、空地を保有しなければならない旨の規定が設けられている施設は、いくつあるか。

屋内貯蔵所　　屋外タンク貯蔵所　　屋内タンク貯蔵所
屋外貯蔵所　　簡易タンク貯蔵所（屋外に設けるもの）

1. 1つ　2. 2つ　3. 3つ　4. 4つ　5. 5つ

問6 製造所等の周囲には、一定の幅の空地を保有しなければならないが、空地の幅について、次の組合せのうち法令に定められているものはどれか。ただし特例基準が適用されるものは除く。

	指定数量の倍数が10以下の製造所	指定数量の倍数が10を超える製造所
1	1 m 以上	3 m 以上
2	3 m 以上	5 m 以上
3	5 m 以上	7 m 以上
4	7 m 以上	9 m 以上
5	9 m 以上	11 m 以上

解法パターン＆コツ

問4　解答4

			〈保安距離〉
○1	使用電圧 66 000 V の特別高圧架空電線	水平距離 5 m	5 m 以上
○2	住居（当該製造所の敷地外にあるもの）	15 m	10 m 以上
○3	高圧ガス施設（高圧ガス保安法により都道府県知事の許可を受けた貯蔵所）	25 m	20 m 以上
×4	重要文化財の指定を受けた建造物	40 m	50 m 以上
○5	幼稚園	30 m	30 m 以上

〈保有空地〉

問5　解答4

○屋内貯蔵所　　○屋外タンク貯蔵所　　×屋内タンク貯蔵所
○屋外貯蔵所　　○簡易タンク貯蔵所（屋外に設けるもの）

×1. 1つ　　×2. 2つ　　×3. 3つ　　○4. 4つ　　×5. 5つ

得点力UPのポイント　必ず読んでね！

保有空地の必要な危険物施設の覚え方

保有空地の必要な施設を覚えていなければ、メモ用紙に『**製造・一般・屋内・屋外・屋外タンク＋簡易タンク（屋外に設置）**』と必ず書いて覚えることが、大切なポイントである。

問6　解答2

	指定数量の倍数が10以下の製造所	指定数量の倍数が10を超える製造所
×1	1 m 以上	3 m 以上
○2	3 m 以上○	5 m 以上○
×3	5 m 以上	7 m 以上
×4	7 m 以上	9 m 以上
×5	9 m 以上	11 m 以上

◎ 問題 5 ◎
消火設備

本問題の出題率が108％と100％を超えている理由は、1回の試験で消火設備に関連する問題が2個出題されることがあるからです。

本問の出題率 ➡ **108** ％

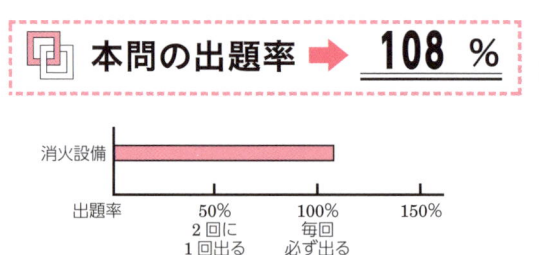

出題率
- 50% 2回に1回出る
- 100% 毎回必ず出る
- 150%

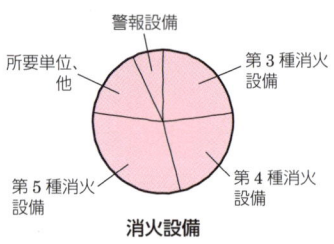

消火設備の内訳：警報設備、所要単位、他、第3種消火設備、第4種消火設備、第5種消火設備

☑ 出題パターンの分析結果にもとづく合格のポイント

1. 消火設備の種類

	区　分	覚え方・見分け方
第1種消火設備	屋内消火栓設備、屋外消火栓設備	真ん中が○○消火栓○○となっている。
第2種消火設備	スプリンクラー設備	**スプリンクラー設備**のみである。
第3種消火設備	その他各種消火設備（泡消火設備等）	最後が○○消火設備となっている。第1種の消火栓とは異なる。
第4種消火設備	大型消火器	最後が○○大型消火器となっている。
第5種消火設備	小型消火器、乾燥砂、膨張ひる石、水バケツ等	最後が○○小型消火器となっている。消火器以外に、乾燥砂等がある。

2. 所要単位等

① 所要単位とは、製造所等に対して、どのくらいの消火能力を有する消火設備が必

〈1所要単位あたりの延べ面積等〉

製造所等の構造及び危険物	耐火構造	不燃材料
製造所・取扱所	延べ面積 100 m²	延べ面積 50 m²
貯蔵所	延べ面積 150 m²	延べ面積 75 m²
危険物	指定数量　10倍（1所要単位）	

要なのかを定める単位である。
② 製造所等の面積等に関係なく、消火設備が定められている危険物施設
・地下タンク貯蔵所→第5種の消火設備2個以上
・移動タンク貯蔵所→自動車用消火器のうち、粉末消火器（3.5kg以上のもの）
　　　　　　　　　又はその他の消火器を2個以上

3. 消火設備の設置方法

第1種から第5種までの消火設備の設置方法は、各消火設備ごとに定められている。（抜粋）
① 第3種の消火設備………放射能力に応じて有効に設ける
② 第4種の消火設備………防護対象物までの歩行距離が、30m以下
③ 第5種の消火設備………防護対象物までの歩行距離が、20m以下
※地下タンク貯蔵所、簡易タンク貯蔵所、移動タンク貯蔵所、給油取扱所、販売取扱所に設ける第5種の消火設備は、有効に消火できる位置に設けると定められている。

4. 警報設備

① 警報設備は、指定数量が10倍以上の製造所等に必要（除く：移動タンク貯蔵所）。
② 警報設備の種類
・自動火災報知設備　・非常ベル装置　・拡声装置　・警鐘
・消防機関に報知できる電話

簡便法で合格率アップ！ ★大切だから必ず読んでね！

① 過去2年間で消火設備は、第3種、第4種、第5種が平均して出題されている。
　第3種の消火設備　泡消火設備等であり、最後が「○○消火設備」となっている。
　第4種の消火設備　大型消火器のみである。
　第5種の消火設備　小型消火器、乾燥砂、膨張ひる石、水バケツ等がある。

② 第1類から第6類までのすべての類に適応する消火設備
　⇒ 乾燥砂、膨張真珠岩、膨張ひる石の、石関連の3点である。

③ 建築物（一般火災）、第4類の危険物（油火災）、電気設備（電気火災）すべての火災に適応する消火剤（第4種、第5種の消火設備）
　⇒ りん酸塩類を主成分とする粉末消火器、霧状の強化液を放射する消火器の2点。

出題頻度の高い★再現問題

問1 法令上、消火設備の区分について、次のうち誤っているものはどれか。

出題ランク ★★☆

1. 屋外消火栓設備……………第1種消火設備
2. 水噴霧消火設備……………第2種消火設備
3. 粉末消火設備………………第3種消火設備
4. 泡を放射する大型消火器…第4種消火設備
5. 乾燥砂………………………第5種消火設備

消火栓（屋外消火栓）　スプリンクラー　粉末消火設備　大型消火器　小型消火器 乾燥砂

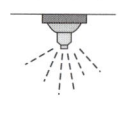

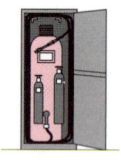

第1種消火設備　第2種消火設備　第3種消火設備　第4種消火設備　第5種消火設備

問2 法令上、製造所等に設置する消火設備について、次のうち誤っているものはどれか。

出題ランク ★★★

1. 霧状の強化液を放射する小型の消火器及び乾燥砂は、第5種の消火設備である。
2. 所要単位の計算方法として、危険物は指定数量の10倍を1所要単位とする。
3. 地下タンク貯蔵所には、第5種の消火設備を2個以上設けなければならない。
4. 電気設備に対する消火設備は、電気設備のある場所の面積100 m² ごとに消火設備を1個以上設ける。
5. 消火粉末を放射する大型の消火器は、第5種の消火設備である。

問3 法令上、消火設備の区分について、次のうち第5種の消火設備に該当するものはどれか。

出題ランク ★★☆

1. 屋内消火栓設備
2. スプリンクラー消火設備
3. 泡消火設備
4. ハロゲン化物を放射する大型消火器
5. 消火粉末を放射する小型消火器

解法パターン&コツ

問1 解答2

- ○ 1. 屋外消火栓設備……………**真ん中が「消火栓」なので、第1種消火設備である。**
- × 2. 水噴霧消火設備……………最後が「消火設備」なので、第2種消火設備ではなく第3種消火設備である。第2種消火設備はスプリンクラーのみである。
- ○ 3. 粉末消火設備………………**最後が「消火設備」なので、第3種消火設備である。**
- ○ 4. 泡を放射する大型消火器……大型消火器は、第4種消火設備である。
- ○ 5. 乾燥砂………………………乾燥砂は、第5種消火設備である。

問2 解答5

- ○ 1. 消火剤に関係なく小型の消火器及び乾燥砂は、第5種の消火設備である。
- ○ 2. 所要単位の計算方法として、危険物は指定数量の10倍を1所要単位とする。
- ○ 3. 地下タンク貯蔵所には、**第5種の消火設備を2個以上設けなければならない。**
- ? 4. 電気設備に対する消火設備は、電気設備のある場所の面積 100 m² ごとに消火設備を1個以上設ける。本書では解説していないので?マークにした。
- × 5. 消火粉末を放射する大型の消火器は、第5種ではなく第4種消火設備である。

得点力UPのポイント ★必ず読んでね！★

1〜3項は、法令に定められているとおりであり正しい。
「正しいものはどれか？」という問題の場合は、これら1〜3項の○印を付けた項が答えになるので、問題を1項から5項の最後まできっちりと読んで○×の印を付け、覚えることが重要になってくる。

問3 解答5

- × 1. 屋内消火栓設備→真ん中が○○消火栓設備なので、第1種消火設備である。
- × 2. スプリンクラー消火設備→スプリンクラーは、すべて第2種消火設備である。
- × 3. 泡消火設備→最後が○○消火設備なので、第3種消火設備である。
- × 4. ハロゲン化物を放射する大型消火器→**大型消火器は、すべて第4種消火設備である。**
- ○ 5. 消火粉末を放射する小型消火器→小型消火器は、すべて第5種消火設備である。

出題頻度の高い★再現問題

問4 法令上、製造所等に設置する消火設備について、建築物及び工作物、第4類の危険物、電気設備の火災すべてに適応するものは、次のうちどれか。

1. りん酸塩類を主成分とする粉末消火設備
2. 棒状の強化液を放射する消火器
3. 二酸化炭素消火設備
4. 泡消火設備
5. ハロゲン化物消火剤を放射する消火器

解法のテクニック

性質（問題30）のp.239の4.「消火剤と適応火災のまとめ」を見ると答えが出るよ。それでも答えが出なければ、p.33の「簡便法」を確認しよう！

問5 法令上、次の文の（　）内に当てはまる数値で、正しいものはどれか。

「製造所等に設ける消火設備の所要単位を計算する場合、危険物に対しては指定数量の（　）倍を1所要単位とする。」

1. 5　　2. 10　　3. 50　　4. 100　　5. 150

問6 法令上、指定数量の倍数が10倍以上の製造所等では警報設備が必要であるが、次のうち必要としない施設はどれか。

1. 一般取扱所　　2. 屋内貯蔵所　　3. 簡易タンク貯蔵所
4. 移動タンク貯蔵所　　5. 給油取扱所

解法パターン＆コツ

問4　解答1

難易ランク ☺

	建築物	第4類	電気
○ 1. りん酸塩類を主成分とする粉末消火設備	○	○	○
× 2. **棒状の強化液**を放射する消火器	○	×	×
× 3. 二酸化炭素消火設備	×	○	○
× 4. 泡消火設備	○	○	×
× 5. ハロゲン化物消火剤を放射する消火器	×	○	○

問5　解答2

難易ランク ☺

「製造所等に設ける消火設備の所要単位を計算する場合、危険物に対しては指定数量の（10）倍を1所要単位とする。」

× 1. 5　　○ 2. 10　　× 3. 50　　× 4. 100　　× 5. 150

問6　解答4

難易ランク ☺

○ 1. 一般取扱所　　○ 2. 屋内貯蔵所　　○ 3. 簡易タンク貯蔵所
× 4. 移動タンク貯蔵所　　○ 5. 給油取扱所

出題パターンのアドバイス

　12ある危険物施設で、指定数量の倍数にかかわらず警報設備を設けなくてもよいものは、移動タンク貯蔵所の1施設のみである。また、移動タンク貯蔵所は、危険物保安監督者の選任も義務づけられていない唯一の危険物施設である。
　危険物試験では、この唯一の施設が答えになる問題が多い（最近の出題傾向より）。

◆ 問題5　消火設備 ◆

◎ 問題 6 ◎

製造所－1（製造所・屋内貯蔵所・屋外タンク貯蔵所・屋内タンク貯蔵所・地下タンク貯蔵所・屋外貯蔵所）

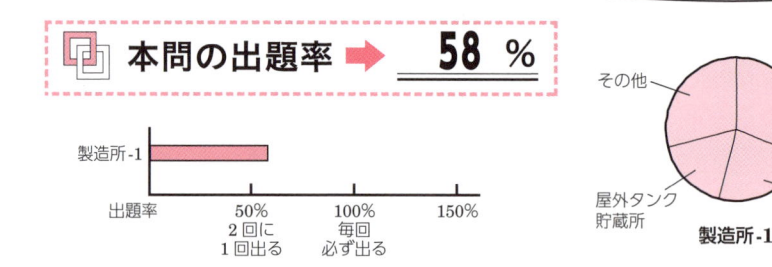

Check!

本問の出題率 ➡ 58 %

出題率 製造所-1
50% 2回に1回出る
100% 毎回必ず出る
150%

その他／屋外貯蔵所／屋外タンク貯蔵所／屋内タンク貯蔵所
製造所-1

☑ 出題パターンの分析結果にもとづく**合格**のポイント

1 製造所の一般的な構造と設備の基準

1. 構 造

① **建築物は地階を有しない**こと。
② 建築物の壁、柱、床、はり及び階段を不燃材料で造るとともに、**延焼のおそれのある外壁は、出入り口以外の開口部を有しない**耐火構造の壁とすること。
③ **屋根は不燃材料で造るとともに、金属板等の軽量な不燃材料でふくこと。**
　注意：屋根を耐火構造とすると、建物内で爆発があったとき被害が拡大する恐れがある。このため爆風が上に抜けるように、不燃材料となっている。
④ 窓、及び出入り口は防火設備とし、ガラスは網入りガラスとする。（**ガラスの厚さに5mm等の規定はない**）
⑤ 液状の危険物を取り扱う建築物の床は、危険物が浸透しない構造とし、**適当な傾斜をつけ**、かつ、ためますを設ける。

2. 設 備

① 建築物には採光、照明、換気設備を設ける。
② **可燃性蒸気又は微粉等が滞留する建築物**には、**屋外の高所に排出する設備を設ける**。また、電気機器は防爆構造とすること。

③ 設備には、必要に応じて温度測定装置、圧力計及び安全装置を設ける。
④ 危険物を加熱し、又は乾燥する設備には、直火を用いない。
⑤ 静電気が発生するおそれのある設備には、接地（アース）等の除去する装置を設けること。
⑥ 配管は十分な強度を有するものとし、最大常用圧力の 1.5 倍以上の水圧試験で異常がないものでなければならない。
⑦ 配管を地下に埋設する場合には、地盤面にかかる重量が配管にかからないように保護すること。
⑧ 指定数量の 10 倍以上の危険物を貯蔵し、又は取り扱う施設には、避雷施設を設けること。

2 屋内貯蔵所

1．構 造

① 地盤面から軒までの高さ：6 m 未満の平屋建、床は地盤面以上
② 床面積：1 000 m² を超えない

2．貯蔵の基準

① 容器の積み重ね高さ：3 m 以下（第 3 石油類、第 4 石油類、動植物油類は 4 m 以下。機械により荷役する構造を有する容器の場合は 6 m 以下）
② 容器に収納し、危険物の温度は 55 ℃ を超えないこと。

3 屋外タンク貯蔵所

1．設 備

① 液体の危険物を入れる屋外貯蔵タンクには、危険物の量を自動的に表示する装置を設けること。
② 液体の危険物（二硫化炭素を除く）の屋外貯蔵タンクの周囲には、防油堤を設けること。

2．防油堤の主な基準

① 防油堤の容量はタンク容量の 110％（1.1 倍）以上とし、2 つ以上のタンクがある場合には、最大タンクの 110％以上であること。
② 防油堤には、その内部の滞水を外部に排水するための水抜口を設けること。
③ 防油堤の水抜口は通常閉鎖しておき、堤内に滞水した場合は弁を開き速やかに排

出すること（滞油した場合は、回収すること）。

4 屋内タンク貯蔵所

1. 構造・設備

① タンクの容量：指定数量の40倍以下
　　　　　　　　第4石油類、動植物油類以外の第4類危険物は20 000 l 以下
　　　　　　　　（同一のタンク室に2つ以上のタンクがある場合は、タンク容量を合計した量）
② タンク専用室は、屋根を不燃材料で造り、かつ、天井を設けないこと。

2. 無弁通気管の技術基準

① 先端は、屋外にあっては地上4 m以上、かつ、建築物の窓・出入口等の開口部から1 m以上離す。
② 引火点が40℃未満の危険物については、先端を敷地境界線から1.5 m以上離すこと。

3. その他

① 平屋建以外の建築物（地下3階、2階建て等）に設ける屋内タンク貯蔵所の基準
・引火点が40℃以上の第4類の危険物のみを貯蔵すること。
・窓は設けられない。

5 地下タンク貯蔵所

1. 設備・他

① タンクの周囲4箇所に、危険物の漏れを検知する漏えい検査管を設けること。
② 注入口は屋外に設けること。
③ 第5種の消火設備を2個以上設けること。

6 屋外貯蔵所

1. 位置・構造・設備

① 貯蔵場所は湿潤でなく、かつ、排水のよい場所。周囲には、さく等を設けて明確に区画すること。
② 架台は不燃材料で造るとともに、堅固な地盤面に固定すること（可動式の架台は、

動くと危険なので設置してはならない)。
③ 架台の高さ：6m 未満

2．屋外貯蔵所に貯蔵できる危険物、できない危険物

① 貯蔵できる危険物

第2類	硫黄引火性固体（引火点0℃以上のもの）
第4類	トルエン（引火点4℃）→ 第1石油類は、引火点0℃以上OK。 アルコール類、第2石油類（灯油、軽油等）、第3石油類、第4石油類、動植物油類

② 貯蔵できない危険物

第4類	特殊引火物、ガソリン（引火点－40℃以下）、アセトン（－20℃） → 第4類は特殊引火物と引火点が0℃未満の第1石油類がダメ。
その他の類	ナトリウム、カリウム、炭化カルシウム（カーバイド）、黄りん、赤りん、鉄粉、過酸化水素、塩素酸塩類など

簡便法で合格率アップ！ ★大切だから必ず読んでね！

① 屋内貯蔵所、屋内タンク貯蔵所（平屋建）

こう出たら ○ 建築物の用に供する部分に窓を設ける場合は、ガラスは網入りガラスとしなければならない。

⇨ 製造所等の窓又は出入り口にガラスを用いる場合は、すべて網入りガラスと覚える。また、ガラスの厚みに5mm等の規定はない。

② 地下タンク貯蔵所

1. こう出たら × 地下貯蔵タンクの外面は塗装し、直接地盤面下に埋設しなければならない。

⇨ 直接地盤面下に埋設する方法と、地盤面下のタンク室に設置する方法等があるので誤っている。

2. こう出たら × 圧力タンク以外の通気管の先端は、地上1.5m以上の高さとすること。

⇨ 地上4m以上と定められている。

出題頻度の高い★再現問題

〈製造所の一般的な構造と設備の基準〉

問1 法令上、製造所の位置、構造及び設備の技術上の基準について、次のうち誤っているものはどれか。

1. 危険物を取り扱う建築物は、柱、床、はり及び階段を不燃材料で造らなければならない。
2. 危険物を取り扱う建築物の窓及び出入口は、防火設備を設けなければならない。
3. 危険物を取り扱う建築物の窓及び出入口にガラスを用いる場合は、5mm以上の厚さがなければならない。
4. 危険物を取り扱う建築物は、地階を有しない構造でなければならない。
5. 危険物を取り扱う建築物には、危険物を取り扱うために必要な採光、照明及び換気の設備を設けなければならない。

〈屋外タンク貯蔵所〉

問2 法令上、次の4基の屋外タンク貯蔵所を同一の防油堤内に設置する場合、この防油堤の必要最小限の容量として、正しいものはどれか。

1号タンク	重油	300 kl
2号タンク	軽油	500 kl
3号タンク	ガソリン	100 kl
4号タンク	灯油	200 kl

1. 100 kl 2. 500 kl 3. 550 kl 4. 800 kl 5. 1100 kl

解法パターン&コツ

〈製造所の一般的な構造と設備の基準〉

問1 解答 3

○ 1. 製造所の建築物は、柱、床、はり及び階段を不燃材料で造らなければならない。
○ 2. 建築物の窓及び出入口は、防火設備を設けなければならないと定められている。
× 3. 建築物の窓及び出入口にガラスを用いる場合は、破損などの防止のため網入りガラスと定められているが、5 mm以上の厚さという規制はない。
○ 4. 危険物の蒸気は、空気より重く低所に滞留する。気密性の高い地下室等に滞留し引火爆発すると被害が大きくなるので、**製造所には安全のため**地階を有してはならないと定められている。
○ 5. 建築物には、採光、照明及び換気の設備を設けなければならない。

得点力UPのポイント ★必ず読んでね!★

4項は○印で答えではないが、最近は他の問題で答えになることがあるので、「製造所、移動タンク貯蔵所に地階はダメ」と覚えよう!

3. 屋外タンク貯蔵所

問2 解答 3

1号タンク	重油	300 kl
2号タンク	軽油	500 kl
3号タンク	ガソリン	100 kl
4号タンク	灯油	200 kl

× 1. 100 kl × 2. 500 kl ○ 3. 550 kl × 4. 800 kl × 5. 1 100 kl

得点力UPのポイント ★必ず読んでね!★

2つ以上のタンクがある場合の防油堤の容量は、最大タンクの110%(1.1倍)以上と定められている。最大タンクは2号タンクの軽油500 klなので、計算は次のようにする。

　　軽油　500 kl × 110%（1.1倍）= 550 kl

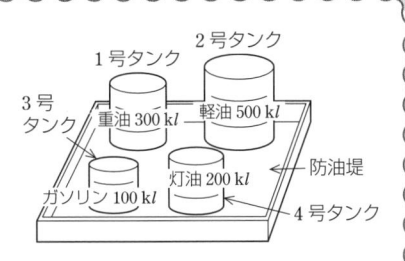

43　　◆問題6 製造所-1◆

出題頻度の高い 再現問題

〈屋内タンク貯蔵所〉

問3 屋内タンク貯蔵所の位置、構造及び設備の技術上の基準として、法令に定められていないものはどれか。

1. 液体の危険物の屋内貯蔵タンクには、危険物の量を自動的に表示できる装置を設けなければならない。
2. 屋内貯蔵タンクを、同一のタンク専用室に2つ以上設置する場合におけるタンクの容量は、それぞれ指定数量の40倍以下でなければならない。
3. 屋内貯蔵タンクを、同一のタンク専用室に2つ以上設置する場合におけるタンク相互間には、0.5m以上の間隔を保たなければならない。
4. 屋内貯蔵タンクは、タンク専用室に設置しなければならない。
5. 液状の危険物のタンク専用室の床は、危険物が浸透しない構造とするとともに、適当な傾斜をつけ、かつ、ためますを設けなければならない。

〈屋外貯蔵所〉

問4 法令上、貯蔵所の区分において、屋外貯蔵所で貯蔵できる危険物の組合せで、次のうち正しいものはどれか。

1. 灯　油　　　重　油　　　動植物油
2. 硫　黄　　　軽　油　　　カリウム
3. アセトン　　灯　油　　　軽　油
4. 重　油　　　ギヤー油　　ジエチルエーテル
5. 塩素酸塩類　シリンダー油　クレオソート油

問5 法令上、屋外貯蔵所で貯蔵できない危険物は、次のうちどれか。

1. 硫黄
2. 特殊引火物
3. 第1石油類（引火点が0℃以上のものに限る）
4. 第2石油類
5. 引火性固体（引火点が0℃以上のものに限る）

解法パターン＆コツ

〈屋内タンク貯蔵所〉

問3 解答 2

- ×2. 同一のタンク専用室に2つ以上設置する場合のタンク容量は、それぞれではなく、合計して指定数量の40倍以下でなければならないと定められている。
- ○3. 屋内貯蔵タンクを、同一のタンク専用室に2つ以上設置する場合におけるタンク相互間には、**0.5m以上の間隔**を保たなければならない。
- ○4. 屋内貯蔵タンクは、タンク専用室に設置しなければならないと定められている。
- ○5. **液状の危険物のタンク専用室の床は、**危険物が浸透しない構造とするとともに、**適当な傾斜をつけ、**かつ、ためますを設けなければならない。
- ※3、4、5項は説明文に解説がないが、法令にこのとおり定められている。

〈屋外貯蔵所〉

問4 解答 1

- ○1. 灯油○　　重油○　　動植物油○
- ×2. 硫黄○　　軽油○　　カリウム×→第3類の危険物
- ×3. アセトン×→引火点が0℃以下　灯油○　　軽油○
- ×4. 重油○　　ギヤー油○　　ジエチルエーテル×→特殊引火物
- ×5. 塩素酸塩類×→第1類の危険物　シリンダー油○　クレオソート油○

得点力UPのポイント ★必ず読んでね！★

屋外貯蔵所で貯蔵できる危険物
- 第2類→硫黄、引火性固体（引火点0℃以上のものに限る）
- 第4類→第1石油類（引火点0℃以上のものに限る）、アルコール類、第2石油類、第3石油類、第4石油類、動植物油類までがOK

問5 解答 2

- ○1. 硫黄→第2類の危険物で、貯蔵できる。
- ×2. 特殊引火物→貯蔵することができないと定められている。
- ○3. 第1石油類（引火点が0℃以上のものに限る）→トルエン（4℃）等
- ○4. 第2石油類→灯油、軽油等は貯蔵できる。
- ○5. 引火性固体（引火点が0℃以上のものに限る）→固形アルコール等

45　　◆問題6　製造所-1◆

◎ 問題 6 ◎

製造所−2（給油取扱所・販売取扱所・標識掲示板・他）

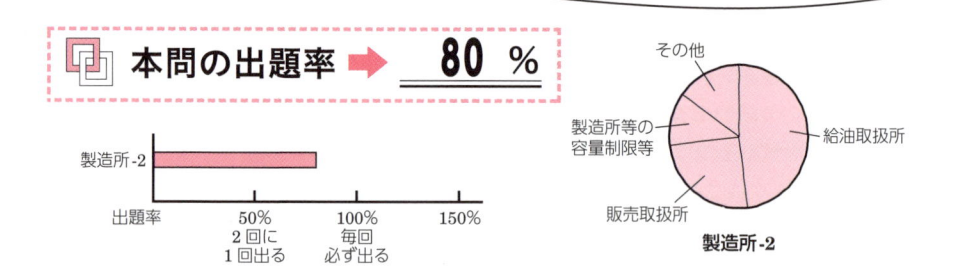

Check!

本問の出題率 ➡ __80__ %

出題パターンの分析結果にもとづく**合格**のポイント

1 給油取扱所

1. 構造・設備

① 給油空地　**間口10m以上、奥行6m以上**
② 注油空地　容器の詰替え等のために必要な空地を、給油空地以外の場所に保有する。
② 専用タンク　**容量制限がない**（ガソリン等）　・廃油タンク　10 000 l 以下
③ 給油ホース　5m以下

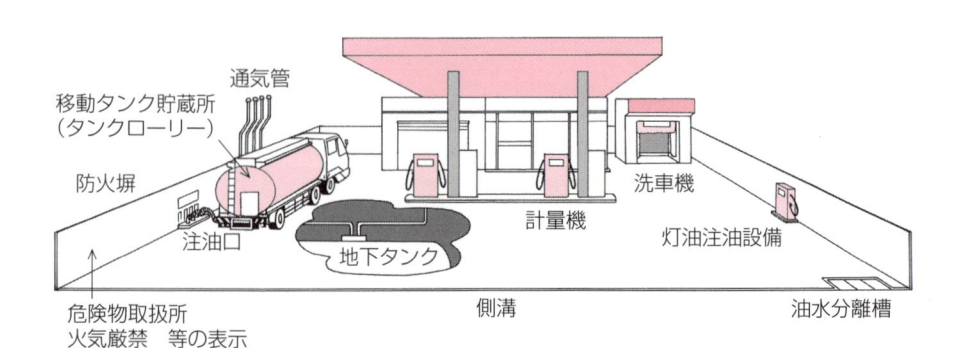

第1章　危険物に関する法令

2．給油取扱所に設けることができる建築物の用途

（1）設けることができる建築物
- 給油や詰替えの作業場　・事務所　・店舗　・飲食店又は展示場
- 点検整備を行う作業場　・自動車の洗浄を行う作業場
- 所有者等が居住する住居（従業員はダメ）

（2）設けることができない建築物、付随設備（最近の出題傾向より）
① ガソリン詰替えのための作業場　② 自動車の吹付塗装を行う設備
③ 給油取扱所に出入りする者を対象とした遊技場　④ 診療所　⑤ 立体駐車場
⑥ 給油取扱所に勤務する者（従業員）が居住する住居

3．取扱いの基準

① 自動車等に給油するときは、固定給油設備を使用して直接給油する。
② 給油するときは、自動車のエンジンを停止して行う。
③ 給油空地からはみ出たままで給油しない。
④ 専用タンクに危険物を注入するときは、タンクに接続する給油設備の使用を中止し、自動車等をタンクの注入口に近付けない。
⑤ 自動車の洗浄は、引火点を有する液体の洗剤を使用しない。

4．顧客に自ら給油等させる給油取扱所（セルフスタンド）の基準

（1）位置、構造、設備
① 給油ノズルは、燃料タンクが満量になった場合に、危険物の供給を自動的に停止する構造とする（ブザー等で警報を発するものはない）。
② ガソリン及び軽油相互の誤給油を防止できる構造とする。
③ 1回の連続した給油量、給油時間の上限を設定できる構造とする。
④ 地盤面に車両の停車位置（給油）、容器の置き場所（灯油の注油）を表示する。
⑤ 給油、注油設備の直近に使用方法、危険物の品目等の表示、彩色をする。

危険物の種類	ハイオクガソリン	レギュラーガソリン	軽油	灯油
色	黄	赤	緑	青

⑥ 顧客自ら行う給油作業等の監視、制御等を行う制御卓（コントロール室）を設ける。
⑦ 消火設備は、第3種泡消火設備を設置しなければならない。

（2）取扱いの基準
① 顧客は、顧客用固定給油設備と顧客用固定注油設備でしか給油等を行えない。

② 給油量、給油時間等の上限を設定する場合は、適正な数値としなければならない。
③ 制御卓では、顧客の給油作業等を直視等により監視する。
④ 顧客の給油作業等が終了した場合は、給油作業が行えない状態にする。
⑤ 放送機器等を用いて、顧客に必要な指示等をする。

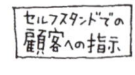

簡便法で合格率アップ！ ★大切だから必ず読んでね！

① こう出たら ✕ 給油取扱所の給油空地は、漏れた危険物が流出しないように浸透性のあるもので舗装しなければならない。
⇨ 給油空地の舗装は、漏れた危険物が浸透しないものと定められている。

② こう出たら ✕ 自動車の一部が給油空地からはみ出たままで給油するときは、防火上細心の注意を払わなければならない。
⇨ 給油空地からはみ出たままで給油してはならないと定められている。

③ こう出たら ✕ 顧客自ら自動車等への給油等を行わせる給油取扱所（セルフスタンド）は
1. 建物内に設置してはならない。
⇨ セルフスタンドは、建物内に設置することが認められている。
2. 営業時間の表示をしなければならない。
⇨ 法令上、営業時間の表示はしなくてよい。
3. 顧客の車両の進入路を表示しなければならない。
⇨ 法令上、顧客の車両の進入路を表示しなくてよい。

2 販売取扱所、他

1. 位置・構造・設備等

① 店舗は建築物の1階に設けること（2階には設置できない）。
② 危険物を配合する室を設けることができる。

③ 販売取扱所の区分
- 第1種販売取扱所………指定数量の倍数が15以下
- 第2種販売取扱所………指定数量の倍数が15を超え40以下

④ 窓の位置他
- 第1種販売取扱所………窓を設けることができる。位置は限定されていない。
- 第2種販売取扱所………窓の位置は、延焼のおそれのない部分に限り設けることができる。
- 窓、出入口にガラスを用いる場合は、網入りガラスとする。

2．取扱いの基準

① 容器に収納し、容器入りのままで販売する。→顧客が持参した容器に入れる等小分けして販売してはいけない。

3 標識・掲示板・他

1．標　識

① 製造所等　　　　幅0.3m以上　長さ0.6m以上　色は地を白色で文字を黒色
② 移動タンク貯蔵所　0.3m平方〜0.4m平方　地が黒字の板に黄色の反射塗料で「危」と表示し、車両の前後の見やすい箇所に掲げる。

2．掲示板

```
危険物の種類　　第4類
危険物の品名　　第1石油類（ガソリン）        0.3m以上
貯蔵最大数量　　10,000ℓ（50倍）
危険物保安監督者　鈴木　幸男
```
　　　　　　　　0.6m以上

3．危険物の性質に応じた注意事項を表示した掲示板

① 火気厳禁と表示する危険物（他は省略）
- 第2類の引火性固体（固形アルコール等）　　・第4類すべて
- 第5類すべて

得点力UPのポイント　必ず読んでね！

最近の出題傾向では、火気厳禁の類（項目）を覚えるのがポイントである。

出題頻度の高い★再現問題

〈給油取扱所〉

問1 法令上、顧客自ら自動車等への給油等を行わせる給油取扱所における取扱いの基準として、次のうち誤っているものはどれか。

1. 顧客用固定給油設備以外の固定給油設備を使用して、顧客に給油作業を行わせることができる。
2. 固定給油設備の1回当たりの給油量及び給油時間の上限は、それぞれ顧客の1回当たりの給油量及び給油時間を勘案して適正に設定しなければならない。
3. 顧客の給油作業が開始されるときは、火気のないこと及びその他安全に支障がないことを確認したうえで、制御装置を用いてホース機器に危険物の供給を開始し、顧客が給油作業を行うことができる状態にしなければならない。
4. 制御卓で、顧客の給油作業を直視等により適正に監視しなければならない。
5. 顧客の給油作業が終了するときは、制御装置を用いてホース機器に危険物の供給を停止し、顧客が給油作業を行うことができない状態にしなければならない。

問2 法令上、顧客に自ら自動車等に給油させる給油取扱所の構造及び設備の技術上の基準として、次のうち誤っているものはどれか。

1. 当該給油取扱所へ進入する際、見やすい箇所に顧客は自ら給油等を行うことができる旨の表示をしなければならない。
2. 顧客用固定給油設備は、ガソリン及び軽油相互の誤給油を確実に防止できる構造としなければならない。
3. 顧客用固定給油設備の給油ノズルは、自動車等の燃料タンクが満量になったときに給油を自動的に停止する構造としなければならない。
4. 固定給油設備には、顧客の運転する自動車等が衝突することを防止するための対策を施さなければならない。
5. 当該給油取扱所は、建物内に設置してはならない。

解法パターン&コツ

〈給油取扱所〉

問1 解答1

- × 1. 顧客自ら自動車等への給油等を行わせる給油取扱所（セルフスタンド）では、顧客用固定給油設備以外の固定給油設備（一般の計量機）を使用して給油させてはならない（セルフスタンドと一般のスタンド併設の場合）。
- ○ 2. **給油量が多すぎると**、満タン時に給油ノズルと燃料タンクの間からガソリンが飛び出し火災等の原因となるので、給油量及び給油時間の上限は、適正に設定しなければならないと定められている。
- ○ 3. 顧客が給油作業を行う場合は、火の気がないことその他安全上支障がないことを確認してから実施させることと定められている。
- ○ 4. **制御卓（コントロール室）で、顧客の給油作業を直視等により適正に監視し**必要であれば顧客に指示等をしなければならないと定められている。
- ○ 5. 顧客の給油作業が終了したときは、顧客が給油作業を行うことができない状態にしなければならないと定められている。

出題パターンのアドバイス

4項は「正しいものはどれか？」という問題で答えになることがあるので、キッチリと読んで覚えておくことが大切である。

問2 解答5

- ○ 1. セルフスタンドは車が進入する際、見やすい箇所に顧客は自ら給油等を行うことができる旨の表示をしなければならないと定められている。
- ○ 2. **誤ってガソリン車に軽油を入れてしまった「誤給油の後処理」によって生じる火災等を回避するため、顧客用固定給油設備は、ガソリン及び軽油相互の誤給油を確実に防止できる構造**としなければならないと定められている。
- ○ 3. 顧客用固定給油設備の給油ノズルは、自動車等の燃料タンクが満量になったときに給油を自動的に停止する構造としなければならない。
- ○ 4. セルフスタンドの固定給油設備は、ポンプアイランド等を工夫して、自動車等が衝突することを防止するための対策が施されている。
- × 5. 当該給油取扱所は、ビル1階等の建物内に設置できるので誤っている。

出題頻度の高い★再現問題

〈販売取扱所〉

問3 法令上、第1種販売取扱所及び第2種販売取扱所の区分で、位置、構造、設備及び販売、取扱いの技術上の基準について、次のうち正しい組合せはどれか。

出題ランク ★★☆

	第1種販売取扱所	第2種販売取扱所
1	指定数量の倍数が15以下のものをいう。	指定数量の倍数が15を超え40以下のものをいう。
2	容器入りのままでないと販売できない。	販売する室で小分けして販売できる。
3	建築物の1階又は2階に設置できる。	建築物の1階にのみ設置できる。
4	窓の位置は、延焼のおそれのない場合は設けることができる。	窓の位置は、延焼の有無にかかわらず設けることができない。
5	危険物を配合する室は設置できない。	危険物を配合する室は設置できる。

〈標識・掲示板〉

問4 法令上、製造所等に設ける標識、掲示板について、次のうち誤っているものはどれか。

出題ランク ★★☆

1. 給油取扱所には、「給油中エンジン停止」と表示した掲示板を設けなければならない。
2. 第4類の危険物を貯蔵する地下タンク貯蔵所には、「取扱注意」と表示した掲示板を設けなければならない。
3. 第5類の危険物を貯蔵する屋内貯蔵所には、「火気厳禁」と表示した掲示板を設けなければならない。
4. 灯油を貯蔵する屋内タンク貯蔵所には、危険物の類別、品名及び最大数量等を表示した掲示板を設けなければならない。
5. 移動タンク貯蔵所には、「危」と表示した標識を車両の前後の見やすい箇所に設けなければならない。

得点力UPのポイント ★必ず読んでね!★

給油取扱所に勤務する方は、職場に掲示してある標識を想像して解答すれば正解できるはずである。

解法パターン&コツ

〈販売取扱所〉

問3 解答1

	第1種販売取扱所	第2種販売取扱所
○1	指定数量の倍数が15以下のものをいう。○	指定数量の倍数が15を超え40以下のものをいう。○
×2	容器入りのままでないと販売できない。○	販売する室で**小分けして販売できる**。×（小分けできない。）
×3	建築物の1階又は**2階**に設置できる。×（2階には設置できない。）	建築物の1階にのみ設置できる。○
×4	窓の位置は、**特に限定されていない**ので誤っている。×	窓の位置は、延焼のおそれのない部分に限り設けることができるので誤っている。×
×5	危険物を配合する室は**設置できる**ので、誤っている。×	危険物を配合する室は設置できる。○

得点力UPのポイント ★必ず読んでね！★

太字の部分が誤っている。2項、3項、4項も大切な項目である。

〈標識・掲示板〉

問4 解答2

○1. 給油取扱所には、**安全のため**「**給油中エンジン停止**」と表示した掲示板を設けなければならない。

×2. 第4類の危険物を貯蔵する地下タンク貯蔵所には、「**取扱注意**」ではなく「**火気厳禁**」と表示した掲示板を設けなければならないと定められている。

○3. 第5類の危険物を貯蔵する屋内貯蔵所には、「**火気厳禁**」と表示した掲示板を設けなければならないと定められている。

得点力UPのポイント ★必ず読んでね！★

危険物の性質に応じた注意事項を表示した掲示板
火気厳禁と表示する危険物が大切
- 第2類の引火性固体（固形アルコール等）
- 第4類すべて ・第5類すべて

◎ **問題 7** ◎

設置許可申請等の手続き
（許可、承認、認可、届出等）

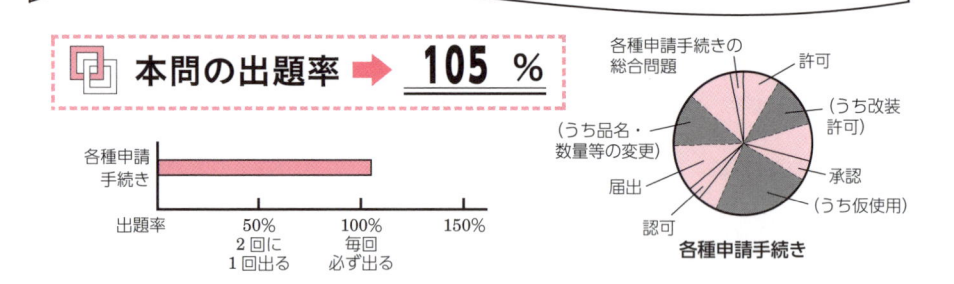

Check!

本問の出題率 ➡ 105 %

各種申請手続き

出題率　50%　100%　150%
　　　2回に　毎回
　　　1回出る　必ず出る

各種申請手続きの総合問題
許可
（うち改装許可）
承認
（うち仮使用）
認可
届出
（うち品名・数量等の変更）

各種申請手続き

☑ 出題パターンの分析結果にもとづく合格のポイント

1. 許 可

① 製造所等の設置又は変更

製造所等を設置又は変更するときは、工事着工前に市町村長等の許可を受ける必要がある。

② タンク（屋外タンク、地下タンク等）を有する場合

液体の危険物タンクを設置（変更）する場合は、完成検査を受ける前に、政令で定める工事の工程ごとに、市町村長等が行う完成検査前検査を受ける必要がある。

2. 承 認

① 仮貯蔵・仮取扱いとは？

所轄消防長又は消防署長の承認を受けて指定数量以上の危険物を、10日以内の期間、仮に貯蔵し、又は取り扱うことをいう。

② 仮使用とは？

製造所等の施設の一部について変更の工事を行う場合、変更の工事に係わる部分以外の全部又は一部を市町村長等の承認を受けて使用することをいう。

3. 認 可

予防規程の作成、変更は、市町村長等の認可を受けなければならない。

4. 届 出

届出には5項目あるが、**届け出る日時が重要なポイントである**。品名・数量又は指定数量の倍数の変更は **10日前までに** 届け出て、他の4項目は **遅滞なく** 届け出るように定められている。

〈各種申請手続きの種類〉

手続事項		内　容	申請先
1. 許可	①設置	製造所等を設置（ガソリンスタンド等を新しく造る等）	市町村長等
	②変更	製造所等の位置、構造又は設備の変更（ガソリンスタンドの洗車機を新しい機種に換える等）	
2. 承認	①仮貯蔵仮取扱い	指定数量以上の危険物を10日以内の期間、仮に貯蔵し取り扱う場合	消防長又は消防署長
	②仮使用	変更部分以外の全部又は一部を仮に使用する場合（洗車機を新しい機種に替える工事で、工事する部分以外を仮に使用すること等をいう。）	市町村長等
3. 認可	①作成②変更	予防規程を作成又は変更した場合	市町村長等
4. 届出		①製造所等の譲渡又は引渡し　　　　　　（遅滞なく）	市町村長等
		②危険物の品名、数量又は指定数量の倍数の変更　（10日前まで）	
		③製造所等の用途を廃止　　　　　　　　（遅滞なく）	
		④危険物保安統括管理者を選任又は解任　（遅滞なく）	
		⑤危険物保安監督者を選任又は解任　　　（遅滞なく）	

★ 簡便法で**合格率アップ！**　★ 大切だから必ず読んでね！

① こう出たら ○　製造所等の位置、構造及び設備を変更する場合の手続きとして正しいものは？ ⇒ 市町村長等の変更許可を受けてから、変更の工事を開始する。

② こう出たら ○　「仮使用」とは？
⇒ 製造所等を変更する場合に、**変更工事に係わる部分以外の部分の全部又は一部を、市町村長等の承認を得て完成検査前に仮に使用すること。**

③「届出」の重要ポイント
1. 品名・数量等の変更は？ ⇒ 変更しようとする日の10日前まで届け出る。
2. 危険物施設保安員を定めたときは？ ⇒ 届け出る必要がない。
3. 製造所等の定期点検を実施したときは？ ⇒ 届け出る必要がない。

◆ 問題7　設置許可申請等の手続き ◆

出題頻度の高い 再現問題

問1 法令上、次の文章の（　）内のA〜Cに当てはまる語句の組合せのうち、正しいものはどれか。

「製造所等（移送取扱所を除く）を設置するためには、消防本部及び消防署を置く市町村の区域では当該（A）、その他の区域では当該区域を管轄する（B）の許可を受けなければならない。また、設置許可を受けた工事のため、工事完了後には必ず（C）により、許可内容どおり設置されているかどうかの確認をうけなければならない。」

	〈A〉	〈B〉	〈C〉
1.	消防長又は消防署長	市町村長	機能検査
2.	市町村長	都道府県知事	完成検査
3.	市町村長	都道府県知事	機能検査
4.	消防長	市町村長	完成検査
5.	消防署長	都道府県知事	機能検査

問2 法令上、製造所等の位置、構造及び設備を変更する場合の手続きとして、次のうち正しいものはどれか。

1. 変更工事完了後、すみやかに市町村長等に届け出なければならない。
2. 変更工事完了の10日前までに、市町村長等に届け出なければならない。
3. 変更の計画を市町村長等に届け出てから、変更工事を開始しなければならない。
4. 市町村長等の変更許可を受けてから、変更の工事を開始しなければならない。
5. 変更工事を開始する10日前までに、市町村長等に届け出なければならない。

解法のテクニック

変更の工事が着工できる手順は次のとおりであり、これ以外の方法はないので確実に覚えよう！　申請先は、市町村長等である。

変更許可申請 ⇒ 許可（許可書の交付） ⇒ 工事の着工

解法パターン＆コツ

問1　解答2　A. 市町村長　B. 都道府県知事　C. 完成検査

解法のテクニック

「設置許可申請等の手続き」は、次の4項目のいずれかについて問うている。
① 設置、変更の許可　② 仮貯蔵・仮取扱い、仮使用の承認
③ 予防規程の認可　④ 製造所等の譲渡又は引渡等の届出

楽に正解するためには、どの項目に該当するのかを早く見極めることが大切である。そのためには、文章の一行目にある「設置」に蛍光ペンで印をして p.55 の「各種申請手続きの種類」一覧表を確認する。そうすれば設置は

1. 許可　① 設置　製造所等を設置（ガソリンスタンド等を新しく造る等）
   申請先→市町村長等

のように確認してから問題に取り組むことが早くでき、正解を導くことができる。

「製造所等（移送取扱所を除く）を設置するためには、消防本部及び消防署を置く市町村の区域では当該（A：市町村長）、その他の区域では当該区域を管轄する（B：都道府県知事）の許可を受けなければならない。また、設置許可を受けた工事のため、工事完了後には必ず（C：完成検査）により、許可内容どおり設置されているかどうかの確認をうけなければならない。」

問2　解答4

× 1. 変更工事完了後、すみやかに市町村長等に**届け出**なければならない。
× 2. 変更工事完了の10日前までに、市町村長等に**届け出**なければならない。
× 3. 変更の計画を市町村長等に**届け出**てから、変更工事を開始しなければならない。
○ 4. 製造所等の位置、構造及び設備を変更する場合の手続きは、市町村長等の変更許可を受けてから変更の工事を開始しなければならないと定められている。
× 5. 変更工事を開始する10日前までに、市町村長等に**届け出**なければならない。

得点力UPのポイント　★必ず読んでね！★

製造所等の設備等を変更する場合の手続きは、事前に市町村長等の変更許可を受けてから変更の工事を開始しなければならないと定められているので、「届け出る」1項、2項、3項、5項はすべて誤っている。

出題頻度の高い★再現問題

問3 法令上、10日以内の制限があるもので、次のうち正しいものはどれか。

1. 所轄消防署長から承認を受け、指定数量以上の危険物を製造所等以外の場所で仮に貯蔵し、又は取り扱うことができる期間。
2. 都道府県知事から免状の返納命令を受け、返納するまでの期間。
3. 製造所等の変更工事中に、市町村長等の承認を受け、当該製造所等の変更工事部分以外の部分について仮に使用できる期間。
4. 免状を亡失してから、都道府県知事に再交付の申請をする期間。
5. 予防規程を定めた日から、市町村長等に認可の申請をする期間。

得点力UPのポイント ★必ず読んでね！

「法令で10日以内（前までに）の期限のあるもの」

① 所轄消防署長から承認を受け、指定数量以上の危険物を製造所等以外の場所で仮に貯蔵し、又は取り扱うことができる期間は10日以内と定められている。これを「仮貯蔵・仮取扱い」という。
② 製造所等を変更しないで、危険物の品名、数量、指定数量の倍数の変更をするときは、10日前までに届け出しなければならない。
③ 免状を亡失して再交付を受けた者が亡失した免状を発見したときは、これを10日以内に免状の再交付を受けた都道府県知事に提出しなければならない。

問4 法令上、製造所等の変更許可を受ける場合の仮使用について、次のうち正しいものはどれか。

1. 完成検査前に市町村長等の承認を受けて、製造所等の全部を使用した。
2. 市町村長等の承認を受けて完成前から使用した。
3. 完成検査を受け一部が不合格になったので、検査に合格した部分のみ市町村長等の承認を受けて使用した。
4. 完成検査前に市町村長等に届け出て、完成した部分から使用した。
5. 完成検査前に変更の工事に係わる部分以外の部分の全部を、市町村長等の承認を受けて使用した。

解法パターン＆コツ

問3　解答1

難易ランク：😐

○ 1. 所轄消防署長から承認を受け、指定数量以上の危険物を製造所等以外の場所（土木工事中の現場等）で仮に貯蔵し、又は取り扱うことができる期間であり正しい。
× 2. 都道府県知事から免状の返納命令を受け、返納するまでの期間に定めはない。
× 3. 製造所等の変更工事中に、市町村長等の承認を受け、当該製造所等の変更工事部分以外の部分について仮に使用（仮使用という）できる期間に定めはない。
× 4. 免状を亡失してから、都道府県知事に再交付の申請をする期間に定めはない。
× 5. 予防規程を定めた日から、市町村長等に認可の申請をする期間に定めはない。

出題パターンのアドバイス

　2〜5項の「免状を返納するまでの期間」等には、すべて期間（日時）は定められていない。1項の「仮に貯蔵し、又は取り扱うことができる期間→仮貯蔵・仮取扱い」と3項の「仮に使用できる期間→仮使用」とは、混同して間違いやすいので、きっちりと覚えよう！

問4　解答5

難易ランク：😐

× 1. **完成検査前に**市町村長等の承認を受けて、**製造所等の全部を使用**した。
× 2. 市町村長等の承認を受けて**完成前から使用**した。
× 3. 完成検査を受け一部が不合格になったので、**検査に合格した部分のみ**市町村長等の承認を受けて使用した。
× 4. 完成検査前に市町村長等に**届け出て、完成した部分から使用**した。
○ 5. **完成検査前に変更の工事に係る部分以外の部分の全部を、市町村長等の承認を受けて使用**した。

得点力UPのポイント　必ず読んでね！

　製造所等の変更許可を受ける場合の仮使用についての問題で、次の3点がポイントである。
①変更の工事　②変更の工事に係る部分以外の全部又は一部　③市町村長等の承認

出題パターンのアドバイス

　1〜4項は、太字の部分が誤っている。5項の赤字は、前述の「3点がポイント」と合致している。

◆ 問題7　設置許可申請等の手続き ◆

出題頻度の高い★再現問題

問5 法令上、仮使用についての記述で、下線を付した（A）～（C）のうち正誤の組合せとして、次のうち正しいものはどれか。

「製造所、貯蔵所又は取扱所の位置、構造又は設備を変更する場合において、当該製造所、貯蔵所又は取扱所のうち、(A) 当該変更の工事に係わる部分の全部又は一部について (B) 消防長又は消防署長の (C) 承認を受けたときは、完成検査を受ける前においても、当該 (C) 承認を受けた部分を使用することができる。」

	A	B	C
1	○	×	×
2	×	○	×
3	○	○	×
4	×	×	○
5	○	×	○

問6 法令上、製造所等の所有者等が市町村長等にあらかじめ届け出なければならないものは、次のうちどれか。

1. 危険物保安監督者の解任
2. 危険物保安監督者の選任
3. 製造所等の用途廃止
4. 製造所等の譲渡又は引渡し
5. 危険物の品名・数量又は指定数量の倍数変更（製造所等の位置、構造、設備の変更を要しないもの）

問7 法令上、製造所等の所有者等が市町村長等に届け出なければならない事項として、次のうち誤っているものはどれか。

1. 製造所等の譲渡又は引き渡しをしたとき。
2. 製造所等の位置、構造又は設備を変更しないで、危険物の品名、数量又は指定数量の倍数を変更したとき。
3. 危険物保安監督者を解任したとき。
4. 危険物施設保安員を定めたとき。
5. 製造所等の用途を廃止したとき。

解法パターン&コツ

問5 解答 4

「製造所、貯蔵所又は取扱所の位置、構造又は設備を変更する場合において、当該製造所、貯蔵所又は取扱所のうち、(A：×)当該変更の工事に係わる部分の全部又は一部について(B：×)消防長又は消防署長の(C：○)承認を受けたときは、完成検査を受ける前においても、当該(C：○)承認を受けた部分を使用することができる。」
(A：×) 当該変更の工事に係わる部分（以外）→以外が抜けている。
(B：×) 消防長又は消防署長→市町村長等の承認なので、誤っている。
(C：○) 承認→正しい。
※4項が(A：×)(B：×)(C：○)に当てはまるので正しい。

問6 解答 5

- × 1. 危険物保安監督者の解任→**遅滞なく届け出る**ように定められている。
- × 2. 危険物保安監督者の選任→**遅滞なく届け出る**。
- × 3. 製造所等の用途廃止→**遅滞なく届け出る**。
- × 4. 製造所等の譲渡又は引渡し→**遅滞なく届け出る**。
- ○ 5. 危険物の品名・数量又は指定数量の倍数変更（製造所等の位置、構造、設備の変更を要しないもの）は、**あらかじめ（事前に）届け出る**ように定められているので正しい。

問7 解答 4

- ○ 1. 製造所等の譲渡又は引き渡しをしたとき。→**遅滞なく届け出る**。
- ○ 2. 製造所等の位置、構造又は設備を変更しないで、危険物の品名、数量又は指定数量の倍数を変更したとき。→**10日前までに届け出る**。
- ○ 3. 危険物保安監督者を解任したとき。→**遅滞なく届け出る**。
- × 4. 危険物施設保安員を定めたとき。→届け出る必要がないので誤っている。
- ○ 5. 製造所等の用途を廃止したとき。→**遅滞なく届け出る**。

◆ 問題7　設置許可申請等の手続き ◆

◎ 問題 8 ◎

法令違反に対する措置（設置許可の取り消し・使用停止命令・他）

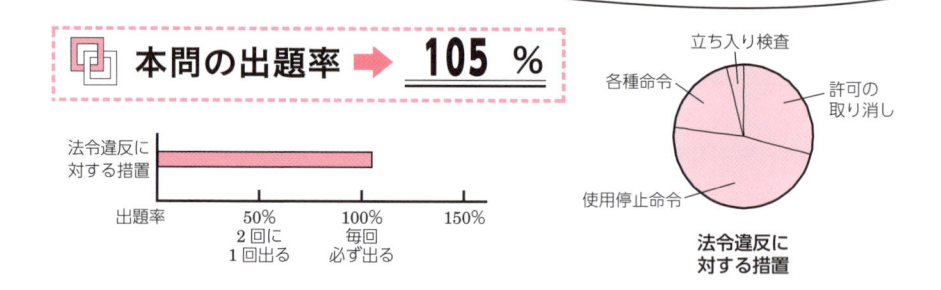

本問の出題率 ➡ **105** %

法令違反に対する措置

出題率 50% 100% 150%
        2回に 毎回
        1回出る 必ず出る

法令違反に対する措置
- 立ち入り検査
- 各種命令
- 許可の取り消し
- 使用停止命令

☑ 出題パターンの分析結果にもとづく合格のポイント

1. 義務違反と措置命令等

①危険物の貯蔵・取扱基準遵守命令	製造所等においてする危険物の貯蔵又は取扱いが、技術上の基準に違反しているとき。
②危険物施設の基準適合命令（修理、改造又は移転の命令）	製造所等の位置、構造、設備が技術上の基準に違反しているとき。→所有者等権限がある者に対して、命令がでる。
③危険物保安統括管理者又は危険物保安監督者の解任命令	消防法に基づく命令の規定に違反したとき、又はその責務を怠っているとき。
④危険物施設の応急措置命令	危険物の流出その他の事故が発生したときに、応急の措置を講じていないとき。

2. 許可の取り消し、又は使用停止命令

①無許可変更	製造所等の位置、構造、設備を無許可で変更したとき。
②完成検査前使用	完成検査済証の交付前に使用したとき、又は仮使用の承認を受けないで使用したとき。
③措置命令違反	位置、構造、設備に係わる措置命令に違反したとき。
④保安検査未実施	政令で定める屋外タンク貯蔵所又は移送取扱所の保安の検査を受けないとき。
⑤定期点検未実施	定期点検の実施、記録の作成、保存がされてないとき。

3. 使用停止命令

①遵守命令違反	危険物の貯蔵、取扱い基準の**遵守命令に違反**したとき。
②危険物保安統括管理者の未選任他	危険物保安統括管理者を定めていない、又は危険物の**保安に関する業務を統括管理させていない**。
③危険物保安監督者の未選任他	危険物保安監督者を定めていない、又は保安の監督をさせていないとき。
④解任命令違反	危険物保安統括管理者、危険物保安監督者の**解任命令に違反**したとき。

4. 走行中の移動タンク貯蔵所の停止

消防吏員又は警察官は、走行中の移動タンク貯蔵所を停止させることができる。

5. 事故時の措置

① 所有者等（所有者、管理者又は占有者）は、危険物の流出等の事故が発生したときは、応急の措置をすること。
② 引き続き危険物の流出、拡散の防止と流出した危険物の除去。
③ 市町村長等は、所有者等に対し応急措置をするように命令することができる。

★ 簡便法で**合格率アップ！** ★大切だから必ず読んでね！

許可の取り消し又は使用停止命令の対象外（最近の出題傾向より）

免状関連

① こう出たら ✕ 危険物保安監督者又は危険物取扱者が、免状の返納命令を受けた場合。
② こう出たら ✕ 危険物保安監督者又は危険物取扱者が、保安講習を受けていない場合。
③ こう出たら ✕ 危険物保安監督者又は危険物取扱者が、免状の書換えをしていない場合。

届出関連

④ こう出たら ✕ 危険物保安監督者を定めていたが、市町村長等への届け出を怠った場合。
⑤ こう出たら ✕ 危険物施設の譲渡等の届出を怠っていた場合。

出題頻度の高い★再現問題

問1 法令上、市町村長等が製造所等の許可の取り消しを命ずることができる事由に該当しないものは、次のうちどれか。

1. 完成検査又は仮使用の承認を受けないで製造所等を使用したとき。
2. 製造所等の位置、構造又は設備に係わる修理、改造の命令に違反したとき。
3. 変更の許可を受けないで、製造所の位置、構造又は設備を変更したとき。
4. 製造所等の定期点検に関する規定に違反したとき。
5. 危険物保安監督者を定めなければならない製造所等で、危険物保安監督者を定めていないとき。

問2 法令上、製造所等の所有者等に対し、市町村長等から許可の取消しを命ぜられる事由について、次のA〜Dのうち正しいものの組合せはどれか。

A. 取り扱っている危険物の品名の変更をしたが、変更の届出をしていない場合。
B. 製造所等を変更許可を受けて工事を実施したが、完成検査を受けないで使用した場合。
C. 予防規程を定めなければならない製造所等で、その認可を受けていない場合。
D. 定期点検を行わなければならない製造所等において、それの記録を記載していない場合。

1. A B 2. A C 3. B C 4. B D 5. C D

解法のテクニック

許可の取り消しなので、p.62の2の①〜⑤に該当するものはどれかを問う問題である。

問3 法令上、製造所等の所有者等に対し、製造所等の使用停止を命ぜられる事由として、次のうち誤っているものはどれか。

1. 給油取扱所の構造を無許可で変更したとき。
2. 設置の完成検査を受けないで、屋内貯蔵所を使用したとき。
3. 地下タンク貯蔵所の定期点検を、規定の期間内に行わなかったとき。
4. 基準違反の製造所に対する、修理、改造、移転命令に従わなかったとき。
5. 移動タンク貯蔵所の危険物取扱者が、危険物の取扱作業の保安に関する講習を受けていないとき。

解法パターン&コツ

問1 解答5

- ○1. p.62の2の②「完成検査前使用」になるので、許可の取り消しに該当する。
- ○2. p.62の2の③「措置命令違反」になるので、許可の取り消しに該当する。
- ○3. p.62の2の①「無許可変更」で、許可の取り消しに該当する。
- ○4. p.62の2の⑤「定期点検未実施」で、許可の取り消しに該当する。
- ×5. 危険物保安監督者を定めなければならない製造所等で、危険物保安監督者を定めていないとき。→ p.63の3の③に該当するので、使用停止命令の対象であり許可の取り消しはできない。

解法のテクニック
許可の取り消しなので、p.62の2の①～⑤に該当しないものはどれかを問う問題である。

問2 解答4

- ×A. 届け出義務違反なので、許可の取り消しはできない。
- ○B. p.62の2の②「完成検査前使用」で、許可の取り消しに該当する。
- ×C. 予防規程の違反であるが、許可の取り消しはできない。
- ○D. p.62の2の⑤「定期点検未実施」で、許可の取り消しに該当する。

×1. A B　×2. A C　×3. B C　○4. B D　×5. C D

問3 解答5

- ○1. 給油取扱所の**構造を無許可で変更**したとき。
- ○2. 設置の**完成検査を受けないで**、屋内貯蔵所を使用したとき。
- ○3. 地下タンク貯蔵所の**定期点検**を、規定の期間内に行わなかったとき。
- ○4. 基準違反の製造所に対する、**修理、改造、移転命令**に従わなかったとき。
- ×5. 移動タンク貯蔵所の危険物取扱者が、危険物の取扱作業の保安に関する講習を受けていないときは、免状関連の違反なので、使用停止命令は発令できない。

注意：1～4項は、すべて使用停止命令の対象である。

解法のテクニック
使用停止命令なので、p.62の2の①～⑤とp.63の3の①～④に該当しないものはどれかを問うている問題である。簡便法として、許可の取り消し又は使用停止命令の対象外の免状関連②で、簡単に答えがでる。

◆ 問題8　法令違反に対する措置 ◆

出題頻度の高い★再現問題

問4 法令上、次のA～Eに対して、期間を定めて使用停止命令が発令される事項はいくつあるか。

A. 定期点検の実施期限を過ぎているが、1年後の実施計画を策定し継続して使用した。
B. 使用中のタンクと同じ型式のタンクに取り換えたので、許可を受けずに使用した。
C. 完成検査を受けないで使用を開始した。
D. 製造所等の設備の一部分の改善命令を受けたが、1年後に改修するとして継続して使用した。
E. 製造所等の譲渡を受けたが、その届け出をしなかった。

1. 1つ　2. 2つ　3. 3つ　4. 4つ　5. 5つ

解法のテクニック

p.62～63の説明文参照。

2. 許可の取り消し又は使用停止命令（重い懲罰）→ 5項目
3. 使用停止命令（軽い懲罰）→ 4項目

以上の9項目に該当するものはどれかを問うている問題である。

問5 製造所等における法令違反と、それに対して市町村長等から受ける命令等の組合せとして、次のうち正しいものはどれか。

1. 許可を受けないで、製造所等の位置、構造又は設備を変更したと認められたとき。　　　　　　　　　　　………免状の返納命令
2. 危険物保安監督者の業務を遂行することが、公共の安全の維持、災害の発生防止に支障があると認められたとき。　……危険物保安監督者の解任命令
3. 危険物保安統括管理者が、消防法若しくは消防法に基づく命令の規定に違反したとき。　　　　　　　　　　　……保安に関する講習の受講命令
4. 製造所等において危険物の流出その他事故が発生したときに、所有者等が応急措置を講じていないと認められたとき。　……製造所等の移転命令
5. 受講義務のある危険物取扱者が、保安に関する講習を受講していないと認められたとき。　　　　　　　　　　……製造所等の使用停止命令

解法パターン&コツ

問4 解答4

- ○ A. 定期点検の実施期限を過ぎているが、1年後の実施計画を策定し継続して使用した。→ p.62の2.⑤「**定期点検未実施**」**に該当するので、使用停止命令の対象になる。
- ○ B. 使用中のタンクと同じ型式のタンクに取り換えたので、**許可を受けずに使用した。→ p.62の2.①「無許可変更」に該当するので、使用停止命令の対象になる。
- ○ C. **完成検査を受けないで使用**を開始した。→ p.62の2.②「**完成検査前使用**」**に該当するので、期間を定めた使用停止命令の対象になる。
- ○ D. 製造所等の設備の一部分の**改善命令を受けた**が、1年後に改修するとして継続して使用した。→ p.62の2.③「**措置命令違反**」**に該当するので、期間を定めた使用停止命令の対象になる。
- × E. 製造所等の譲渡を受けたが、その届け出をしなかった。→届出義務違反は、使用停止命令の対象にはならない。

× 1. 1つ　× 2. 2つ　× 3. 3つ　○ 4. 4つ　× 5. 5つ

問5 解答2

- × 1. 許可を受けないで、製造所等の位置、構造又は設備を変更したと認められたとき。………p.62の2.①「**無許可変更**」**に該当する**ので、許可の取り消しか使用停止命令の対象となる。
- ○ 2. 危険物保安監督者の業務を遂行することが、公共の安全の維持、災害の発生防止に支障があると認められたとき。………**危険物保安監督者の解任命令**で、正しい。
- × 3. 危険物保安統括管理者が、消防法若しくは消防法に基づく命令の規定に違反したとき。………保安に関する講習の受講命令ではなく、**危険物保安統括管理者の解任命令**が発令される。
- × 4. 製造所等において危険物の流出その他事故が発生したときに、所有者等が応急措置を講じていないと認められたとき。………製造所等の移転命令ではなく、**危険物施設の応急措置命令**が発令される。
- × 5. 受講義務のある危険物取扱者が、保安に関する講習を受講していないと認められたとき。………**危険物取扱者免状の返納命令**が発令される。

◎ 問題 9 ◎
定期点検

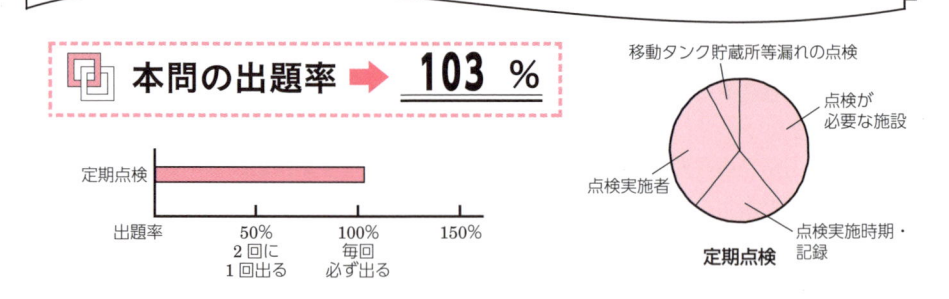

本問の出題率 → **103** %

定期点検 出題率 50% 2回に1回出る / 100% 毎回必ず出る / 150%

定期点検：移動タンク貯蔵所等漏れの点検／点検が必要な施設／点検実施時期・記録／点検実施者

☑ 出題パターンの分析結果にもとづく合格のポイント

製造所等の所有者等は、その位置・構造及び設備が技術上の基準に適合しているか否かを定期的に点検し、その点検記録を作成し、一定の期間保存することが義務づけられている。

1. 定期点検の実施対象施設・対象外施設

①製造所	②屋内貯蔵所	③屋外タンク貯蔵所
④地下タンク貯蔵所	⑤移動タンク貯蔵所	⑥屋外貯蔵所
⑦給油取扱所	⑧移送取扱所	⑨一般取扱所

＊実施対象施設は以上の9施設であるが、ほとんどの問題が**移動タンク貯蔵所**と**地下タンクを有する施設**が答えとなる（最近の出題傾向より）。

※実施対象外施設

①屋内タンク貯蔵所	②簡易タンク貯蔵所	③販売取扱所

2. 点検実施者

①危険物取扱者	甲種、乙種、丙種→立会いもできる。
②危険物施設保安員	定期点検の立会いはできない。
③危険物取扱者以外の者	甲種、乙種、丙種いずれかの危険物取扱者の立会いがあればできる。

＊点検に市町村長等の立会いは必要ない。

3. 点検時期・点検の記録・その他

①点検時期	1年に1回以上
②点検記録の保存期間	3年間保存
③点検記録事項	・点検をした製造所等の名称　・点検の方法及び結果 ・点検を行った者、立ち会った者の氏名　・点検年月日

＊点検結果を市町村長等、所轄消防署長に報告する義務はない。

4. 地下貯蔵タンク・地下埋設配管の漏れの点検

①点検実施者	危険物取扱者又は危険物施設保安員で「点検の方法に関する知識及び技能を有する者」＝漏れの点検に関する技術講習修了者。
②点検時期	設置の完成検査済証の交付を受けた日、又は前回の漏れの点検を行った日から1年を超えない日までの期間内に1回以上。

5. 移動タンク貯蔵所の漏れ・水圧試験に係わる点検

①実施対象	すべての移動タンク貯蔵所で実施する。
②点検実施者	上記4の①項と同じ
③点検時期	設置の完成検査済証の交付を受けた日、又は前回の漏れの点検を行った日から5年を超えない日までの期間内に1回以上。
④点検記録の保存期間	漏れの点検に係わる点検記録は10年間保存。

簡便法で合格率アップ！　大切だから必ず読んでね！

①定期点検の実施対象施設	・移動タンク貯蔵所（すべて） ・地下タンクを有する施設（給油取扱所など）	重点施設はこの2点
②点検実施者	・危険物取扱者（甲、乙、丙）　・危険物施設保安員 ・危険物取扱者の立会いを受けた危険物取扱者以外の者	
③その他	・点検の記録は、市町村長、所轄消防所長等に報告の必要なし。 ・1年に1回以上実施　・記録は3年間保存	

出題頻度の高い★再現問題

問1 法令上、製造所等の定期点検について、次のうち正しいものはどれか。

1. 点検は原則として3年に1回以上実施しなければならない。
2. 移動タンク貯蔵所及び地下タンク有する給油取扱所は、定期点検の実施対象である。
3. 危険物施設保安員が定期点検を実施する場合は、危険物取扱者の立会いが必要である。
4. 定期点検の記録は、原則として1年間保存しなければならない。
5. 危険物施設保安員を定めた製造所等は、定期点検を免除される。

問2 法令上、次のA～Eの製造所等のうち、定期点検を行わなければならないもののみの組合せはどれか。

A. 指定数量の倍数が10以上の製造所
B. 屋内タンク貯蔵所
C. 移動タンク貯蔵所
D. 地下タンクを有する給油取扱所
E. 簡易タンク貯蔵所

1. ＡＢＥ　　2. ＡＣＤ　　3. ＡＤＥ　　4. ＢＣＤ　　5. ＢＣＥ

問3 法令上、移動タンク貯蔵所の定期点検について、次のうち誤っているものはどれか。ただし規則で定める漏れに関する点検を除く。

1. 定期点検は、位置、構造及び設備の技術上の基準に適合しているかどうかについて行う。
2. 定期点検は、1年に1回以上行わなければならない。
3. 定期点検を実施したときは、点検記録を作成し、これを3年間保存しなければならない。
4. 定期点検を実施しなければならない移動タンク貯蔵所は、移動貯蔵タンクの容量が10 000 l 以上のものである。
5. 危険物取扱者の立会いを受けた場合は、危険物取扱者以外の者が定期点検を行うことができる。

解法パターン＆コツ

問1 解答 2

- × 1. 点検は原則として3年ではなく、1年に1回以上実施しなければならない。
- ○ 2. 移動タンク貯蔵所及び地下タンクを有する給油取扱所は、定期点検の実施対象である。この2つの危険物施設は、大切だから必ず覚えよう！
- × 3. 危険物施設保安員は、立会いなしで定期点検を実施することができる。
- × 4. 定期点検の記録は、原則として1年間ではなく3年間保存しなければならない。
- × 5. 法令で定期点検を行うように定められた製造所等は、危険物施設保安員を定めていても定期点検が免除されることは絶対にない。

問2 解答 2

- ○ A. 指定数量の倍数が10以上の製造所
- × B. 屋内タンク貯蔵所→定期点検が義務づけられていない。
- ○ C. 移動タンク貯蔵所
- ○ D. 地下タンクを有する給油取扱所
- × E. 簡易タンク貯蔵所→定期点検が義務づけられていない。

× 1. ＡＢＥ　　○ 2. ＡＣＤ　　× 3. ＡＤＥ　　× 4. ＢＣＤ　　× 5. ＢＣＥ

解法のテクニック

定期点検の必要な危険物施設の簡便法を利用した解答の仕方

移動タンク貯蔵所と地下タンクを有する施設に必要と覚える。この2点で答えが出ない場合は、点検対象外の3施設「屋内タンク貯蔵所・簡易タンク貯蔵所・販売取扱所」で確認しよう！

問3 解答 4

- ○ 1. 1項は定期点検の目的であり、所有者等に課せられた義務である。
- × 4. 移動タンク貯蔵所はタンクの容量に関係なく、すべて定期点検を実施しなければならない。タンクの容量が少なく定期点検を実施しなくてよいものは、移動タンク貯蔵所とはいわない。
- ○ 5. 危険物取扱者の立会いを受けた場合は、危険物取扱者以外の者が定期点検を行うことができる。→定期点検の場合は、丙種も立会いができる。

出題頻度の高い★再現問題

問4 法令上、移動タンク貯蔵所の定期点検について、次のうち正しいものはどれか。ただし、規則で定める漏れの点検は除く。

1. 指定数量の倍数が10未満の危険物を移送する移動タンク貯蔵所は、定期点検を行う必要はない。
2. 重油を貯蔵し、又は取り扱う移動タンク貯蔵所は、定期点検を行わなくてもよい。
3. 丙種危険物取扱者は、定期点検を行うことができる。
4. 所有者等であれば、危険物取扱者でなくても又危険物取扱者の立会いがなくても定期点検ができる。
5. 定期点検は、3年に1回行わなければならない。

問5 法令上、製造所等の定期点検について、次のうち誤っているものはどれか。ただし、規則に定める漏れの点検及び固定式の泡消火設備の点検に関するものについては除く。

1. 定期点検は、原則として1年に1回以上行わなければならない。
2. 定期点検は、製造所等の位置、構造及び設備が技術上の基準に適合しているかどうかについて行う。
3. 点検の記録は、一定期間保存しなければならない。
4. 危険物取扱者以外の者は、この点検を行うことはできない。
5. 移動タンク貯蔵所及び危険物を取り扱うタンクで、地下にあるものを有する給油取扱所は、定期点検の実施対象である。

問6 法令上、製造所等の定期点検について、次のうち誤っているものはどれか。

1. 点検は原則として1年に1回以上実施しなければならない。
2. 点検は製造所等の位置、構造及び設備が技術上の基準に適合しているかを点検する。
3. 危険物取扱者は点検をすることができる。
4. 危険物施設保安員は点検をすることができない。
5. 点検記録は原則として3年間保存しなければならない。

解法パターン＆コツ

問4　解答3

× 1. 指定数量に関係なく、移動タンク貯蔵所として許可を受けた施設は、すべて定期点検を実施しなければならない（タンクの容量が少なく定期点検を実施しなくてよいものは、移動タンク貯蔵所とはいわない）。
× 2. 貯蔵し、又は取り扱う油種に関係なく移動タンク貯蔵所は、定期点検を行わなければならない。
○ 3. 危険物取扱者であれば、免状の種類（甲種、乙種及び丙種）に関係なく定期点検を行うことができる。
× 4. 所有者等であっても、危険物取扱者の免状を有するか或いは危険物取扱者の立会いがなければ定期点検を行うことはできない。
× 5. 定期点検は、原則として3年ではなく1年に1回以上行わなければならない。

問5　解答4

○ 1. 定期点検は、原則として1年に1回以上行わなければならない。
○ 2. 定期点検は、**製造所等の位置、構造及び設備が技術上の基準に適合している**かどうかについて行う。これは定期点検の目的であり、所有者等に課せられた義務である。
○ 3. 点検の記録は、**一定期間（原則として3年間）保存**しなければならない。
× 4. 危険物取扱者以外の者は、危険物取扱者の立会いがあれば定期点検を行うことができる。また、危険物施設保安員であれば、危険物取扱者でなくても（免状を取得していない者）定期点検を行うことができる。
○ 5. **移動タンク貯蔵所**及び危険物を取り扱うタンクで、**地下にあるものを有する給油取扱所は、定期点検の実施対象**である。大切だから覚えておこう！

問6　解答4

× 4. 危険物施設保安員は、定期点検を行うことができると定められている。

得点力UPのポイント　★必ず読んでね！★

誤っている答えの4項を除いて、他の項（1項、2項、3項及び5項）は大切な項目で、正しいものを選ぶ問題では必ず答えとなるので早く覚えよう！

◆問題9　定期点検◆

出題頻度の高い★再現問題

問7 法令上、製造所等の定期点検について、次のうち誤っているものはどれか。ただし、規則に定める漏れの点検及び固定式泡消火設備の点検に関するものについては除く。

1. 点検は原則として1年に1回以上行わなければならない。
2. 点検の記録は、一定期間保存しなければならない。
3. 危険物取扱者の立ち会いを受けた場合は、危険物取扱者以外の者でも定期点検を行うことができる。
4. 定期点検を実施した場合は、市町村長等に届け出なければならない。
5. 定期点検は、製造所等の位置、構造及び設備が技術上の基準に適合しているかどうかについて行う。

問8 法令上、製造所等において規則に定める地下貯蔵タンクの漏れの点検について、次のA～Dのうち、正しいものの組合せはどれか。

A. 危険物取扱者又は危険物施設保安員で、漏れの点検に関する知識及び技能を有するものが行わなければならない。
B. 点検は、タンク容量が10 000 l 以上のものについて行わなければならない。
C. 点検記録には、点検をした製造所等の名称、点検の方法及び結果、点検年月日等を記載しなければならない。
D. 点検の結果は、市町村長等に報告しなければならない。

1. AとB　　2. AとC　　3. AとD　　4. BとC　　5. CとD

問9 法令上、定期点検を義務づけられていない製造所等は、次のうちどれか。

1. 移動タンク貯蔵所
2. 地下タンクを有する製造所
3. 地下タンク貯蔵所
4. 簡易タンク貯蔵所
5. 地下タンクを有する給油取扱所

解法パターン&コツ

問7 解答 4

× 4. 定期点検を実施した場合は、点検の結果を記録して3年間保存すればよい。市町村長等に届け出なければならないという規定はない。「市町村長等に届け出なければならない」という関連問題は、定期点検では一番多く出ている問題なので、きっちりと覚えよう！

問8 解答 2

○ A. 地下貯蔵タンクの漏れの点検は、危険物取扱者又は危険物施設保安員で、漏れの点検に関する知識及び技能を有する者（技術講習修了者）が行わなければならない。
× B. 法令で定められた地下タンク貯蔵所であれば、タンク容量に関係なく漏れの点検を行わなければならない。
○ C. 点検記録には、点検をした製造所等の名称、点検の方法及び結果、点検年月日等を記載しなければならないと定められている。
× D. 点検の結果を市町村長等に報告する義務はない。点検の結果を記録し保存してあればよい。

× 1. AとB　　○ 2. AとC　　× 3. AとD　　× 4. BとC　　× 5. CとD

問9 解答 4

○ 1. 移動タンク貯蔵所
○ 2. 地下タンクを有する製造所
○ 3. 地下タンク貯蔵所
× 4. 簡易タンク貯蔵所→定期点検は義務づけられていない。
○ 5. 地下タンクを有する給油取扱所

解法のテクニック

定期点検は、移動タンク貯蔵所と地下タンクを有する施設に必要と覚えていれば、答えがでる問題である。

◎ 問題 10 ◎

危険物取扱者、危険物取扱者免状の交付・書換え・他

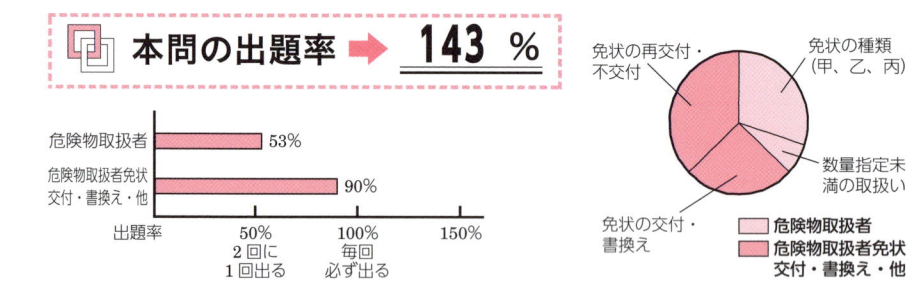

Check!

本問の出題率 → 143 %

- 危険物取扱者 53%
- 危険物取扱者免状 交付・書換え・他 90%

出題率: 50%（2回に1回出る）／100%（毎回必ず出る）／150%

円グラフ：
- 免状の種類（甲、乙、丙）
- 数量指定未満の取扱い
- 免状の交付・書換え
- 免状の再交付・不交付
- （危険物取扱者／危険物取扱者免状 交付・書換え・他）

✓ 出題パターンの分析結果にもとづく合格のポイント

1 危険物取扱者

1. 危険物取扱者とは

① 危険物取扱者とは、危険物取扱者試験に合格し、都道府県知事から免状の交付を受けた者をいう。
② 危険物取扱者の免状は甲種、乙種、丙種の3種類があり、全国で有効である。
③ 危険物の取扱いは、危険物取扱者が行う。危険物取扱者以外の者が危険物を取り扱う場合は危険物取扱者が立ち会って行うが、丙種は立会いができない。

〈免状の種類と取扱作業の内容等〉

免状の種類	取扱作業	立会い	危険物保安監督者に選任される資格	定期点検
甲種	○ 全類（1～6類）	○ 全類（1～6類）	○ 実務経験6か月以上	○ 点検の実施と立会い
乙種	○ 指定された類（注1）	○ 指定された類（注1）	○ 実務経験6か月以上	○ 点検の実施と立会い
丙種	○ 指定された危険物（注2）	×	×	○ 点検の実施と立会い

注1：「指定された類」とは、免状に記載されている類をいう。
注2：「指定された危険物」とは、ガソリン、灯油、軽油、第3石油類（重油、潤滑油及び引火点が130℃以上のもの）、第4石油類及び動植物油類をいう。

2. 危険物取扱者の責務

① 危険物の貯蔵、取扱いの技術上の基準を遵守し、安全の確保について細心の注意を払うこと。
② 危険物取扱者（甲種、乙種）が危険物の取扱作業の立会いをする場合は、取扱作業に従事する者が貯蔵又は取扱いの基準を遵守するように監督するとともに、必要に応じてこれらの者に指示を与えなければならない。

簡便法で合格率アップ！ ★大切だから必ず読んでね！

〈危険物取扱者関連〉

① こう出たら ○ 乙種危険物取扱者が取り扱うことができる危険物以外の危険物を取り扱う場合は、甲種又は当該危険物を取り扱うことができる乙種危険物取扱者の立会いが必要である。

② こう出たら ○ 危険物取扱者以外の者が危険物を取り扱う場合には、指定数量未満であっても、甲種危険物取扱者又は当該危険物を取り扱うことができる乙種危険物取扱者の立会いが必要である。

③ こう出たら ○ 丙種危険物取扱者が立ち会っても、危険物取扱者以外の者は、危険物を取り扱うことができない。
⇒ 丙種危険物取扱者は立会いができないと定められている。

● 最近の出題傾向における**重要問題**

① 丙種危険物取扱者は、危険物施設保安員になることができない。　答（×）
　→ **危険物施設保安員の資格は、特に定められていない**ので誤っている。
② 製造所等において丙種は、固形アルコールの取扱いができる。　答（×）
　→ **丙種危険物取扱者は、第2類の固形アルコールの取扱いができない**ので誤っている。
③ 一般取扱所で、丙種危険物取扱者が灯油を容器に詰め替えた。　答（○）
　→ 丙種危険物取扱者は一般取扱所（灯油の店等）で、灯油の取扱いができるので正しい。

◆ 問題10　危険物取扱者、危険物取扱者免状の交付・書換え・他 ◆

2 危険物取扱者免状の交付・書換え・再交付・他

〈危険物取扱者免状の交付等に関する概要〉

手続き	内　容	申請先
交付	危険物取扱者試験に合格した者	都道府県知事
書換え	免状の記載事項に変更が生じたとき ・氏名（結婚等による） ・本籍地（都道府県名に変更が生じたとき） ・免状の写真が10年経過したとき等	交付地、居住地又は勤務地の都道府県知事
再交付	免状を亡失・滅失・汚損・破損等	交付又は書換えをした都道府県知事
	再交付後亡失した免状を発見したとき→10日以内に再交付を受けた都道府県知事に発見した免状を提出	

1. 免状の交付、書換え、返納等

① 免状に関係する事項は、すべて都道府県知事が行う。
② 免状に貼付された写真が10年を経過したときは、免状の書換えをするように定められている。
③ 危険物取扱者が消防法令に違反しているときは、都道府県知事は免状の返納を命じることができる。
④ 免状の返納を命じられた者は、その日から起算して1年を経過しないと、新たに危険物取扱者試験に合格しても免状の交付を受けることができない。
⑤ 消防法に違反して罰金以上の刑に処せられた者は、その執行を終わり、又は執行を受けることがなくなった日から起算して2年を経過しないと、免状を受けることができない。

2. 再交付等の申請先概要

運転免許証の更新や再交付の申請は、試験に合格した原簿を国が管理しているので、どこの都道府県であってもできる。しかし、危険物の合格原簿は、国ではなく危険物取扱者試験に合格した各都道府県で管理しているので、書換えや再交付の申請先に種々の制約が生じる。

〈書換え・再交付等申請先の覚え方のポイント〉

交付地	原簿が有るので、制約がなくすべての申請ができる。
書換え	本物の危険物取扱者免状を持参して行うので、交付地と異なる県に居住していても申請できる。書換えした都道府県にも原簿が備わる。
再交付	原簿がある都道府県（交付地、書換え地）でないとできない。居住地、勤務地での再交付の申請は、他県への転勤があった場合に原簿があるとは限らないのでできない。

簡便法で**合格率アップ！**　★大切だから必ず読んでね！

〈免状の交付、書換え、再交付等〉

① こう出たら ○　書換えは、当該免状を交付した都道府県知事、又は居住地若しくは勤務地を管轄する都道府県知事に申請しなければならない。

② こう出たら ×　再交付の申請は、居住地を管轄する都道府県知事に申請することができる。
⇨ 交付か書換えをした都道府県知事でないと、再交付の申請はできない。

③ こう出たら ×　免状を亡失して再交付を受けた者は、亡失した免状を発見した場合は、再交付された免状を10日以内に、再交付を受けた都道府県知事に提出しなければならない。
⇨ 再交付された免状を提出するのではなく、発見した古い免状を提出するのが正しい。1. 発見した免状（古い免状）　2. 10日以内　3. 再交付を受けた都道府県知事に提出の3点がポイント。

④ こう出たら ○　免状の返納を命じられた者は、その日から起算して1年を経過しないと免状の交付を受けられない。
⇨ 1年が正しいが、2年、6か月等と誤っている問題が出るので注意しよう！

●最近の出題傾向における**重要問題**

危険物取扱者免状の更新時期（3年 or 5年に1回等）についての出題があるが、**危険物は運転免許証のように3年or 5年に1回更新するという規定はない。**

◆ 問題10　危険物取扱者、危険物取扱者免状の交付・書換え・他 ◆

出題頻度の高い★再現問題

〈危険物取扱者〉

問1 法令上、危険物取扱者について、次のうち誤っているものはどれか。

1. 丙種危険物取扱者は、第4類の危険物のうちの特定の危険物を貯蔵し又は取り扱う製造所等の危険物保安監督者になることができる。
2. 乙種危険物取扱者が取り扱うことができる危険物の種類は、免状に指定されている。
3. 危険物取扱者とは、免状の交付を受けている者をいう。
4. 製造所等において危険物取扱者以外の者は、甲種又は当該危険物を取り扱うことができる乙種危険物取扱者が立ち会わなければ、危険物を取り扱うことはできない。
5. 危険物保安統括管理者は、危険物取扱者でなくてもよい。

得点力UPのポイント ★必ず読んでね！★

　5つの項目（記述）から正しいかあるいは誤っているかの答えを選択する試験問題では、重要で覚えてほしい事項は何度でも問題に出てくる。正しいときには○印を、誤っているときには×印を確実に付けて問題に取り組めば、理解度が必ず上がって合格できるのだ！

問2 法令上、製造所等における危険物取扱時の危険物取扱者の立会いについて、次のうち正しいものはどれか。

1. 危険物施設保安員が危険物を取り扱う場合は、すべて立会いを必要としない。
2. 乙種危険物取扱者が取り扱うことができる危険物以外の危険物を取り扱う場合は、甲種又は当該危険物を取り扱うことができる乙種危険物取扱者の立会いが必要である。
3. 危険物取扱者以外の従業員が危険物を取り扱う場合は、所有者の指示があれば、立会いを必要としない。
4. 丙種危険物取扱者は、取り扱うことができる危険物の取扱作業についてのみ、立ち会うことができる。
5. 危険物取扱作業に立ち会うことができる危険物取扱者は、6か月以上の実務経験が必要である。

解法パターン&コツ

〈危険物取扱者〉

問1 解答1 難易ランク

- × 1. 丙種危険物取扱者は、いかなる理由があろうとも危険物保安監督者になることはできない。
- ○ 2. 乙種危険物取扱者が取り扱うことができる危険物の種類は、免状に指定されている。
- ○ 3. 危険物取扱者とは、都道府県知事から免状の交付を受けている者をいう。
- ○ 4. 製造所等（給油取扱所＝ガソリンスタンド）において危険物取扱者以外の者は、甲種又は当該危険物を取り扱うことができる乙種（第4類）危険物取扱者が立ち会わなければ、危険物を取り扱うことはできないと定められている。
- ○ 5. 危険物保安統括管理者（**注意：危険物保安監督者ではない。**）になるための資格は特に定められていないので、危険物取扱者でなくてもよい。

問2 解答2 難易ランク

- × 1. 危険物施設保安員になるための資格は特にないので、危険物取扱者（免状の所持者）でない者は、立会いが必要である。
- ○ 2. 一例として、乙種第4類の危険物取扱者が「第6類の硝酸」を取り扱う場合は、当然第6類の硝酸の取り扱いはできないので、甲種又は当該危険物を取り扱うことができる乙種第6類の危険物取扱者の立会いが必要となる。
- × 3. 所有者の指示があったとしても、危険物取扱者以外の従業員が危険物を取り扱う場合は、立会いが必要である。
- × 4. **丙種危険物取扱者は**いかなる場合であっても、**危険物の取扱作業の立会いはできない**。
- × 5. 危険物取扱作業に立ち会うことができる危険物取扱者に、6か月以上等の実務経験は必要がないので誤っている。

得点力UPのポイント ★必ず読んでね！★

答えではない×印のすべての項目が、法令を理解していないと正しく思える問題である。そのような人は、p.76～77の説明文をもう一度読み直そう！　後が楽になるよ。

◆ 問題10　危険物取扱者、危険物取扱者免状の交付・書換え・他 ◆

出題頻度の高い★再現問題

問3 法令上、製造所等における危険物の取扱いについて、次のうち正しいものはどれか。

1. 製造所等の所有者等が指示した場合は、危険物取扱者以外の者でも、指定数量未満であれば危険物を取り扱うことができる。
2. 危険物取扱者以外の者が危険物を取り扱う場合には、指定数量未満であっても、甲種危険物取扱者又は当該危険物を取り扱うことができる乙種危険物取扱者の立会いが必要である。
3. 危険物取扱者以外の者が危険物を取り扱う場合は、丙種危険物取扱者が立ち会うことができるのは、自ら取り扱える危険物に限られている。
4. すべての乙種危険物取扱者は、丙種危険物取扱者が取り扱うことができる危険物を、自ら取り扱うことができる。
5. 危険物取扱者でなくても、指定数量未満であれば、すべての危険物を取り扱うことができる。

〈免状の交付・再交付他〉

問4 法令上、危険物取扱者免状の書換え又は再交付について、次のうち正しいものはどれか。

1. 再交付は、居住地又は勤務地の都道府県知事が行うことができる。
2. 書換えは、当該免状を交付した都道府県知事、又は居住地若しくは勤務地を管轄する都道府県知事に申請しなければならない。
3. 亡失により免状の再交付を受けたが、亡失した免状を発見したときは、再発行された免状を直ちに破棄しなければならない。
4. 住所に変更があったときは、本籍地に変更がなくとも書換えをしなければならない。
5. 氏名が変わったときは、再交付の申請をしなければならない。

解法パターン&コツ

問3　解答 2

- × 1. 所有者等の指示があったとしても、危険物取扱者以外の者が、ミニバイクに1ℓのガソリン（指定数量未満）を給油する場合には、危険物取扱者の立会いが必要である。
- ○ 2. 危険物取扱者以外の者が危険物を取り扱う場合には、指定数量未満であっても、甲種危険物取扱者又は当該危険物を取り扱うことができる乙種危険物取扱者の立会いが必要である。
- × 3. **丙種危険物取扱者は**いかなる場合であっても、**危険物の取扱作業の立会いはできない**。
- × 4. 乙種第4類の危険物取扱者であれば、丙種危険物取扱者が取り扱うことができる危険物を自ら取り扱うことができるが、乙種第1類の者は、丙種危険物取扱者が取り扱うことができるガソリン、灯油等の取扱いができない。
- × 5. 製造所等で働く作業者は、たとえ1ℓの取扱いであったとしても、危険物取扱者てなければ危険物を取り扱うことはできない（現在危険物取扱者でない者が給油取扱所で自動車等に給油できるのは、他の乙種第4類の危険物取扱者が「立会い」をしているからである）。

得点力UPのポイント　★必ず読んでね！★

危険物の取扱い（給油）と運搬は、たとえ1ℓであっても法令に従わなければならないと定められている。

〈免状の交付・再交付他〉

問4　解答 2

- × 1. **再交付は、免状の交付又は書換えをした都道府県知事が行う**と定められている。
- ○ 2. 結婚等で「氏名の変更があった者」の書換えは、当該免状を交付した都道府県知事、又は居住地若しくは勤務地を管轄する都道府県知事に申請しなければならない。
- × 3. 亡失により免状の再交付を受けたが、亡失した免状を発見したときは、再発行された免状を直ちに破棄ではなく、**発見した古い免状を10日以内に再交付を受けた都道府県知事に提出しなければならない**と定められている。
- × 4. 住所に変更があったとしても、**本籍地に変更がなければ書換えの必要はない**。
- × 5. 氏名が変わったときは、再交付ではなく書換えの申請をしなければならない。

出題頻度の高い★再現問題

問5 法令上、危険物取扱者免状の書換えが必要な事項について、次のうち正しいものはどれか。

1. 現住所を変えたとき。
2. 本籍地の属する都道府県を変えずに、市町村を変えたとき。
3. 写真が撮影されてから10年を超えたとき。
4. 勤務地が変わったとき。
5. 危険物の取扱作業の保安に関する講習を修了したとき。

問6 法令上、免状の交付を受けている者が、免状を亡失し、滅失し、汚損し又は破損した場合の再交付の申請について、次のうち誤っているものはどれか。

1. 免状を交付した都道府県知事に申請することができる。
2. 免状の書換えをした都道府県知事に申請することができる。
3. 居住地を管轄する都道府県知事に申請することができる。
4. 免状を亡失してその再交付を受けた者は、亡失した免状を発見した場合は、これを10日以内に免状の再交付を受けた都道府県知事に提出しなければならない。
5. 破損により免状の再交付を申請する場合は、当該免状を添えて申請しなければならない。

問7 法令上、次の文の（ ）内のA〜Cに該当する語句の組合せで、正しいものはどれか。

「(A)は、危険物取扱者が消防法令に違反して免状の(B)その日から起算して(C)を経過しない者には、危険物取扱者免状の交付を行わないことができる。」

	〈A〉	〈B〉	〈C〉
1.	都道府県知事	返納をした	1年
2.	市町村長	返納を命じられた	2年
3.	市町村長	返納をした	2年
4.	都道府県知事	返納をした	2年
5.	都道府県知事	返納を命じられた	1年

解法パターン＆コツ

問5　解答 3

- × 1. 現住所を変えたとき。→書換えの必要がない。
- × 2. 本籍地の属する都道府県を変えずに、市町村を変えたとき。→本籍地が変わらなければ、書換えの必要がない。
- ○ 3. 写真が撮影されてから10年を超えたとき。→書換えが必要。
- × 4. 勤務地が変わったとき。→書換えの必要がない。
- × 5. 危険物の取扱作業の保安に関する講習を修了したとき。→書換えの必要がない。

得点力UPのポイント　★必ず読んでね！★

写真は10年で書換えが必要と覚えよう！

問6　解答 3

- ○ 1. 免状の再交付は、当該**免状を交付した都道府県知事に申請**することができる。
- ○ 2. 再交付は、当該**免状の書換えをした都道府県知事に申請**することができる。
- × 3. 免状の再交付は、交付又は書換えをした都道府県知事に申請できると定められている。居住地には、危険物の**合格原簿**があるとは限らないのでできない。
（p.78の2.再交付の申請先概要を参照）
- ○ 4. 免状を亡失してその再交付を受けた者は、亡失した免状を発見した場合は、これを10日以内に免状の再交付を受けた都道府県知事に提出しなければならない。
- ○ 5. 破損により免状の再交付を申請する場合は、当該免状を添えて申請しなければならないと定められている。

問7　解答 5　A：都道府県知事　B：返納を命じられた　C：1年

解法のテクニック

消防法に違反して危険物取扱者免状の返納を命じられた者は、その日から起算して、1年を経過しないと新たに試験に合格しても免状の交付を受けることができないと定められている。

「（A：都道府県知事）は、危険物取扱者が消防法令に違反して免状の（B：返納を命じられた）その日から起算して（C：1年）を経過しない者には、危険物取扱者免状の交付を行わないことができる。」

◆問題10　危険物取扱者、危険物取扱者免状の交付・書換え・他◆

◎ 問題 11 ◎
保安講習

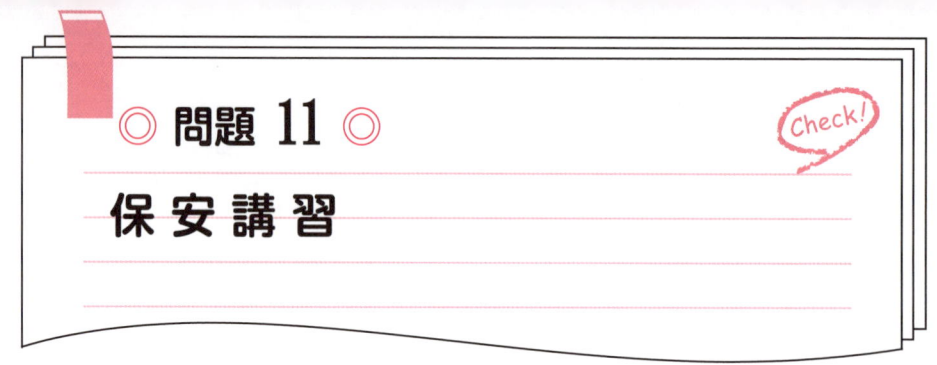

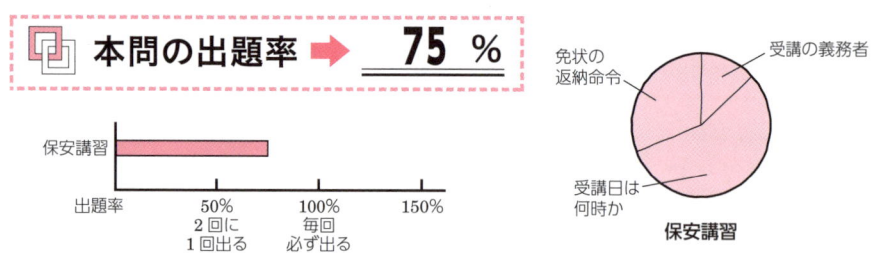

本問の出題率 → 75 %

保安講習

出題率　50% 2回に1回出る　100% 毎回必ず出る　150%

保安講習：免状の返納命令／受講の義務者／受講日は何時か

✓ 出題パターンの分析結果にもとづく合格のポイント

1. 保安講習を受講する義務がある者、他

① 危険物の取扱作業に従事している危険物取扱者（危険物免状の所持者）。
② 全国どこの都道府県で行う保安講習であっても受講できる。
③ 継続して従事している者

最初の4月1日　3年以内に受講　3月31日
◆受講した日　　　　　　　　　▲受講期限

前回の講習を受講した日以後における最初の4月1日から3年以内に受講する（甲種、乙種、丙種共に同じ）。

④ 新たに従事するようになった者
危険物の取扱作業に従事していなかった者が、その後、従事した場合は、従事した日から1年以内に受講すること。

1年以内
△新たに従事した日　▲受講期限

⑤ 従事した日の過去2年以内に免状の交付・講習を受けた者
従事することとなった日から起算して、過去2年以内に［1］免状の交付を受けてい

る又は［2］講習を受けている場合には、免状交付日又はその受講日以後における最初の 4 月 1 日から 3 年以内に受講。

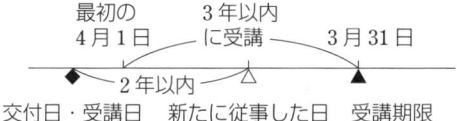

```
          最初の    3年以内
          4月1日   に受講      3月31日
       ◆──2年以内──△──────▲
     交付日・受講日  新たに従事した日  受講期限
```

2. 保安講習を受講する義務のない者

① 危険物の取扱作業に従事していない危険物取扱者（免状を所持していても、危険物の取扱作業に従事していなければ受講の義務はない）。
② 危険物の取扱作業に従事している無資格者。

★ 簡便法で合格率アップ！ ★ 大切だから必ず読んでね！

① 保安講習の基本問題→（ ）内の語句の組合せは？
「製造所等において危険物の取扱作業に従事する危険物取扱者は、講習を受講した日以後における最初の（4月1日）から（3年）以内に受講しなければならない。」→（ ）内に入る語句の組合せの問題例

② 最近 1 年間で多い問題は、保安講習は 3 年に 1 回受講するのが基本であるが、誤っている問題として「5 年以内に講習を受ける」、「甲種、乙種は 3 年に 1 回、丙種は 5 年に 1 回受講する」、「2 年に 1 回受講する」等がある。

③ こう出たら × 保安講習を受ける時期を過ぎているものは？
4 年前に講習を受けその後危険物の取扱作業に従事していなかったが、1 年 6 か月前から製造所等において危険物の取扱作業に従事している者。
⇒ 取扱作業に従事した日から 1 年に以内に受講しなければならないので、受講日を 6 か月過ぎている。

④ こう出たら ○ 現に危険物の取扱作業に従事していない危険物取扱者は、保安講習の受講義務はない。

⑤ こう出たら ○ 受講義務のある危険物取扱者が受講しなかった場合は、免状の返納を命ぜられることがある。

出題頻度の高い★再現問題

問1 法令上、危険物の取扱作業の保安に関する講習（以下「講習」という。）について、次のうち正しいものはどれか。

1. 法の定めにより指示があれば、必ず講習を受けなければならない。
2. 危険物取扱者は1年に1回、講習を必ず受けなければならない。
3. 従事することとなった日前2年以内に免状の交付を受け、引き続き危険物の取扱作業に従事している危険物取扱者は、免状の交付を受けた日以後における最初の4月1日から3年以内に受講しなければならない。
4. 危険物の取扱作業に従事している危険物取扱者は、前回受講した日以後における最初の4月1日から2年以内に受講しなければならない。
5. 危険物取扱者は、前回受講した日以後の誕生日から5年以内に受講しなければならない。

問2 法令上、危険物の取扱作業の保安に関する講習について、次のうち誤っているものはどれか。

1. 危険物保安監督者は、受講の対象者である。
2. 製造所等において危険物の取扱作業に従事している危険物取扱者は、受講の対象者である。
3. 受講義務のある危険物取扱者が受講しなかった場合は、免状返納命令の対象になる。
4. 免状の交付を受けた都道府県だけでなく、他の都道府県で行われている講習を受講することも可能である。
5. 受講義務のある危険物取扱者のうち、甲種及び乙種危険物取扱者は3年に1回、丙種危険物取扱者は5年に1回、それぞれ受講しなければならない。

解法パターン＆コツ

問1 解答 3

× 1. 保安に関する講習の受講命令等はないので、誤っている。
× 2. 危険物取扱者は1年に1回ではなく、講習を受講した日以後における最初の4月1日から3年以内に受講しなければならないと定められている。
○ 3. 従事することとなった日前2年以内に免状の交付を受け、引き続き危険物の取扱作業に従事している危険物取扱者は、免状の交付を受けた日以後における最初の4月1日から3年以内に受講しなければならない（p.86の1の⑤参照）。
× 4. 危険物の取扱作業に従事している危険物取扱者は、前回受講した日以後における最初の4月1日から2年ではなく3年以内に受講しなければならない。
× 5. 危険物取扱者は、前回受講した日以後の「誕生日から5年」ではなく最初の4月1日から3年以内に受講しなければならないと定められている。

解法のテクニック

この問題は各項を読むと混乱するが、p.86の「1. 保安講習を受講する義務のある者、他」に掲載の③継続して従事している者、④新たに従事するようになった者、⑤従事した日の過去2年以内に免状の交付又は講習を受けた者のいずれに相当するのかが分かれば、それほど難しくない問題である。

問2 解答 5

○ 1. 保安の監督をしている**危険物保安監督者は、当然危険物取扱者なので受講の対象者**である。
○ 2. 製造所等において危険物の取扱作業に従事している危険物取扱者は、受講の対象者である。
○ 3. 受講義務（危険物の取扱作業を行っている場合）のある危険物取扱者が受講しなかった場合は、**免状返納命令の対象**になる。
○ 4. 免状の交付を受けた都道府県だけでなく、**他の都道府県で行われている講習を受講することも可能**である。
× 5. 受講義務のある危険物取扱者（甲種、乙種及び丙種）であれば、危険物免状の種類に関係なく受講時期は同じである。

出題頻度の高い 再現問題

問3 法令上、危険物の取扱作業の保安に関する講習（以下「講習」という。）について、次のうち誤っているものはどれか。

1. 製造所等で危険物の取扱作業に従事している危険物取扱者は、受講が義務づけられている。
2. 製造所等の所有者であるが、免状を有していない者は受講の義務はない。
3. 危険物保安監督者は5年に1回受講しなければならない。
4. 現に危険物の取扱作業に従事していない危険物取扱者は、この講習の受講義務はない。
5. 受講義務のある危険物取扱者が受講しなかったときは、免状返納命令の対象となる。

問4 法令上、危険物の取扱作業の保安に関する講習（以下「講習」という。）について、次のうち正しいものはどれか。

1. 製造所等で危険物保安監督者に選任された者は、選任後5年以内に講習を受けなければならない。
2. 現に製造所等において危険物の取扱作業に従事していない者は、免状の交付を受けた日から10年に1回の免状の書換えの際に、講習を受けなければならない。
3. 法令違反を行った危険物取扱者は、違反の内容により講習の受講を命ぜられることがある。
4. 現に製造所等において危険物の取扱作業に従事している者は、居住地若しくは勤務地を管轄する市町村長等が行う講習を受けなければならない。
5. 講習を受けなければならない危険物取扱者が講習を受けなかった場合は、免状の返納を命ぜられることがある。

解法パターン＆コツ

問3 解答3

- ○ 1. 製造所等で危険物の取扱作業に従事している危険物取扱者（免状の所持者）は、**受講が義務づけられている。**
- ○ 2. 製造所等の所有者であっても、**免状を有していない者は受講の義務はない。**
- × 3. 危険物保安監督者であっても、法令に定められたとおり受講しなければならない。**5年に1回受講は誤っている。**
- ○ 4. 保安講習は製造所等において、危険物の取扱作業に従事する危険物取扱者に受講義務があると定められている。退職や離職等で現に危険物の取扱作業に従事していない者は、当然この講習の受講義務はない。
- ○ 5. 受講義務のある危険物取扱者が受講しなかったときは、免状返納命令の対象となる。

得点力UPのポイント ★必ず読んでね！★

1項、4項、5項は、他の問題では答えになる大切な問題である。文章の最後まで読み、○×印をきっちりと付けて覚えよう！

問4 解答5

- × 1. 危険物保安監督者に選任された者は、**選任後5年以内に講習を受けなければならないという規定はない。**
- × 2. 現に製造所等において危険物の取扱作業に従事していない者は、**受講の義務はない。**また、免状に添付の**写真が撮影から10年を超える前に書き換えの必要があるが、その際に講習を受けなければならないという規定もない。**
- × 3. 法令違反を行った危険物取扱者は、**免状の返納を命ぜられる**ことがあるが、**講習の受講を命ぜられることはない。**
- × 4. 講習は都道府県知事が行い、**市町村長等はできない。**
- ○ 5. 講習を受けなければならない危険物取扱者が講習を受けなかった場合は、免状の返納を命ぜられることがある。

◎ 問題 12 ◎

危険物保安監督者、危険物施設保安員、所有者等の責務、他

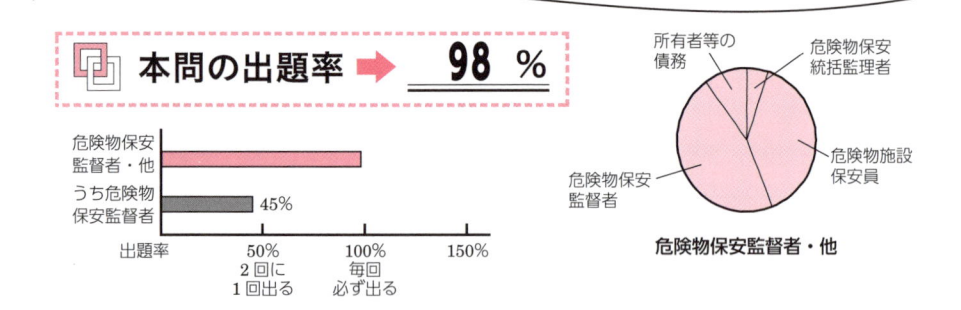

Check!

本問の出題率 → 98 %

危険物保安監督者・他 出題率
- 危険物保安監督者・他: 100%
- うち危険物保安監督者: 45%

50% 2回に1回出る　100% 毎回必ず出る　150%

危険物保安監督者・他
- 所有者等の債務
- 危険物保安統括監理者
- 危険物施設保安員
- 危険物保安監督者

☑ 出題パターンの分析結果にもとづく合格のポイント

1 危険物保安監督者

政令に定める製造所等の所有者等は、危険物取扱者の中から危険物保安監督者を選任して、保安の監督をさせ、遅滞なくその旨を市町村長等に届け出るよう定められている。

1. 危険物保安監督者の資格

① 甲種又は乙種危険物取扱者で、6か月以上の実務経験を有する者。乙種については、取り扱うことができる類（免状に指定された類）。丙種は、資格がない。

2. 危険物保安監督者の業務（抜粋）

① 危険物の取扱作業が、貯蔵又は取扱いに関する技術上の基準、予防規程等に定める保安基準等に適合するように、作業者に対し必要な指示を行うこと。
② 危険物施設保安員を置く製造所等にあっては、危険物施設保安員に必要な指示をすること。
③ 火災等の災害防止のため、隣接の関係者との間に連絡を保つ。火災等の災害発生時に作業者を指揮して応急措置を講ずるとともに直ちに消防機関に連絡する等。

3. 危険物保安監督者の選任が必要な施設（参考：危険物施設保安員も記載）

① 政令で定める施設（危険物の品名、指定数量の倍数等の規定がある）
・**移動タンク貯蔵所は、危険物保安監督者の選任の必要がない。**

〈危険物保安監督者・危険物施設保安員の必要な施設〉

	製造所等の名称	一般的な名称	危険物保安監督者	危険物施設保安員
1	製造所	原油を精製する製油所	○	○
2	屋内貯蔵所	危険物の貯蔵倉庫	○	×
3	屋外タンク貯蔵所	工業地帯の屋外のタンク	○	×
4	屋内タンク貯蔵所	雨を防ぐための屋内のタンク	○	×
5	地下タンク貯蔵所	暖房用重油の地下タンク	○	×
6	簡易タンク貯蔵所	昭和30年代のSSの計量機	○	×
7	移動タンク貯蔵所	タンクローリー	×	×
8	屋外貯蔵所	ドラム缶貯蔵の屋外の貯蔵所	○	×
9	給油取扱所	SS（ガソリンスタンド）	○	×
10	販売取扱所	塗料店等	○	×
11	移送取扱所	パイプライン施設	○	○
12	一般取扱所	灯油の店等	○	○

○：選任が必要な施設　×：選任が必要でない施設

② 危険物保安監督者を**必ず選任する必要がある施設**の覚えかた
品名や指定数量等に関係なく選任が必要な施設は次の5施設であり、大切なので覚えよう！（注意：一般取扱所には、一部選任の必要がない施設がある）

---

1. 製造所　2. 一般取扱所　3. 給油取扱所　4. 移送取扱所
5. 屋外タンク貯蔵所

　⇒『**製造・一般・給油・移送で・外タンク**』と覚える。
　　給油とは給油取扱所、外タンクとは屋外タンク貯蔵所である。

---

4. 危険物保安監督者への解任命令

① 市町村長等は、製造所等の所有者等に対し、危険物保安監督者の解任を命じることができる。

◆ 問題12　危険物保安監督者、危険物施設保安員、所有者等の責務、他 ◆

簡便法で合格率アップ！ 大切だから必ず読んでね！

① こう出たら ◯ 危険物保安監督者の選任が必要な製造所等は？→次の３施設は必ず覚える。
1. 製造所　2. 屋外タンク貯蔵所　3. 給油取扱所
※移動タンク貯蔵所は、選任の必要がない（一カ所のみ）。

② 危険物保安監督者の資格
1. こう出たら ◯ 甲種又は乙種危険物取扱者で、製造所等で６か月以上の実務経験があれば選任できる。
2. こう出たら × 丙種危険物取扱者は、危険物保安監督者になる資格がある。

③ 危険物保安監督者の業務
1. こう出たら × 製造所等において危険物取扱者以外の者は、危険物保安監督者が立ち会わない限り、危険物を取り扱うことはできない。
⇨ 甲種か乙種危険物取扱者であれば、立会いはできるので誤っている。

② 危険物施設保安員

危険物施設保安員とは、一定の規模の製造所等において**危険物保安監督者の下で、その構造及び設備に係わる保安のための業務を行う者**をいう。製造所等の所有者等に定める義務がある。

1. 資格・必要施設・その他

① **資格は必要としない。**（危険物取扱者免状がなくてもよい。）
② 選任の必要な危険物施設（３施設）
③ **選任、解任にあたっては、届出の必要はない。**

対象となる製造所等	取り扱う危険物の数量等
製造所	指定数量の倍数が100以上
一般取扱所	
移送取扱所	全て定める

2. 危険物施設保安員の業務（抜粋）

① 施設の維持のための定期点検等の実施、記録及び記録の保存。
② 施設の異常を発見した場合の危険物保安監督者等への連絡と適切な措置。
③ その他、**施設の保安に関し必要な業務。**

簡便法で合格率アップ！

★大切だから必ず読んでね！

※危険物施設保安員の資格と業務がポイント

① こう出たら ✕ 　危険物施設保安員は、甲種、乙種又は丙種危険物取扱者でなければならない。⇨ 選任にあたっての資格は、特に定められていない。

② こう出たら ✕ 　危険物施設保安員には、危険物保安監督者が事故等で職務を行うことができない場合は、危険物の取扱いの保安に関し監督業務を行わせる。
⇨ いかなる場合であっても、危険物施設保安員に危険物の取扱いのための保安の監督業務を代行させることはできない。

③ 危険物保安統括管理者

　危険物保安統括管理者とは、**大量の第4類の危険物を取り扱う事業所**で、危険物の保安に関する業務を全般に統括管理するものをいう。

1. 資格・必要施設・その他

① **資格は必要としない。**
② 選任の必要な危険物施設
　（3施設）

対象となる製造所等	取り扱う第4類の危険物の数量
製造所	指定数量の倍数が3,000以上
一般取扱所	
移送取扱所	指定数量以上

④ 所有者、管理者等の責務

1. 所有者等の責務

① 製造所等は、常に安全な状態が維持され、災害の防止が図られなければならない。そのために、**すべての製造所等の所有者、管理者等は、製造所等の位置、構造及び設備を技術上の基準に適合するように維持管理する義務がある。**
② 市町村長等は、製造所等の位置、構造及び設備が技術上の基準に適合していないときには、**修理、改造、移転を命じる**ことができる。
③ 製造所等において危険物の流出、その他の事故が発生したときは、危険物の拡散防止及び除去、その他災害発生防止のための応急措置を講じなければならない。

◆ 問題12　危険物保安監督者、危険物施設保安員、所有者等の責務、他 ◆

出題頻度の高い★再現問題

〈危険物保安監督者〉

問1 法令上、危険物保安監督者について、次の文の（ ）内のA〜Cに入る語句の組合せで、正しいものはどれか。

「政令で定めるところにより、（A）のうちから、（B）以上の実務経験を有する者から、（C）は、危険物保安監督者を選任しなければならない。」

	A	B	C
1	危険物取扱者	1年	所有者等
2	危険物取扱者	6月	市町村長等
3	甲種又は乙種危険物取扱者	3月	所有者等
4	甲種又は乙種危険物取扱者	1年	市町村長等
5	甲種又は乙種危険物取扱者	6月	所有者等

危険物保安監督者になる要件
❶ 甲種か乙種危険物取扱者
❷ 6ヶ月の実務経験
❸ 所有者からの選任

問2 法令上、危険物保安監督者について、次のうち誤っているものはどれか。

1. 危険物保安監督者は、危険物取扱作業にあたる危険物取扱者に対しても、保安監督上必要な指示を与えなければならない。
2. 危険物保安監督者は、危険物の取扱作業に関して保安の監督をする場合には、誠実にその職務を行わなければならない。
3. 製造所等において危険物取扱者以外の者は、危険物保安監督者が立ち会わない限り、危険物を取り扱うことはできない。
4. 危険物施設保安員を置かなくてもよい製造所等の危険物保安監督者は、規則で定める危険物施設保安員の業務を行わなければならない。
5. 選任の要件である6か月以上の実務経験は、製造所等における実務経験に限定されるものである。

解法パターン&コツ

〈危険物保安監督者〉

問1 解答5 A：甲種又は乙種危険物取扱者　B：6月　C：所有者等

「政令で定めるところにより、（A：甲種又は乙種危険物取扱者）のうちから、（B：6月）以上の実務経験を有する者から、（C：所有者等）は、危険物保安監督者を選任しなければならない。」

	A	B	C
×1	危険物取扱者×	1年×	所有者等○
×2	危険物取扱者×	6月○	市町村長等×
×3	甲種又は乙種危険物取扱者○	3月×	所有者等○
×4	甲種又は乙種危険物取扱者○	1年×	市町村長等×
○5	甲種又は乙種危険物取扱者○	6月○	所有者等○

問2 解答3

- ○1. 危険物保安監督者は、危険物取扱作業にあたる危険物取扱者に対しても、**保安監督上必要な指示（主要な業務である。）** を与えなければならない。
- ○2. **当然ではあるが**、危険物保安監督者は、危険物の取扱作業に関して保安の監督をする場合には、**誠実にその職務を行わなければならない**。
- ×3. 製造所等において危険物取扱者以外の者は、甲種又は乙種危険物取扱者が立ち会えば、危険物を取り扱うことができるので誤っている。
- ○4. 危険物施設保安員を置かなくてもよい製造所等の危険物保安監督者は、規則で定める**危険物施設保安員の業務を行わなければならない**と定められている。
- ○5. 選任の要件である6か月以上の**実務経験は、製造所等（危険物施設）における実務経験に限定される**ものである。

〈危険物保安監督者等の権限他〉

	権限・役職は	資格は	給油取扱所に必要か
危険物保安統括管理者	部 長	×	×
危険物保安監督者	所 長	甲種、乙種	○
危険物取扱者	中堅社員	甲、乙、丙	○
危険物施設保安員	新入社員	×	×

※権限・役職は、給油取扱所（ガソリンスタンド）を想定したものです。

◆ 問題12　危険物保安監督者、危険物施設保安員、所有者等の責務、他 ◆

出題頻度の高い★再現問題

〈危険物施設保安員〉

問3 法令上、危険物施設保安員について、次のうち正しいものはどれか。

1. 指定数量の100倍の屋内貯蔵所には、危険物施設保安員を定めなければならない。
2. 危険物施設保安員は、甲種又は乙種危険物取扱者でなければならない。
3. 製造所等の所有者等は、危険物施設保安員を定めたときは、遅滞なくその旨を市町村長等に届け出なければならない。
4. 危険物施設保安員は、製造所等の構造及び設備に係わる保安のための業務を行う。
5. 危険物施設保安員は、危険物保安監督者が旅行、疾病その他事故によってその職務を行うことができない場合は、その職務を代行しなければならない。

問4 法令上、製造所等の所有者等が危険物施設保安員に行わせなければならない業務として、次のうち誤っているものはどれか。

1. 製造所等の構造及び設備が技術上の基準に適合するように維持するため、定期点検を行わせること。
2. 製造所等の構造及び設備に異常を発見した場合は、危険物保安監督者その他関係ある者に連絡するとともに、状況を判断し適切な措置を講じさせること。
3. 製造所等の計測装置、制御装置、安全装置等の機能を適正に保持するための保安管理を行わせること。
4. 火災が発生したとき又は火災発生の危険性が著しい場合は、危険物保安監督者と協力して、応急の措置を講じさせること。
5. 危険物保安監督者が事故等で職務を行うことができない場合は、危険物の取扱いの保安に関し、監督業務を行わせること。

解法パターン&コツ

〈危険物施設保安員〉

問3 解答 4

難易ランク 😊

- × 1. 指定数量に関係なく**屋内貯蔵所には、危険物施設保安員を定めなくてもよい。**
- × 2. 危険物施設保安員の選任する資格は特に定められていないので、**危険物取扱者でなくてもよい。**
- × 3. 製造所等の所有者等は、危険物施設保安員を定めたとしても、**届け出る必要はない。**
- ○ 4. 危険物施設保安員の業務は、製造所等の構造及び設備に係わる保安のための業務を行うと定められている。
- × 5. いかなる場合であっても、危険物施設保安員に危険物の取扱いのための保安の監督業務を代行させることはできない。

出題パターンのアドバイス

2項、3項、5項は×印で答えではないが、ここ2～3年の危険物施設保安員の問題では、よく答えになるので確実に覚えよう！

問4 解答 5

難易ランク 😊

- ○ 1. 所有者等は、製造所等が技術上の基準に適合するように維持するため、危険物施設保安員に定期点検を行わせなければならないと定められている。
- ○ 2. 製造所等に異常を発見した場合は、危険物保安監督者その他関係ある者に連絡するとともに、状況を判断し適切な措置を講じさせることとされている。
- ○ 3. 製造所等の計測装置、制御装置、安全装置等の機能を適正に保持するための保安管理を行わせることと定められている。
- ○ 4. 火災が発生したとき又は火災発生の危険性が著しい場合は、危険物保安監督者と協力して、応急の措置を講じさせることと定められている。
- × 5. 問3の5項でも述べたとおり、いかなる場合であっても、危険物施設保安員に危険物の取扱いのための保安の監督業務を代行させることはできない。

出題パターンのアドバイス

似た文章で、前述問3の5項が、問4では答えになっている例である。このような事例は危険物では多いので、問題は必ず最後まで読み、すべての項に○×印をつける必要がある。

◆ 問題 12　危険物保安監督者、危険物施設保安員、所有者等の責務、他 ◆

◎ 問題 13 ◎
移動タンク貯蔵所・移送の基準

Check!

本問の出題率 ➡ 78 %

移動タンク貯蔵所 50%
移送の基準 28%

出題率　50% 2回に1回出る　100% 毎回必ず出る　150%

円グラフ：免状の携帯義務／総合問題／位置・構造・設備／備え付ける書類／取扱い基準／移送の基準（移動タンク貯蔵所／移送の基準）

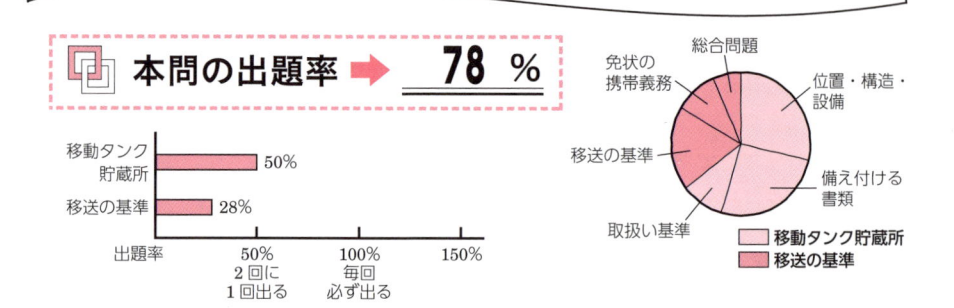

☑ 出題パターンの分析結果にもとづく合格のポイント

1. 位置・構造・設備

① 車両の常置場所（常置場所を変更するときは、変更の許可が必要になる。）
　屋外………防火上安全な場所
　屋内………耐火構造又は不燃材料で造った建築物の1階（地階や2階に設けることはできない。）
② **タンクの容量　30 000 l 以下**　4 000 l 以下ごとに間仕切り板を設ける。
③ タンクの下部に排出口を設ける場合は、手動閉鎖装置及び自動閉鎖装置を設ける。
④ ガソリン、ベンゼン等の移動貯蔵タンクには、静電気を除去する接地導線（アース線）を設ける。

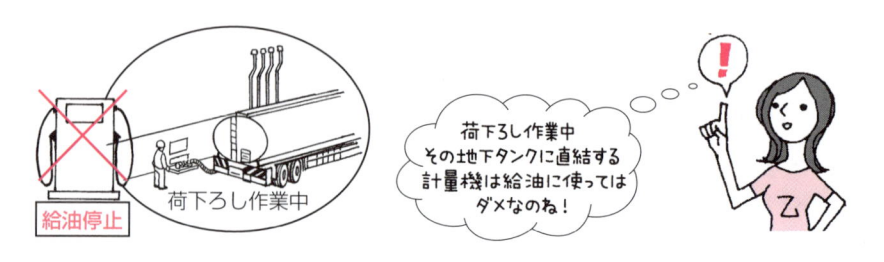

給油停止　荷下ろし作業中

荷下ろし作業中その地下タンクに直結する計量機は給油に使ってはダメなのね！

第1章　危険物に関する法令

2. 取扱いの基準

① 危険物を注入する際は、注入ホースを注入口に緊結する。
② 詰め替えできる危険物→引火点40℃以上の第4類危険物（灯油、軽油、重油等）
③ 静電気除去のためにタンクを接地し、注入管の先端をタンク底部につける。
④ 引火点40℃未満の危険物を注入する場合は、エンジンを停止して行う。
　　　（ガソリン－40℃以下、ベンゼン－11℃等）

3. 移送の基準

移送とは、移動タンク貯蔵所（タンクローリー）で危険物を運ぶことをいう。

① 移送する危険物を取り扱える資格を持った危険物取扱者が乗車し、危険物取扱者免状を携帯すること（ガソリンの移送は、丙種危険物取扱者もOK）。
② 移送の開始前に、移動タンクの底弁、消火器等の点検を十分に行うこと。
③ 長距離、長時間（連続4時間、1日9時間を超える場合）移送は、2人以上で行う。
④ 移送中災害等が発生するおそれのある場合は、応急措置後、消防機関等に通報する。
⑤ 移動タンク貯蔵所には次の書類を備え付けておくこと。
　　1. 完成検査済証　　2. 定期点検記録　　3. 譲渡、引渡の届出書
　　4. 品名、数量又は指定数量の倍数の変更の届出書
⑥ 備え付けておく必要のない書類は以下の5つ。
　　1. 危険物保安監督者の選任、解任の届出書　　2. 許可証（設置許可証）
　　3. 予防規程　　4. 危険物施設保安員の選任・解任の届出書
　　5. 始業時、終業時の点検記録（定期点検記録とは異なる）

簡便法で合格率アップ！　　★大切だから必ず読んでね！

① こう出たら○　移動タンク貯蔵所のタンク容量は、30 000 l 以下
② こう出たら○　常置場所は、防火上安全な場所か建築物の1階。地階はダメ。
③ 備え付ける必要のない書類 ⇨ 危険物保安監督者の選任、解任の届出書
④ こう出たら○　移動貯蔵タンクから引火点40℃未満の危険物を他のタンクに注入するときはエンジン停止
⑤ 覚えよう　ガソリンの移送は、丙種危険物取扱者でOK。

◆ 問題13　移動タンク貯蔵所・移送の基準 ◆

出題頻度の高い★再現問題

問1 法令上、移動タンク貯蔵所の位置、構造及び設備の技術上の基準として、次のうち誤っているものはどれか。

1. 移動貯蔵タンクは、圧力タンク以外のものであっても水圧試験において、漏れ又は変形しないものでなければならない。
2. 移動タンク貯蔵所のタンク容量は、30 000 l 以下であること。
3. 底弁を設ける移動貯蔵タンクには、外部からの衝撃による底弁の損傷を防止するための措置を講ずること。
4. 移動タンク貯蔵所の常置場所を地階とする場合は、壁、床、はりを耐火構造としなければならない。
5. 静電気による災害が発生するおそれのある液体の危険物の移動貯蔵タンクには、接地導線を設けること。

問2 法令上、移動タンク貯蔵所の位置、構造及び設備の技術上の基準について、次のうち正しいものはどれか。ただし、特例基準のあるものは除く。

1. 移動タンク貯蔵所は、学校、病院等から一定の距離（保安距離）を保たなければならない。
2. 移動タンク貯蔵所は建築物の地階に常置し、上階は耐火構造の床で天井を設けてはならない。
3. 移動貯蔵タンクの容量は、30 000 l 以下としなければならない。
4. すべての移動貯蔵タンクは、接地導線を設けなければならない。
5. 配管には弁を設けてはならない。

問3 法令上、移動タンク貯蔵所に備え付けておく書類について、次のA～Eのうち正しいものはいくつあるか。

A. 完成検査済証
B. 予防規程
C. 譲渡又は引渡の届出書
D. 危険物施設保安員の選任・解任届出書
E. 危険物の品名、数量又は指定数量の倍数の変更届出書

1. 1つ　　2. 2つ　　3. 3つ　　4. 4つ　　5. 5つ

解法パターン＆コツ

問1　解答 4

- ○ 1. 移動貯蔵タンクは当然でもあるが、圧力タンク以外のものであっても水圧試験において、漏れ又は変形しないものでなければならない。
- ○ 2. 移動タンク貯蔵所のタンク容量は、30 000 l 以下と定められている。
- ○ 3. 底弁を設ける移動貯蔵タンクには、外部からの衝撃による底弁の損傷を防止するための措置を講ずることと定められている。
- × 4. 移動タンク貯蔵所の常置場所は、屋外の場合は防火上安全な場合、屋内の場合は建築物の1階と定められている。危険物の蒸気は空気より重いことから、危険性を考慮して**地階への常置は定められていない**。
- ○ 5. 静電気による災害が発生するおそれのある**ガソリンやベンゼンを移送**する移動貯蔵タンクには、**接地導線を設ける**ことと定められている。

得点力UPのポイント　★必ず読んでね!★

2項は答えではないが、他の問題では答えになる大切な内容なので確実に覚えよう!

問2　解答 3

- × 1. もし移動タンク貯蔵所に**保安距離**が必要であれば、一般の住居から10 m以上離れて運転しなければならないので、**走行できなくなる**。
- × 2. 移動タンク貯蔵所は、建築物の地階に常置できないと定められている。
- ○ 3. 移動貯蔵タンクの容量は、30 000 l 以下と定められている。
- × 4. 接地導線（アース線）を設ける必要があるのは、すべての移動貯蔵タンクではなく、ガソリン、ベンゼン等静電気による災害が発生するおそれのある危険物を移送するものに設けると定められている。
- × 5. 移動貯蔵タンクの**配管に弁**がなければ、危険物の出し入れができなくなる。

問3　解答 3

- ○ A. 完成検査済証　　× B. 予防規程→移動タンク貯蔵所に定める必要がない。
- ○ C. 譲渡又は引渡の届出書
- × D. 危険物施設保安員の選任・解任届出書→B項同様に選任する必要がない。
- ○ E. 危険物の品名、数量又は指定数量の倍数の変更届出書
- × 1. 1つ　　× 2. 2つ　　○ 3. 3つ　　× 4. 4つ　　× 5. 5つ

◆ 問題13　移動タンク貯蔵所・移送の基準 ◆

出題頻度の高い★再現問題

問4 法令上、移動タンク貯蔵所について、次のうち正しいものはどれか。

1. 移動タンク貯蔵所における危険物の移送は、当該移動タンク貯蔵所の所有者等が甲種の免状を所有していれば、危険物取扱者が乗車していなくても行うことができる。
2. 移動タンク貯蔵所で危険物を移送する場合、免状を携帯していなくてもよい。
3. 移動タンク貯蔵所の完成検査済証は、紛失を避けるため事務所に保管しておく。
4. 移動タンク貯蔵所により危険物を移送しているときは、消防吏員及び警察官は、火災の防止のため特に必要と認める場合であっても、これを停止させ、免状の提示を求めることはできない。
5. 移動タンク貯蔵所によるガソリンの移送は、丙種危険物取扱者を乗車させてこれを行うことができる。

問5 移動タンク貯蔵所によるガソリンの移送及び貯蔵又は取扱いについて、法令上、次のA～Eのうち正しいものはいくつあるか。

A. 完成検査済証は、事務所で保管している。
B. 運転者は、丙種危険物取扱者で危険物取扱者の免状を携帯している。
C. 運転者は、危険物取扱者ではないが、助手席に乙種危険物取扱者（4類）が同乗し、危険物取扱者の免状を携帯している。
D. 乗車する危険物取扱者の免状は、事務所で保管している。
E. 移動貯蔵タンク内のガソリンを他のタンクに注入するときは、原動機を停止して行う。

1. 1つ　　2. 2つ　　3. 3つ　　4. 4つ　　5. 5つ

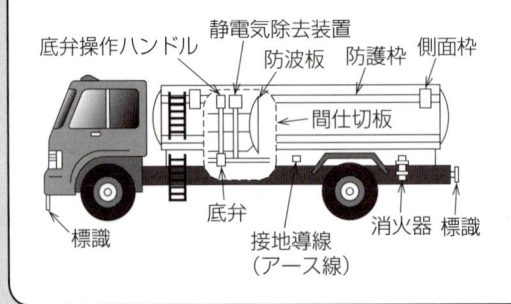

●移動タンク貯蔵所に備え付けるもの●
1. 完成検査済証
2. 定期点検記録
3. 譲渡又は引渡の届出書
4. 危険物の品名、数量等の変更届出書

●運転者は免状の所持が必要●
甲種か、ガソリンの取扱いができる乙種又は丙種危険物取扱者免状

解法パターン&コツ

問4 解答 5 　難易ランク 😐

- × 1. 移動タンク貯蔵所の所有者等が甲種の免状を所有していたとしても、**危険物の移送は、危険物取扱者が乗車しなければならない。**
- × 2. 移動タンク貯蔵所で**危険物を移送する場合、免状を携帯**しなければならないと定められている（法令上、免状は、これ以外では携帯の必要なし）。
- × 3. 移動タンク貯蔵所には、**完成検査済証、定期点検記録などを備え付けておかなければならない。**紛失を避けるため事務所に保管する等は認められない。
- × 4. 消防吏員及び警察官は、火災の防止のため特に必要と認める場合には、走行中の移動タンク貯蔵所を停止させ、免状の提示を求めることができると定められている。
- ○ 5. 丙種危険物取扱者はガソリンの取扱いができるので、移動タンク貯蔵所によるガソリンの移送は、丙種を乗車させてこれを行うことができる。

問5 解答 3 　難易ランク 😐

- × A. 完成検査済証は、移動タンク貯蔵所に備え付けなければならない。
- ○ B. 丙種危険物取扱者はガソリンの取扱いができ、危険物取扱者の免状を携帯しているので OK である。
- ○ C. 運転者は、危険物取扱者ではないが、助手席に乙種危険物取扱者（4類）が同乗し、危険物取扱者の免状を携帯している場合は OK である。
- × D. 乗車する危険物取扱者の免状は事務所で保管ではなく、運転者自身が所持して移動タンク貯蔵所に乗車しなければならない。
- ○ E. 移動貯蔵タンク内のガソリン（引火点－40℃以下）を他のタンクに注入するときは、引火点40℃未満の危険物は原動機を停止して行うと定められているので、それに従わなければならない。

× 1. 1つ　× 2. 2つ　○ 3. 3つ　× 4. 4つ　× 5. 5つ

得点力UPのポイント ★必ず読んでね！★

　E. 項の「移動貯蔵タンク内のガソリン（引火点－40℃以下）を他のタンクに注入するときは、引火点40℃未満の危険物は原動機を停止して行うと定められているので、それに従わなければならない。」では、点線の部分が大切な項目である。又、単独で試験に出る項目でもある。

◎ 問題 14 ◎
危険物運搬の基準

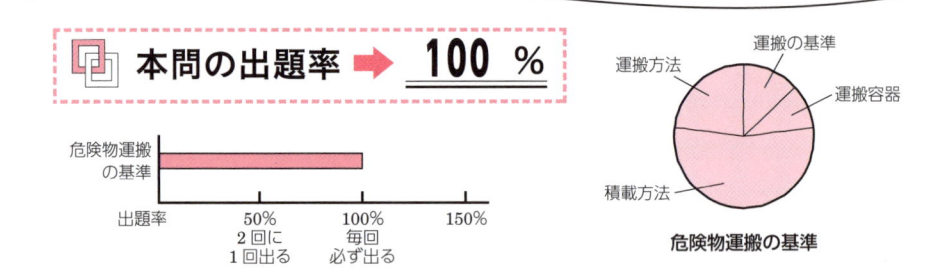

本問の出題率 → **100** %

✓ 出題パターンの分析結果にもとづく合格のポイント

危険物の運搬とは、車両等（トラック等）によって危険物を運ぶことをいい、指定数量未満の危険物についても適用される。

1. 運搬容器

① 容器の材質は、鋼板、ガラス、プラスチック等を使用する→陶器は使用できない。
② 危険物は、危険性の程度に応じて、危険等級Ⅰなどの表示をする。

〈危険等級〉（第4類のみを抜粋）

危険等級Ⅰ	特殊引火物（ジエチルエーテル、二硫化炭素等）
危険等級Ⅱ	第1石油類（ガソリン等）、アルコール類
危険等級Ⅲ	上記以外の危険物（灯油、軽油、重油等）

2. 積載方法

① 原則として危険物は、運搬容器に収納して運搬する。
② 液体の危険物は98％以下の収納率（固体は95％以下）であって、かつ、55℃で漏れないように十分な空間容積を設けて収納する。
③ 運搬容器の外部に危険物の品名等を表示して積載する。
・記入しなくてよいもの：消火方法、容器の材質（プラスチック、ポリエチレン製）等

④ 収納する危険物に応じた注意事項のポイント

第2類の引火性固体	火気厳禁
第4類 すべて	火気厳禁
第5類 すべて	火気厳禁、衝撃注意

注：最近の出題傾向では、左記の3点を覚えておけばほぼ正解できる。

⑤ 運搬容器等が転落、落下、転倒、破損しないように積載する。
⑥ 運搬容器は、収納口を上方に向けて積載すること。
⑦ 特殊引火物（ジエチルエーテル等）は、遮光性の被覆で覆う。
⑧ 危険物を収納した容器の積み重ね高さは、3m以下。
⑨ 同一車両で異なった類の危険物を運搬する場合に、混載禁止のものがある。

	第1類	第2類	第3類	第4類	第5類	第6類
第1類		×	×	×	×	○
第2類	×		×	○	○	×
第3類	×	×		○	×	×
第4類	×	○	○		○	×
第5類	×	○	×	○		×
第6類	○	×	×	×	×	

○：混載OK
×：混載禁止

1. この表は、指定数量の1/10以下の危険物については、適用しない。
2. 高圧ガスとは混載を禁止されているが、内容量120ℓ未満の容器で告示で定めるもの（プロパンガス等）については混載が認められている。

3. 運搬方法

① 運搬容器に著しい摩擦、動揺が起きないように運搬する。
② 指定数量以上の危険物を運搬する場合は、「危」の標識を掲げ「消火器」を備える。
③ 運搬中災害が発生するおそれのある場合は、応急の措置をして、もよりの消防機関等に通報する。
④ 危険物の運搬は、危険物取扱者でなくてもよい。

★ 簡便法で合格率アップ！ ★ 大切だから必ず読んでね！

① こう出たら ○ 危険物運搬の技術上の基準は、運搬する数量に関係なく適用される。

② こう出たら × 危険物は混載して運搬することは、一切禁じられている。
⇒ 第1類と第6類はOKで、第4類と第1類、第4類と第6類はだめ。

出題頻度の高い★再現問題

問1 法令上、危険物の運搬について、次のうち正しいものはどれか。

1. 危険物を運搬する場合は、容器、積載方法及び運搬方法について技術上の基準に従わなければならない。
2. 車両で運搬する危険物が指定数量未満であっても、必ずその車両に消火設備を備え付けなければならない。
3. 類を異にする危険物の混載は、すべて禁止されている。
4. 指定数量以上の危険物を車両で運搬する場合は、危険物施設保安員が乗車しなければならない。
5. 車両で運搬する危険物が指定数量未満であっても、必ず当該車両に「危」の標識を掲げなければならない。

問2 法令上、危険物を運搬する運搬容器の外部には、危険等級Ⅰ、危険等級Ⅱ及び危険等級Ⅲの表示をしなければならないが、危険等級Ⅱを表示する危険物は次のうちどれか。

1. ガソリン　　2. 灯　油　　3. 軽　油
4. 重　油　　5. シリンダー油

出題パターンのアドバイス

危険等級は、石油製品を主に覚える。
危険等級Ⅱ　ガソリン、アルコール類
危険等級Ⅲ　灯油、軽油、重油、他
これを覚えれば万全である。

問3 法令上、危険物を自動車等で運搬する場合、混載が禁止されている組合せは、次のうちどれか。ただし、各類の危険物は、それぞれ指定数量の1/10を超えるものとする。

1. 第1類の危険物と第4類の危険物
2. 第2類の危険物と第4類の危険物
3. 第2類の危険物と第5類の危険物
4. 第3類の危険物と第4類の危険物
5. 第4類の危険物と第5類の危険物

解法パターン＆コツ

問1　解答 1

○ 1. 危険物を運搬する場合は、容器、積載方法及び運搬方法について技術上の基準に従わなければならないと定められている。
× 2. 危険物が**指定数量未満であれば、車両に消火設備を備え付ける必要はない。**
× 3. 4類と2類、4類と3類、4類と5類等は、混載して運搬することができる。
× 4. 指定数量以上の運搬に、危険物施設保安員が乗車しなければならないという規定はない。
× 5. 指定数量以上の運搬であれば「危」の標識を掲げる必要があるが、指定数量未満であれば掲げる必要はない。

問2　解答 1

○ 1. ガソリン　→危険等級 II
× 2. 灯　油　　→危険等級 III
× 3. 軽　油　　→　〃
× 4. 重　油　　→　〃
× 5. シリンダー油→　〃

問3　解答 1

× 1. 第1類の危険物と第4類の危険物→両端に相当する1類なのでダメ。1類は酸化性固体なので、混載すると事故等により発火・爆発するおそれがある。
○ 2. 第2類の危険物と第4類の危険物→2類は中にある類に相当するのでOK。
? 3. 第2類の危険物と第5類の危険物→?マークにしたが、表を確認すればOK。
○ 4. 第3類の危険物と第4類の危険物→3類は中にある類に相当するのでOK。
○ 5. 第4類の危険物と第5類の危険物→5類は中にある類に相当するのでOK。

得点力UPのポイント　★必ず読んでね！★

混載（類の異なる危険物をトラック等で運搬すること）が禁止されている組合せの問題では、第4類は両端（1類、6類）がだめで、中にある類（2類、3類、5類）はOKと覚える。

◆ 問題 14　危険物運搬の基準 ◆

出題頻度の高い★再現問題

問4 危険物を運搬する場合、運搬容器の外部に行う表示の項目として規則に定められていないものは、次のうちどれか。ただし、最大容量2.2ℓ以下のものを除く。

1. 品　名
2. 危険等級
3. 消火方法
4. 化学名
5. 数　量

問5 法令上、危険物の運搬について、次のうち誤っているものはどれか。

1. 運搬容器は収納口を上方に向けて積載しなければならない。
2. 運搬容器及び包装の外部に危険物の品名、数量等を表示して積載しなければならない。
3. 危険物を運搬する容器は、摩擦や動揺を起こさぬよう運搬しなければならない。
4. 特殊引火物を運搬する場合は、運搬容器を日光の直射から避けるため、遮光性のもので被覆しなければならない。
5. 指定数量の10倍以上の危険物を車両で運搬する場合は、所轄消防署長に届け出なければならない。

問6 法令上、危険物の運搬について、次のうち誤っているものはどれか。

1. 危険物を収納した容器に著しい摩擦、動揺が起きないように、運搬しなければならない。
2. 指定数量以上の危険物を車両で運搬する場合は、当該危険物に適応する規定の標識を掲げなければならない。
3. 指定数量以上の危険物を車両で運搬する場合は、当該危険物に適応する第3種の消火設備を備え付けなければならない。
4. 危険物を運搬中、危険物が著しく漏れる等災害が発生するおそれのある場合は、災害を防止するための応急措置を講ずるとともに、もよりの消防機関等へ通報しなければならない。
5. 品名を異にする2つの危険物を運搬する場合は、当該危険物をそれぞれの指定数量で除し、その商の和が1以上となるときは指定数量以上の危険物とみなす。

解法パターン&コツ

問4　解答3

○1. 品名　○2. 危険等級　×3. 消火方法　○4. 化学名　○5. 数量

得点力UPのポイント　★必ず読んでね！★

運搬容器の外部には、消火方法、容器の材質（ポリエチレン製）等を表示する必要はない。

問5　解答5

○1. 運搬容器は、万が一のふたの緩み等を考えて、**収納口を上方に向けて積載**しなければならないと定められている。
○2. 運搬容器及び包装の外部に危険物の品名、数量等を表示して積載しなければならないと定められている。
○3. 危険物を運搬する容器は、**静電気の発生や蓄積を少なくするため、摩擦や動揺を起こさぬよう運搬しなければならない**。
○4. 特殊引火物（ジエチルエーテル等）を運搬する場合は、運搬容器を日光の直射から避けるため、遮光性（光をさえぎるもの）のもので被覆する。
×5. 指定数量に関係なく危険物を車両で運搬する場合に、所轄消防署長に届け出る、市町村長等の許可を受ける等の必要はない。

問6　解答3

○1. **静電気の発生を少なくするため**、危険物を収納した容器に著しい摩擦、動揺が起きないように、運搬しなければならない。
○2. 指定数量以上の運搬であれば、「危」の標識を掲げる必要がある。
×3. 指定数量以上の危険物を車両で運搬する場合は、当該危険物に適応する消火設備を備え付けなければならないと定められている。第3種の消火設備とは限定されていないので誤っている。
○4. 危険物を運搬中、災害が発生するおそれのある場合は、応急措置を講ずるとともに、もよりの消防機関等へ通報しなければならない。
○5. 品名を異にする2つの危険物を運搬する場合は、当該危険物をそれぞれの指定数量で除し、その商の和（2つの割り算の答えの合計）が1以上となるときは、指定数量以上の危険物とみなす。

◆ 問題14　危険物運搬の基準 ◆

◎ 問題 15 ◎
貯蔵・取扱いの基準

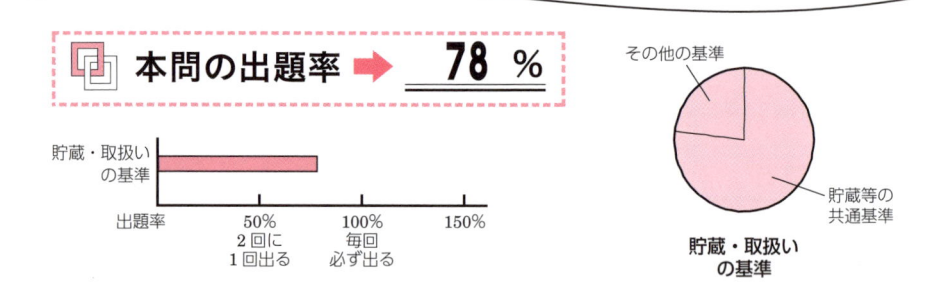

本問の出題率 → __78__ %

出題パターンの分析結果にもとづく合格のポイント

1. 共通基準（すべての製造所等に共通）

① 許可もしくは届出された数量等を超える危険物、又は届出された品名以外の危険物を貯蔵し又は取り扱わない。
② みだりに火気を使用したり、係員以外の者を出入りさせないこと。
③ ためます又は油分離装置にたまった危険物は、あふれないように随時くみ上げる。
④ 危険物のくず、かす等は 1 日に 1 回以上廃棄等の処置をする。
⑤ 建築物等は、当該危険物の性質に応じた有効な遮光（光をさえぎること）又は換気を行う。
⑥ 危険物が残存している設備、機械器具、容器等を修理する場合は、安全な場所で危険物を完全に除去した後に行う。
⑦ 可燃性の液体、蒸気等が漏れたり滞留するおそれのある場所で、火花を発する機械器具等を使用しない。
⑧ 危険物を保護液中に保存する場合は、保護液から露出しないようにする。
⑨ 第 1 類から第 6 類のすべての類で、「過熱」を行ってはならない。

2. 貯蔵の基準（抜粋）

① 貯蔵所においては、原則として危険物以外の物品を貯蔵しない。
② 類を異にする危険物は、原則として同一の貯蔵所で貯蔵しない。

③ 屋内貯蔵所においては、危険物の温度が 55℃を超えないようにする。
④ 各タンクの計量口は、計量するとき以外は閉鎖しておく。
⑤ 防油堤の水抜口は、水抜きするとき以外は閉鎖しておく。

3. 廃棄の技術上の基準

① 焼却する場合は安全な場所で安全な方法で行い、必ず見張人をつける。
② 危険物は、海中や水中に流出又は投下しない。

★ 簡便法で合格率アップ！ ★ 大切だから必ず読んでね！

① こう出たら ○ ためます等にたまった危険物は、あふれないように随時（いつでも）くみ上げること。
1日1回以上や10日に1回は、随時ではないのでダメ。希釈してから排出もダメ。

② こう出たら ○ 危険物が残存している設備、機械器具、容器等を修理する際は、安全な場所において危険物を完全に除去した後に行う。
注意して修理してもダメ。危険物保安監督者が立ち会って修理してもダメ。

③ こう出たら ○ 可燃性の液体、蒸気が漏れるおそれのある場所で、火花を発する機械器具等を使用しない。蒸気に注意して使用してもダメ。換気に注意して使用してもダメ。

④ こう出たら ○ 屋外貯蔵タンク、地下貯蔵タンク、簡易貯蔵タンク等の計量口は、計量するとき以外は閉鎖しておくこと。

⑤ こう出たら ○ 危険物を貯蔵し、又は取り扱う建築物、その他の工作物又は設備は、当該危険物の性質に応じた有効な遮光又は換気を行わなければならない。

● 最近の出題傾向における重要問題

① 油分離装置にたまった危険物は、希釈してから排出しなければならない。　答（×）
→ あふれないように随時くみ上げるのが正しい処置である。
② 屋内貯蔵所及び屋外貯蔵所においては、危険物を収納した容器は絶対に積み重ねてはならない。　答（×）
→ 危険物を収納した容器は、所定の高さ以内であれば積み重ねてよい。

◆ 問題15　貯蔵・取扱いの基準 ◆

出題頻度の高い★再現問題

問1 法令上、製造所等における危険物の貯蔵及び取扱いの技術上の基準について、次のうち誤っているものはどれか。

1. 許可若しくは届出された数量若しくは指定数量の倍数を超える危険物又はこれらの許可若しくは届出された品名以外の危険物を貯蔵し、又は取り扱わないこと。
2. 危険物のくず、かす等は、1日に1回以上当該危険物の性質に応じた安全な場所及び方法で適当な処置をすること。
3. 危険物を貯蔵し、又は取り扱う場合には、危険物が漏れ、あふれ、又は飛散しないように必要な措置を講ずること。
4. 危険物が残存しているおそれのある機械器具を修理する場合は、安全な場所において危険物を完全に除去して行うこと。
5. 可燃性の液体、蒸気、ガスが漏れたり滞留するおそれのある場所で火花を発する機械器具を使用するときは、換気に注意して行うこと。

得点力UPのポイント　必ず読んでね！

問1はすべてに関連する最重要な問題なので、各項目を最後まで必ず読んで理解を深め○×の印を付けよう！

問2 法令上、危険物の貯蔵、取扱いの基準として、次のうち誤っているものはどれか。

1. 製造所等には、係員以外の者をみだりに出入りさせてはならない。
2. 危険物の蒸気が漏れるおそれのある容器を修理する場合は、漏れないように注意して行わなければならない。
3. 危険物を貯蔵し、又は取り扱う建築物その他の工作物又は設備は、当該危険物の性質に応じ、遮光又は換気を行わなければならない。
4. 製造所等においては、常に整理及び清掃を行うとともに、みだりに空箱その他不要な物件を置いてはならない。
5. 危険物は、温度計、湿度計、圧力計その他の計器を監視して、当該危険物の性質に応じた適正な温度、湿度又は圧力を保つように貯蔵し、又は取り扱わなければならない。

解法パターン&コツ

問1 解答 5

- ○ 1. 許可若しくは届出された数量若しくは指定数量の倍数を超える危険物又はこれらの許可若しくは届出された品名以外の危険物を貯蔵し、又は取り扱わないこと。
  → 許可又は届出をしないで品名、数量、指定数量の倍数等の変更はダメ。
- ○ 2. 危険物のくず、かす等は、**1日に1回以上**当該危険物の性質に応じた安全な場所及び方法で適当な処置をすること。→ 一週間に1回、10日に1回はダメ。
- ○ 3. 危険物を貯蔵し、又は取り扱う場合には、**危険物が漏れ、あふれ、又は飛散しないように必要な措置を講ずる**こと。
- ○ 4. 危険物が残存しているおそれのある機械器具を修理する場合は、安全な場所において**危険物を完全に除去して行う**こと。→ 蒸気に注意して行ってもダメ。
- × 5. 可燃性の液体、蒸気、ガスが漏れたり滞留するおそれのある場所で火花を発する機械器具を使用してはならない。このような場所では換気等に注意していても、危険なことに変わりはない。

出題パターンのアドバイス

1項～4項は、正しいものを求める問題ではこのとおり出て正解となる。特によく出る4項の点線の文言は、**誤っている場合は**「細心の注意をして行う」「危険物保安監督者立会いのもとに行う」等となる。

問2 解答 2

- ○ 1. 製造所等には保安上からも、係員以外の者をみだりに出入りさせてはならないと定められている。
- × 2. 危険物の蒸気が漏れるおそれのある容器は、修理してはならないと定められている。**漏れないように注意して行っても、危険なことに変わりはない。**
- ○ 3. 危険物を貯蔵し、又は取り扱う建築物その他の工作物又は設備は、当該危険物の性質に応じ、遮光（光をさえぎる）又は換気を行わなければならない。
- ○ 4. 製造所等においては事故防止や火災予防上、常に整理及び清掃を行うとともに、みだりに空箱その他不要な物件を置いてはならない。
- ○ 5. 危険物は、温度計、湿度計、圧力計その他の計器を監視して、適正な温度、湿度又は圧力を保つように貯蔵し、又は取り扱わなければならない。

出題頻度の高い 再現問題

問3 法令上、製造所等における危険物の貯蔵及び取扱いのすべてに共通する技術上の基準について、次のうち正しいものはどれか。

1. 製造所等においては、常に整理及び清掃を行うとともに不燃性物質以外のものを置いてはならない。
2. 貯留設備又は油分離槽にたまった危険物は、あふれないように随時乳化剤で処理し下水道等に排水処理しなければならない。
3. 製造所等においては、火気を使用してはならない。
4. 危険物を貯蔵し、又は取り扱う場合、危険物が床面に漏れ、あふれる場所にあっては、洗浄装置を設けなければならない。
5. 危険物を貯蔵し、又は取り扱う建築物、その他の工作物又は設備は、当該危険物の性質に応じた有効な遮光又は換気を行わなければならない。

問4 法令上、製造所等においてする、危険物の貯蔵及び取扱いのすべてに共通する技術上の基準について、次のA～Eのうち正しいものはいくつあるか。

A. 貯留設備又は油分離装置にたまった危険物は、あふれないように1日1回以上、くみ上げなければならない。
B. 危険物を容器に収納して貯蔵し、又は取り扱うときは、その容器は危険物の性質に適応し、かつ、破損、腐食、さけめ等がないものでなければならない。
C. 可燃性の蒸気が滞留するおそれのある場所において、火花を発する機械器具、工具等を使用する場合には、注意して行わなければならない。
D. 危険物のくず、かす等は、1日1回以上、危険物の性質に応じ安全な場所及び方法で処置しなければならない。
E. 危険物を貯蔵し又は取り扱う場合においては、当該危険物の漏れ、あふれ又は飛散しないように必要な措置を講じなければならない。

1. 1つ　2. 2つ　3. 3つ　4. 4つ　5. 5つ

解法パターン&コツ

問3 解答 5

- × 1. 法令上、製造所等においては、**不必要な物件は置かない**となっているが、**不燃性物質以外のものを置いてはならない**という規定はない。
- × 2. 貯留設備又は油分離槽にたまった危険物は、**あふれないように随時くみ上げるのが正しい処理の仕方である**。乳化剤で処理し下水道等に排水処理すれば、二次災害、被害のおそれがでる。
- × 3. 製造所等においては、**みだりに火気を使用してはならないが必要であれば使ってよい**。給油取扱所（ガソリンスタンド）では、給湯設備、ガスコンロ等が使われている。
- × 4. 危険物を貯蔵し、又は取り扱う場合、危険物が床面に漏れ、あふれる場所にあっては、**洗浄装置を設けるのではなく、修理等必要な措置を講じなければならない**と定められている。
- ○ 5. 危険物を貯蔵し、又は取り扱う建築物、その他の工作物又は設備は、当該危険物の性質に応じた有効な遮光又は換気を行わなければならない。

出題パターンのアドバイス

問2（3項）では答えではなかった5項が、問3では答えとなっている。危険物の問題は、このような事例がこれからも頻繁に出てくる。

問4 解答 3

- × A. 貯留設備又は油分離装置にたまった危険物は、あふれないように1日1回以上ではなく、随時くみ上げなければならない。
- ○ B. 危険物を容器に収納して貯蔵し、又は取り扱うときは、その容器は危険物の性質に適応し、かつ、破損、さけめ等がないものでなければならない。
- × C. 可燃性の蒸気が滞留するおそれのある場所においては、火花を発する機械器具、工具等を使用してはならないと定められている。
- ○ D. 危険物のくず、かす等は、1日1回以上、危険物の性質に応じ安全な場所及び方法で処置しなければならないと定められている。
- ○ E. 危険物を貯蔵又は取り扱う場合においては、当該危険物の漏れ、あふれ又は飛散しないように必要な措置を講じなければならない。
- × 1. 1つ × 2. 2つ ○ 3. 3つ × 4. 4つ × 5. 5つ

Note

第2章
基礎的な物理学・基礎的な化学

◎ 問題 16 ◎
燃焼の基礎知識・完全燃焼／不完全燃焼

> Check!
> 本問題の出題率が110％と100％を超えている理由は、1回の試験で燃焼の基礎知識・完全燃焼／不完全燃焼に関連する問題が2個出題されることがあるからです。

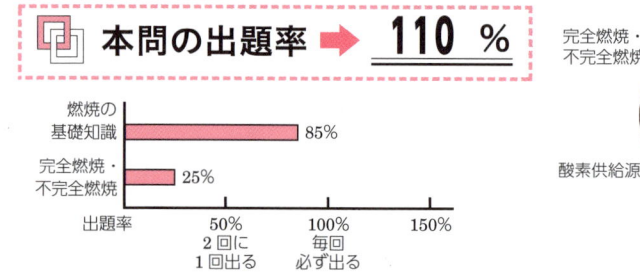

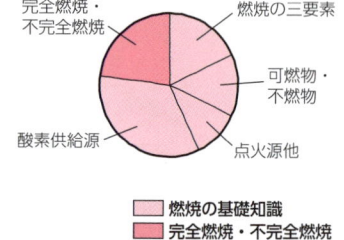

本問の出題率 ➡ **110** ％

- 燃焼の基礎知識　85％
- 完全燃焼・不完全燃焼　25％

出題率　50％（2回に1回出る）　100％（毎回必ず出る）　150％

円グラフ:
- 燃焼の三要素
- 可燃物・不燃物
- 点火源他
- 酸素供給源
- 完全燃焼・不完全燃焼

☐ 燃焼の基礎知識
■ 完全燃焼・不完全燃焼

☑ **出題パターンの分析結果にもとづく合格のポイント**

1 燃焼の基礎知識

1. 燃焼の定義

燃焼とは、**熱**と**光**の発生を伴う**酸化反応**である。

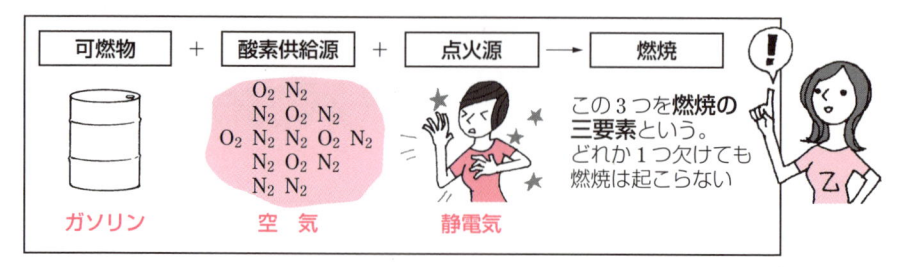

| 可燃物 | ＋ | 酸素供給源 | ＋ | 点火源 | → | 燃焼 |

ガソリン　　空気　　静電気

この3つを**燃焼の三要素**という。どれか1つ欠けても燃焼は起こらない

2. 燃焼の三要素

　燃焼の三要素は　①可燃物、②酸素供給源、③点火源（熱源）で、どれか一つでも欠けると燃焼しない。

① **可燃物**　→ガソリン、エタノール（エチルアルコール）等
② **酸素供給源**→必ずしも空気とは限らない。1類や6類（硝酸）の危険物は酸素を放出する（支燃物という）し、5類は自分自身が酸素を含有している。

③ **点火源** →**静電気の火花**、電気火花、衝撃火花、酸化熱等
※気化熱、融解熱は点火源にならない。

3. 酸素の性質

① 通常は無味、無臭であり、**空気中に約 21 vol％含まれる。**
② **酸素濃度が高くなると、可燃物（固体、液体、気体）の燃焼は激しくなる。**
③ **酸素は燃えない。物質の燃焼を助ける支燃物である。**
〈参考〉空気中に約 21 vol％含まれている**酸素濃度が一般的には 14～15 vol％以下になれば、火は自然に消える。**

4. 水素、窒素、二酸化炭素の性質

① **水素：可燃物**
・気体のなかでは、最も軽い。
・**可燃性で、無色無臭の気体である。**
② **窒素：不燃物**
・空気中に約 78 vol％含まれているが、**窒素は可燃物でも酸素供給源（支燃物）でもない。また、水に溶けて消火の際に有効な作用をすることもない。**
・タンク等の置換ガス（可燃性蒸気を追い出すために使う）として使われる。
③ **二酸化炭素：不燃物**
・**気体は無色無臭で、空気の約 1.5 倍重い。**また、水素や窒素と比べると水に溶けやすい。水に溶けると弱酸性を示す。
・不燃性で、圧縮により容易に液化する。ヒートポンプ給湯器の冷媒として使われている。

● **最近の出題傾向における重要問題**

可燃物と不燃物に関する問題は、下記を整理して覚えておけば対応できる。
可燃物：**一酸化炭素、硫化水素**、二硫化炭素、硫黄、炭素
不燃物：**窒素、二酸化炭素、ヘリウム**、三酸化硫黄、五酸化二りん

簡便法で合格率アップ！ ★大切だから必ず読んでね！

1. 燃焼の基礎知識

① こう出たら ◯ 燃焼は、熱と光の発生を伴う酸化反応である（燃焼の定義）。

② こう出たら × 可燃物 ⇨ 二酸化炭素、ヘリウム、窒素。

③ こう出たら ◯ 酸素供給源は必ずしも空気とは限らない。

④ こう出たら × 物質中に含まれている酸素では燃焼しない（酸素供給源になる）。

⑤ こう出たら × 空気がないと燃焼しない（第5類は、自身の酸素で燃焼する）。

⑥ こう出たら × 酸素は非常に燃えやすい（酸素は燃えない支燃物である）。

⑦ こう出たら × 酸素濃度が18 vol%以下になると燃焼は停止する（一般に14～15 vol%以下で停止する）。

⑧ こう出たら × 気化熱や融解熱は点火源になる。

2 完全燃焼と不完全燃焼

1. 炭素（木炭）の燃焼

C	炭素、木炭 ダイヤモンド	燃える（酸化反応）	① $C + O_2 = CO_2 + 394.3$ kJ…完全燃焼 ② $C + 1/2O_2 = CO + 110.6$ kJ…不完全燃焼
CO	一酸化炭素（有毒）	燃える（酸化反応）	③ $CO + 1/2O_2 = CO_2 + 283.7$ kJ
CO_2	二酸化炭素 ドライアイス	燃えない	④ $CO_2 + 1/2O_2$ →反応しない…燃えないので ⑤ $CO_2 + O_2$ →反応しない　消火器に使う

2. 完全燃焼・不完全燃焼の特徴

	発熱量	すす、煙等の発生	その他（炭素の燃焼の場合）
完全燃焼	大	なし	二酸化炭素（CO_2）を発生する
不完全燃焼	小	多い	炭素の不完全燃焼では、有毒な一酸化炭素（CO）が発生する

第2章　基礎的な物理学・基礎的な化学

出題頻度の高い 再現問題

問 次の燃焼に関する記述の下線の箇所で、誤っているものはどれか。

出題ランク ★★★

「物質が<u>酸素と反応</u>して酸化物を生成する反応を酸化といい、<u>熱と光の発生</u>を伴うものを燃焼という。有機物が完全燃焼する場合は、酸化反応によって安定な酸化物に変わるが、<u>炭素の供給不足</u>などの場合は、生成物に<u>一酸化炭素</u>、アルデヒド、すすなどが多く発生し<u>不完全燃焼</u>となる。」

1. 酸素と反応
2. 熱と光の発生
3. 炭素の供給不足
4. 一酸化炭素
5. 不完全燃焼

解法パターン＆コツ

解 解答 3

難易ランク

出題パターンのアドバイス

「熱と光の発生を伴う酸化反応を燃焼という。」この「燃焼の定義」を基にした完全燃焼、不完全燃焼の総合問題である。**この問題で大切なことは、不完全燃焼が起こる過程である。不完全燃焼は酸素の供給が不足すると起こり、生成物に一酸化炭素、すすなどが多く発生することを覚えておこう！**

「物質が<u>酸素と反応</u>（○）して酸化物を生成する反応を酸化といい、<u>熱と光の発生</u>（○）を伴うものを燃焼という。有機物が完全燃焼する場合は、酸化反応によって安定な酸化物に変わるが、<u>炭素の供給不足</u>（×）などの場合は、生成物に<u>一酸化炭素</u>（○）、アルデヒド、すすなどが多く発生し<u>不完全燃焼</u>（○）となる。」

1. 酸素と反応○→ $C + O_2 \rightarrow CO_2$　**炭素が酸素と反応して二酸化炭素（酸化物）を生成。**
2. 熱と光の発生○→これを伴う酸化反応を燃焼という（燃焼の定義）。
3. <u>炭素の供給不足</u>×→「酸素の供給不足」が正しい。
4. 一酸化炭素○→酸素の供給が十分な場合は、完全燃焼し二酸化炭素が生じる。
5. 不完全燃焼○→**一酸化炭素の発生は、不完全燃焼と覚えよう！**

◆ 問題 16　燃焼の基礎知識・完全燃焼／不完全燃焼 ◆

出題頻度の高い 再現問題

〈燃焼の基礎知識〉

問1 燃焼に関する説明で、次のうち誤っているものはどれか。

1. 燃焼は、熱と光の発生を伴う急激な酸化反応である。
2. 可燃物は燃焼により安定な酸化物に変化する。
3. 一般に液体及び固体の可燃物は、燃焼による発熱により加熱されて、蒸発又は分解して、可燃性の気体になって燃焼する。
4. 有機物の燃焼は、酸素の供給が不足すると一酸化炭素を発生し不完全燃焼する。
5. 一般に酸素濃度が18 vol%になると、燃焼が停止する。

問2 燃焼に関する説明として、次のうち誤っているものはどれか。

1. 酸化反応のすべてが燃焼に相当するわけではない。
2. 可燃物は、どんな場合であっても、空気がなければ燃焼しない。
3. 空気は酸素の供給源である。
4. 分解して多量の酸素を発生しやすい可燃物は、内部(自己)燃焼を起こしやすい。
5. 可燃物、酸素供給源及び点火源を燃焼の三要素という。

問3 次の二酸化炭素に関する文章の( )内のA〜Eの下線の部分で、誤っている箇所は何箇所あるか。

「二酸化炭素は、炭素又は(A)炭素化合物の(B)完全燃焼の他、生物の呼吸や糖類の発酵によっても生成する。二酸化炭素は、空気より(C)軽い気体で、水に(D)少し溶け、弱い(E)アルカリ性を示す。」

1. 1つ　2. 2つ　3. 3つ　4. 4つ　5. 5つ

解法パターン&コツ

〈燃焼の基礎知識〉

問1　解答 5

- ○ 1. 燃焼は、熱と光の発生を伴う急激な酸化反応である。→燃焼の定義であり正しい。
- ○ 2. $H_2 + 1/2 O_2 \rightarrow H_2O$ ⇨ 可燃物（H_2＝水素）は燃焼により、安定な酸化物（H_2O＝水）に変化する。
- ○ 3. 一般に液体（ガソリン等→蒸発燃焼）及び固体（石炭等→分解燃焼）の可燃物は、燃焼による発熱により加熱されて、蒸発又は分解して、可燃性の気体になって燃焼する。
- ○ 4. 有機物の燃焼は、酸素の供給が不足すると一酸化炭素を発生し不完全燃焼する。
- × 5. 一般に酸素濃度が 18 vol％ではなく 14～15 vol％になると、燃焼が停止する。

問2　解答 2

- ○ 1. 炭素の燃焼は酸化反応であるが、鉄が錆びるのも酸化反応である。
- × 2. 第5類の危険物は、空気がなくても自分自身に含まれる酸素によって燃焼する。
- ○ 3. 空気は酸素と窒素の混合物で、ガソリン等の燃焼時は酸素の供給源となる。
- ○ 4. 分解して多量の酸素を発生しやすい可燃物（第5類の危険物）は、内部（自己）燃焼を起こしやすい。
- ○ 5. 可燃物、酸素供給源及び点火源を燃焼の三要素という。

問3　解答 2

「二酸化炭素は、炭素又は (A：○) 炭素化合物の (B：○) 完全燃焼の他、生物の呼吸や糖類の発酵によっても生成する。二酸化炭素は、空気より (C：×) 軽い気体で、水に (D：○) 少し溶け、弱い (E：×) アルカリ性を示す。」

- (A：○) 炭素化合物
- (B：○) 完全燃焼→ C（炭素）+ O_2（酸素）→ CO_2（二酸化炭素）
- (C：×) 軽い→二酸化炭素は空気より重い性質を利用して、消火剤（窒息消火）に使われている。
- (D：○) 少し→二酸化炭素は水に少し溶ける。
- (E：×) アルカリ性→弱酸性を示す。

× 1. 1つ　○ 2. 2つ　× 3. 3つ　× 4. 4つ　× 5. 5つ

◆ 問題16　燃焼の基礎知識・完全燃焼／不完全燃焼 ◆

出題頻度の高い★再現問題

問4 次の組合せのうち、燃焼が起こらないものはどれか。

1. 衝撃火花　　二硫化炭素　　酸素
2. 静電気火花　メタン　　　　空気
3. 酸化熱　　　鉄粉　　　　　空気
4. ライターの炎　一酸化炭素　酸素
5. 電気火花　　二酸化炭素　　空気

問5 燃焼について、次のA～Dのうち正しいもののみを掲げてあるものはどれか。

A. 燃焼とは、熱と光の発生を伴う酸化反応である。
B. 有機物の燃焼は、酸素の供給が不足すると一酸化炭素が発生し不完全燃焼する。
C. 燃焼に必要な酸素の供給源は空気であり、物質中に含まれている酸素では燃焼しない。
D. 可燃物は空気中で燃焼すると、より安定な酸化物に変化する。

1. ABD　　2. ACD　　3. AD　　4. BC　　5. CD

〈完全燃焼・不完全燃焼〉

問6 炭素と水素でできている有機化合物が、完全燃焼したときの生成物のみを掲げている組合せで、正しいものはどれか。

1. 不飽和炭化水素
2. 飽和炭化水素
3. 有機過酸化物
4. 飽和炭化水素、水
5. 二酸化炭素、水

解法のテクニック

炭素と水素でできている有機化合物（メタノール＝ CH_3OH）が、完全燃焼したときの生成物は次のとおりである。

炭素の燃焼　$C + O_2 \rightarrow CO_2$　　二酸化炭素ができる。

水素の燃焼　$H_2 + 1/2 O_2 \rightarrow H_2O$　　水ができる。

炭素と水素の燃焼は大切だから必ず覚えよう！

解法パターン＆コツ

問4　解答 5

〈点火源〉	〈可燃物〉	〈酸素供給源〉
○ 1. 衝撃火花○	二硫化炭素○	酸素○
○ 2. 静電気火花○	メタン○	空気○
○ 3. 酸化熱○	鉄粉○	空気○
○ 4. ライターの炎○	一酸化炭素○	酸素○
× 5. 電気火花○	二酸化炭素×	空気○

出題パターンのアドバイス

燃焼の三要素の問題で大切なことは、上記のように各要素の上に点火源等タイトルを記入することから始まる。過去に出題された「燃焼の三要素の問題」には二種類あり、次の点を理解すれば、解答はそれ程難しくない。
1. 燃焼が起こる場合は、酸素供給源に酸素か空気のある項が答えになる。
2. 燃焼が起こらない場合は、可燃物に燃焼しない二酸化炭素かヘリウムがある項が答えになる。

問5　解答 1

- ○ A. 燃焼とは、熱と光の発生を伴う酸化反応である。→**燃焼の定義**。
- ○ B. 有機物の燃焼は、酸素の供給が不足すると一酸化炭素が発生し不完全燃焼する。
- × C. 燃焼に必要な**酸素の供給源は空気**だけでなく、外部から供給される酸素や物質中に含まれている酸素（第5類の危険物）でも燃焼する。
- ○ D. 可燃物は空気中で燃焼すると、より安定な酸化物に変化する。

○ 1. ABD　　× 2. ACD　　× 3. AD　　× 4. BC　　× 5. CD

〈完全燃焼・不完全燃焼〉

問6　解答 5

- × 1. 不飽和炭化水素
- × 2. 飽和炭化水素
- × 3. 有機過酸化物
- × 4. 飽和炭化水素、水
- ○ 5. 二酸化炭素、水

◎ 問題 17 ◎
燃焼の仕方、燃焼の難易

Check!

本問の出題率 → **120** %

燃焼の仕方 55%
燃焼の難易 65%

出題率　50%　100%　150%
　　　2回に　毎回
　　　1回出る　必ず出る

（円グラフ）
その他／蒸発燃焼／その他の燃焼／熱伝導率、空気との接触面積／酸素の供給量／燃焼の難易総合問題
■ 燃焼の仕方
■ 燃焼の難易

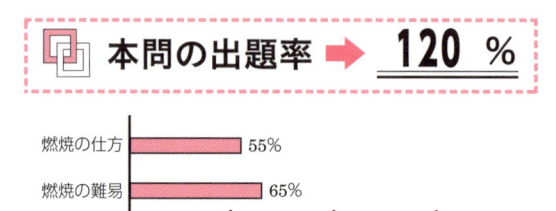

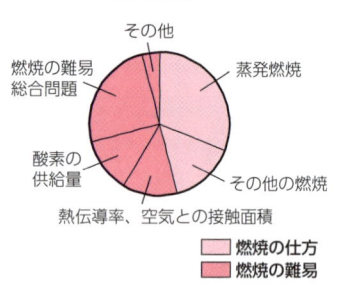

☑ **出題パターンの分析結果にもとづく合格のポイント**

① 燃焼の仕方

1. 気体の燃焼

① **拡散燃焼**：可燃性ガスが連続的に供給され、空気と混合しながら燃焼すること。
　例　都市ガス、プロパンガス等
② **予混合燃焼**：可燃性ガスと空気あるいは酸素とが、燃焼開始に先立ってあらかじめ混合され燃焼すること。

2. 液体の燃焼

① **蒸発燃焼**
　・ガソリン等の可燃性の液体は、液面から蒸発する可燃性蒸気が空気と混合し燃焼している。これを蒸発燃焼という。
　・液体の燃焼は、内部から燃える内部燃焼や液体の表面で燃える表面燃焼ではない。
　　例　アルコール類、ガソリン、灯油等の第4類危険物すべて。

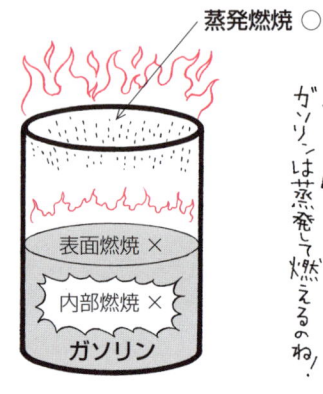

蒸発燃焼 ○
表面燃焼 ×
内部燃焼 ×
ガソリン

ガソリンは蒸発して燃えるのね！あっー！

第2章　基礎的な物理学・基礎的な化学

3. 固体の燃焼

① 分解燃焼：可燃物が加熱されて熱分解し、その際発生する可燃性ガスが燃焼する。
　　例　木材、石炭、プラスチック等
② 表面燃焼：固体のまま表面で熱分解を起こさず、空気と接触した部分が燃焼する。
　　例　木炭、コークス等
③ 内部燃焼：分解燃焼のうち、その物質に含有する酸素によって燃焼する（自己燃焼ともいう）。
　　例　ニトロセルロース、セルロイド等
④ 蒸発燃焼：固体を熱した場合、熱分解を起こすことがなくそのまま蒸発してその蒸気が燃焼する。
　　例　硫黄、ナフタリン等

2 燃焼の難易

1. 燃焼しやすい条件

① **酸化されやすいものほど燃えやすい。**
　・マグネシウム、アルミニウム→酸化されやすく燃えやすい。
　・金、白金　　　　　　　　　→酸化されにくく燃えない。
② **空気との接触面積が大きいものほど燃えやすい。**
　・丸太に比べて細かく割った薪や霧状の液体は、空気との接触面積が大きくなり燃えやすい。
③ **熱伝導率が小さいものほど燃えやすい。**
　・熱伝導率が小さい→**熱が伝わりにくい**ので、加熱された部分の温度が上がり燃えやすくなる。
　・熱伝導率が大きい→**熱が伝わりやすい**ので、加熱部分の熱が逃げて温度が上がりにくく燃えない。
④ 発熱量（燃焼熱）が大きいものや、周囲の温度が高いものほど燃えやすい。
⑤ **乾燥している（水分の含有量が少ない）ものほど燃えやすい。**
　・乾燥度が高い冬は、湿度が低く火災が起こりやすい。
⑥ **沸点が低い（蒸発しやすい＝揮発しやすい）ものほど危険である。**
　・灯油より沸点の低いガソリンは、蒸発しやすく危険である。
⑦ **固体の可燃物は細かく砕くと燃えやすくなる。**
　・細かく砕いた金属（アルミニウム粉等第2類の危険物）は、空気との接触面積が大きくなるのと、見かけ上の熱伝導率が小さくなり燃えやすい。

⑧ **可燃性液体は、噴霧状（霧状）にすると燃えやすくなる。**
　・液体も霧状にすると、空気との接触面積が大きくなり燃えやすくなる。

> **得点力UPのポイント** ★必ず読んでね!★
> ガソリン等を噴霧状にしても、摩擦熱により液温が上昇することはない。

⑨ **酸素濃度が高くなれば、固体、液体、気体すべてにおいて燃焼は激しくなる。**
　・約21％ある空気中の酸素濃度を高く（濃く）すると、燃焼は激しくなり危険性が増す、逆に14～15％に薄くすると燃焼は継続しなくなり消火できる。

2. 燃焼しにくい条件

① **ハロゲン元素の燃焼への影響**
　・ハロゲン元素のうちフッ素や臭素は、**消火器の薬剤として使われており**、空気に混合されれば燃焼しにくくなる。

3. 燃焼の難易に関係しない事項

① **気化熱**：液体では水の気化熱（蒸発熱）が大きいが、燃焼の難易に関係がない。
② **体膨張率**：体膨張率の大小は、燃焼の難易に関係ない。

★簡便法で**合格率アップ！**★　　★大切だから必ず読んでね!★

①蒸発燃焼	こう出たら ◯	第4類でガソリン等すべて（液体）、第3類の硫黄（固体）
②気体の燃焼は？	こう出たら ◯	予混合燃焼
③燃焼のしやすさ	こう出たら ◯	空気との接触面積（大）、熱伝導率（小）、燃焼熱（大）
④燃焼の難易に関係は？	こう出たら ✕	気化熱（関係ない）、体膨張率（関係ない）
⑤金属を粉末にすると燃えやすくなる理由	こう出たら ◯ から	単位重量当たりの表面積が大きくなる

出題頻度の高い★再現問題

〈燃焼の仕方〉

問 燃焼についての説明で、次のうち誤っているものはどれか。

1. メタンが燃焼して完全に二酸化炭素と水になることを完全燃焼という。
2. ニトロセルロースのように内部に多量の酸素を含有し、その酸素が燃焼に使われることを内部（自己）燃焼という。
3. ガソリンのように、液体がその液表面で燃焼することを表面燃焼という。
4. 木材のように、熱分解生成ガスがまず燃焼することを分解燃焼という。
5. 灯油は発生した蒸気が燃焼するので蒸発燃焼という。

解法パターン＆コツ

解答 3

○1. メタンは炭素と水素の化合物なので、完全燃焼すると二酸化炭素と水になる。
$$C（炭素）+ O_2（酸素）\rightarrow CO_2（二酸化炭素）$$
$$H_2（水素）+ 1/2 O_2（酸素）\rightarrow H_2O（水）$$

○2. ニトロセルロース（第5類の危険物）のように内部に多量の酸素を含有し、その酸素が燃焼に使われることを内部（自己）燃焼という。

×3. **ガソリンは、液体の表面から発生する蒸気が空気と混合して燃焼するので蒸発燃焼という。表面燃焼は、木炭、コークス等の燃焼であり誤っている。**

○4. 木材のように、熱分解生成ガスがまず燃焼することを分解燃焼という。

○5. 灯油はガソリンと同様に、発生した蒸気が燃焼するので蒸発燃焼という。

解法のテクニック

第4類の可燃性液体の燃焼は、液面から蒸発する可燃性蒸気が空気と混合して燃えている。これを蒸発燃焼という。蒸発燃焼するものは、この他に固体の硫黄とナフタリンがある。

出題パターンのアドバイス

燃焼の仕方の問題では、液体と固体で蒸発燃焼するものをきっちりと覚えれば、80％の確率で答えが出る。また、3項のガソリンと5項の灯油は、同じ石油製品であるにもかかわらず、燃焼の仕方が異なることに注目する必要がある。

出題頻度の高い★再現問題

問1 燃焼についての説明で、次のうち誤っているものはどれか。

1. ニトロセルロースの燃焼は、多量の酸素を含有し、その酸素が使われる。これを内部（自己）燃焼という。
2. 木炭の燃焼は、熱分解や気化することなく、そのまま高温状態となって燃焼する。これを表面燃焼という。
3. 硫黄は融点が発火点（着火温度）より低いため、融解し更に蒸発して燃焼する。これを分解燃焼という。
4. 石炭は、熱分解によって生じた可燃性ガスがまず燃焼する。これを分解燃焼という。
5. エタノールは、液面から発生した蒸気と空気との混合気体が燃焼する。これを蒸発燃焼という。

問2 次の物質のうち、常温（20℃）、常圧（1.013×10^5 Pa）で燃焼の形態が蒸発燃焼の組合せはどれか。

A. 灯油
B. 木炭
C. プロパンガス
D. 硫黄
E. 石炭

1. A C　　2. B D　　3. C E　　4. A D　　5. B E

問3 燃焼の説明として、次のうち誤っているものはどれか。

1. 一般の燃焼は、熱と光の発生を伴う。
2. 燃焼の三要素は、可燃物、酸素供給源及び点火源のことである。
3. 可燃性固体はすべて融解しながら蒸発し、気体となって燃焼する。
4. 可燃性気体は、空気中で混合気体になるか、互いに拡散することにより燃焼する。
5. 可燃物は燃焼により、安定な酸化物に変わる。

解法パターン＆コツ

問1　解答 3

? 1. ニトロセルロースの燃焼を内部（自己）燃焼という。○
? 2. 木炭の燃焼を表面燃焼という。○
× 3. 硫黄は融点が発火点（着火温度）より低いため、融解し更に蒸発して燃焼する。これを**分解燃焼ではなく蒸発燃焼**という。
? 4. 石炭の燃焼を分解燃焼という。○
○ 5. エタノールは、液面から発生した蒸気と空気との混合気体が燃焼する。これを蒸発燃焼という。**第4類はすべて液体で、蒸発燃焼する。**

注意：1、2、4項の固体の燃焼の仕方が分からなくても、蒸発燃焼するのは第4類の液体と固体の硫黄、ナフタリンを覚えておけば答えは必ず出る。結果として、？マークの1、2、4項は正しく○印となるので、再度読み直そう！

問2　解答 4

○ A. 灯油→液体で蒸発燃焼
× B. 木炭→固体で表面燃焼
× C. プロパンガス→気体で予混合燃焼或いは拡散燃焼
○ D. 硫黄→固体で蒸発燃焼
× E. 石炭→固体で分解燃焼

× 1. A C　× 2. B D　× 3. C E　○ 4. A D　× 5. B E

解法のテクニック

蒸発燃焼の組合せを選ぶこのような形式の問題では、第4類の液体と固体の硫黄を探せばよい。

問3　解答 3

○ 1. 一般の燃焼は、熱と光の発生を伴う酸化反応である。**→燃焼の定義。**
○ 2. **車の場合の燃焼の三要素**は、可燃物（ガソリン）、酸素供給源（空気）及び点火源（プラグ）のことである。
× 3. 可燃性固体では、硫黄のように融解し蒸発して燃焼するものもあるが、多くは分解燃焼（木材、プラスチック等）、表面燃焼、内部燃焼する。
○ 4. 可燃性気体は、空気中で混合気体（予混合燃焼）になるか、互いに拡散（拡散燃焼）することにより燃焼する。
○ 5. 可燃物（炭素）は燃焼により、安定な**酸化物（二酸化炭素）に変わる**。

出題頻度の高い★再現問題

〈燃焼の難易〉

問4 金属を粉体にすると燃えやすくなる理由として、次のうち正しいものはどれか。
1. 熱伝導率が大きくなるから。
2. 空気が供給されにくくなるから。
3. 単位重量当たりの表面積が、大きくなるから。
4. 単位重量当たりの発熱量が、小さくなるから。
5. 熱を放散しやすくなるから。

解法のテクニック

アルミニウムのような金属も粉体（微粉化）にすれば、見かけ上の熱伝導率が小さくなるのと、空気との接触面積が大きくなるので燃えやすくなる。

問5 次のうち、燃焼の難易に直接関係のないものはどれか。
1. 体膨張率　2. 発熱量　3. 含水量　4. 熱伝導率
5. 空気との接触面積

問6 燃焼及び発火等に関する一般的な説明として、次のうち正しいものはどれか。
1. 拡散燃焼では、酸素の供給が多いと燃焼は激しくなる。
2. ハロゲン元素を空気中に混合しても、炭化水素の燃焼には影響を与えない。
3. 比熱の大きい物質は、発火又は着火しやすい。
4. 静電気の発生しやすい物質ほど燃焼が激しい。
5. 水溶性の可燃性液体は、非水溶性のそれより燃焼点は低い。

問7 次の場合において、一般に可燃物の燃えやすい条件はどれか。

	〈発熱量〉	〈酸化されやすさ〉	〈空気との接触面積〉	〈熱伝導率〉
1.	大きい	されやすい	大きい	小さい
2.	小さい	されやすい	大きい	大きい
3.	大きい	されにくい	小さい	小さい
4.	小さい	されやすい	大きい	小さい
5.	大きい	されにくい	小さい	大きい

解法パターン＆コツ

〈燃焼の難易〉

問4 解答 3

- × 1. 金属の粉体は、見かけ上の熱伝導率が小さくなるので、燃えやすくなる。
- × 2. 空気が供給されにくくなるではなくされやすくなるので燃えやすい。
- ○ 3. 単位重量当たりの表面積が、大きくなり燃えやすくなる。丸太よりも細く割った薪の方が、表面積が大きくなり燃えやすくなるのと同じである。
- × 4. 単位重量当たりの発熱量が、小さくなると燃えにくくなる。
- × 5. 熱を放散すると冷えてしまうので、燃えにくくなる。

問5 解答 1

- × 1. 体膨張率　○ 2. 発熱量　○ 3. 含水量　○ 4. 熱伝導率
- ○ 5. 空気との接触面積

問6 解答 1

- ○ 1. 拡散燃焼（気体の燃焼の仕方）では、酸素の供給が多いと燃焼は激しくなる。
- × 2. ハロゲン元素は消火剤に使われており、空気中に混合すると負触媒作用により炭化水素（ガソリン等）の燃焼に影響を与える。
- × 3. 比熱の大きい水は、燃焼しないので誤っている。比熱や気化熱（蒸発熱）は、消火に大いに関係するが燃焼や発火には関係がない。
- × 4. 水溶性の危険物であるアセトアルデヒドは、静電気は発生しにくいが燃焼は激しい。静電気の発生しやすい危険物と燃焼の激しさには関係がない。
- × 5. 水溶性の可燃性液体の燃焼点は、非水溶性のそれより高いものもあれば低いものもある。

解法のテクニック

酸素濃度が高くなれば、固体、液体、気体すべてにおいて燃焼は激しくなる。

- 約21％ある空気中の酸素濃度を一般に14～15％に薄くすると、燃焼は継続しなくなり消火できる。逆に高く（濃く）すると燃焼は激しくなり、危険性が増す。

問7 解答 1

	〈発熱量〉	〈酸化されやすさ〉	〈空気との接触面積〉	〈熱伝導率〉
○ 1.	大きい○	されやすい○	大きい○	小さい○

◎ 問題 18 ◎
引火点・燃焼範囲・発火点・物質の危険性、他

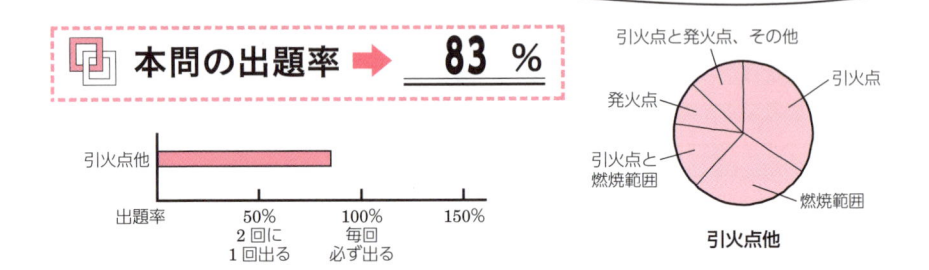

Check!

本問の出題率 ➡ **83** %

引火点他　出題率　50% 2回に1回出る　100% 毎回必ず出る　150%

引火点と発火点、その他
発火点
引火点と燃焼範囲
引火点
燃焼範囲

引火点他

☑ 出題パターンの分析結果にもとづく合格のポイント

① 引火点

1. 引火点の定義

①定義-1	引火点とは、可燃性液体が空気中で引火するのに十分な濃度の蒸気を液面上に発生するときの最低の液温（最低の濃度の蒸気と同じ意味）をいう。
②定義-2	液面付近の蒸気濃度が、燃焼範囲の下限値（下限界）に達したときの液温が引火点である。

・ガソリンの場合は**引火点の-40℃（以下）**で、燃焼範囲1.4〜7.6 vol%の**下限値**である 1.4 vol%の蒸気を発生している。このとき点火源があれば引火する。

2. 引火点のポイント

① 引火点の温度は、気温ではなく危険物の液温である。
　・ガソリンは液温が-40℃（以下）で引火するが、灯油は40℃以上でないと引火しない。
② 引火点が低いほど危険性は大きい
　・ガソリン-40℃以下→**危険性が大**
　・灯油40℃以上→ガソリンに比べて**危険性小**

第2章　基礎的な物理学・基礎的な化学

3. 引火点と発火点の違い

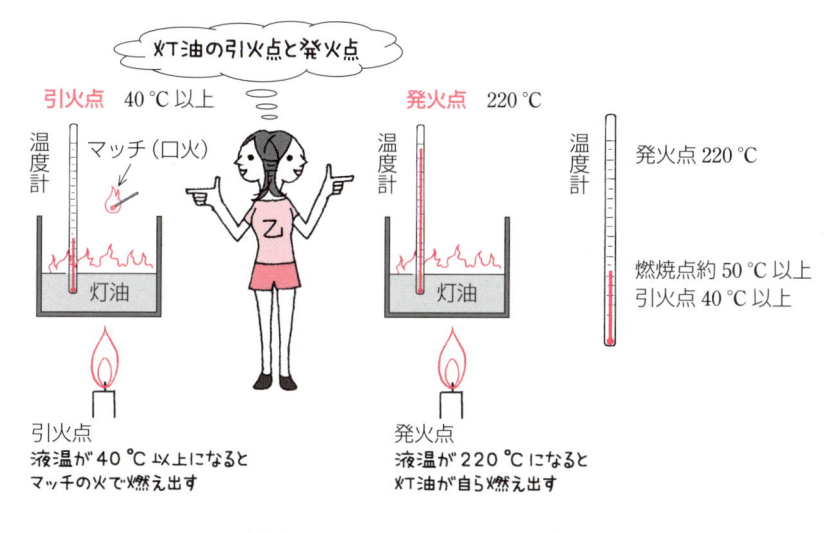

灯油の引火点と発火点

引火点 40 ℃以上　　発火点 220 ℃

引火点
液温が40 ℃以上になると
マッチの火で燃え出す

発火点
液温が220 ℃になると
灯油が自ら燃え出す

発火点 220 ℃
燃焼点約 50 ℃以上
引火点 40 ℃以上

〈試験によくでる危険物の引火点〔℃〕〉

ジエチルエーテル	－45	アセトン	－20	軽油	45 以上
ガソリン	**－40 以下**	メタノール	11	重油	60 ～ 150
ベンゼン	－11	エタノール	13	ギヤー油	220
トルエン	4	**灯油**	**40 以上**	シリンダー油	250

② 燃焼範囲（爆発範囲）

1. 燃焼範囲の定義

燃焼範囲とは、空気中において燃焼することができる可燃性蒸気の濃度範囲のこと。

2. 燃焼範囲の考え方

① 可燃性蒸気と空気が一定の混合割合にあるときは燃焼するが、薄すぎても濃すぎても燃焼しない。ガソリンの場合は、1.4 ～ 7.6 vol％の間で燃焼する。
② 燃焼範囲が広いほど危険性が大きい。→次頁の図の危険物 A と B では、B が危険。
③ 燃焼範囲の下限界が低いほど危険性が大きい。→次頁の図の危険物 A と C では、A が危険。
④ 燃焼範囲の下限値の濃度の蒸気を発生するときの温度が引火点である。

◆ 問題 18　引火点・燃焼範囲・発火点・物質の危険性、他 ◆

ガソリンの場合は、1.4 vol% → −40℃以下である。

燃焼範囲の比較

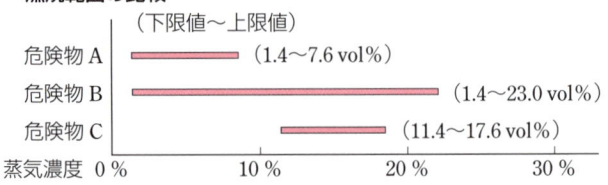

（下限値～上限値）
- 危険物 A （1.4～7.6 vol%）
- 危険物 B （1.4～23.0 vol%）
- 危険物 C （11.4～17.6 vol%）

蒸気濃度 0%　10%　20%　30%

《ガソリンの燃焼範囲 ⇨ 1.4～7.6 vol%》

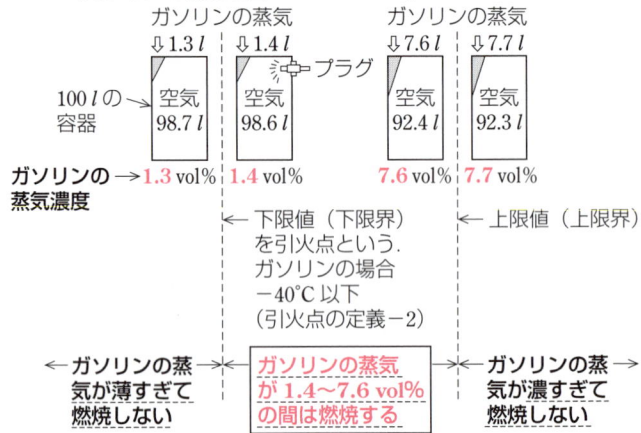

| 100 l の容器 | ガソリンの蒸気 ↓1.3 l 空気 98.7 l | ガソリンの蒸気 ↓1.4 l 空気 98.6 l プラグ | ↓7.6 l 空気 92.4 l | ガソリンの蒸気 ↓7.7 l 空気 92.3 l |

ガソリンの蒸気濃度 → 1.3 vol%　1.4 vol%　7.6 vol%　7.7 vol%

← 下限値（下限界）を引火点という。ガソリンの場合 −40℃以下 （引火点の定義−2） →　← 上限値（上限界）

← ガソリンの蒸気が薄すぎて燃焼しない

ガソリンの蒸気が 1.4～7.6 vol% の間は燃焼する

← ガソリンの蒸気が濃すぎて燃焼しない →

〈燃焼範囲〉

特殊引火物 〔vol%〕		その他の危険物 〔vol%〕	
ジエチルエーテル	1.9～36	メタノール	6.0～36
二硫化炭素	1.3～50	エタノール	3.3～19
アセトアルデヒド	4.0～60	ガソリン	1.4～7.6
酸化プロピレン	2.3～36	軽油	1.0～6.0

※特殊引火物とアルコール類は、燃焼範囲が広くて危険である。

3. 燃焼範囲の計算

$$\text{可燃性蒸気の濃度}〔vol\%〕 = \frac{\text{可燃性蒸気の量}〔l〕}{\text{可燃性蒸気の量}〔l〕+\text{空気の量}〔l〕} \times 100$$

3 発火点

1. 発火点の定義

発火点とは、空気中で可燃物を加熱した場合、炎、火花等を近づけなくとも自ら燃え

出すときの最低温度をいう。

2. 発火点のポイント

① 発火点が低いほど危険性が高い（二硫化炭素 90℃）。
② 発火点は、どのような危険物であっても必ず引火点より高い。
・ガソリンの発火点約 300℃　　・引火点 − 40℃以下
③ 引火点が低いものが、発火点も低いとは限らない。

3. 発火点判定のポイント

・空気中で　・自ら燃え出す　・自ら発火する　・発火する

簡便法で合格率アップ！ ★大切だから必ず読んでね！

①引火点の定義	こう出たら ◯	空気中で引火するのに最低濃度の蒸気を液面上に発生する最低の液温（引火点の定義−1）
	こう出たら ◯	液面付近の蒸気濃度が、燃焼範囲の下限値（下限界）に達したときの液温（引火点の定義−2）
②発火点の定義	こう出たら ◯	空気中で加熱した場合、他から点火されなくても自ら燃え出すときの液温
③燃焼範囲の定義	こう出たら ◯	空気中において燃焼することができる可燃性蒸気の濃度範囲
④燃焼点	こう出たら ◯	燃焼点は一般に引火点より約10℃程高い
⑤危険物の危険性	こう出たら ◯	引火点や発火点は低ければ低いほど危険。ガソリンは引火点が−40℃以下で、石油製品では一番低くて危険
	こう出たら ◯	発火点は低ければ低いほど危険
	こう出たら ◯	燃焼範囲は、下限値が低いものほど危険（臭いがしない程の微量の漏れでも、燃焼のおそれがあり危険。）
	こう出たら ◯	燃焼範囲が広いものほど危険（蒸気が漏れていれば、濃くても薄くても燃焼するものは危険。）

◆ 問題18　引火点・燃焼範囲・発火点・物質の危険性、他 ◆

出題頻度の高い★再現問題

〈引火点〉

問1 引火点の説明として、次のうち正しいものはどれか。

出題ランク ★★★

1. 可燃物を空気中で加熱した場合、点火しなくても自ら燃え出す最低の温度をいう。
2. 発火点と同じものであるが、この可燃物が気体又は液体の場合は発火点といい、固体の場合は引火点という。
3. 燃焼範囲の上限界以上の蒸気を出すときの液体の最低温度をいう。
4. 可燃性液体が空気中で点火したときに、燃焼するのに十分な濃度の蒸気を液面上に発生する最低の液温をいう。
5. 可燃物の燃焼温度は燃焼開始時において最も低く、時間の経過とともに高くなっていくが、その燃焼開始時における炎の温度をいう。

問2 引火及び発火等の説明について、次のうち誤っているものはどれか。

出題ランク ★★★

1. 同一の可燃性物質においては、一般に発火点の方が引火点より高い数値を示す。
2. 発火点は可燃性物質を空気中で加熱したときに、火源なしに自ら燃焼し始める最低の温度をいう。
3. 燃焼点とは、燃焼を継続させるのに必要な可燃性蒸気が供給される温度をいう。
4. 引火点とは、可燃性液体の燃焼範囲の上限値の濃度の蒸気を発生するときの液体の温度をいう。
5. 同一の可燃性物質においては、一般に燃焼点の方が引火点より高い数値を示す。

ガスコンロによる火災

第2章 基礎的な物理学・基礎的な化学

解法パターン＆コツ

〈引火点〉

問1 解答 4

× 1. 可燃物を空気中で加熱した場合、点火しなくても**自ら燃え出す最低の温度**を、引火点ではなく発火点という。
× 2. 引火点と発火点は全く異なるものであり、また、液体か固体かによって呼び方が変わるものではない。
× 3. 燃焼範囲の下限値（下限界）を引火点（定義-2）というが、上限値（上限界）以上の蒸気を出すときの液体の最低温度は、一般に引火点とはいわない。
○ 4. 可燃性液体が空気中で点火したときに、燃焼するのに十分な濃度の蒸気を液面上に発生する最低の液温を引火点という（引火点の定義-1）。
× 5. 可燃物の燃焼開始時における**炎の温度**は、引火点とは全く関係がない。

得点力UPのポイント ★必ず読んでね！★

ここでは、引火点の定義（定義-1、定義-2＝定義が2つも有るのは引火点のみ）と引火点と発火点との違いをきっちりと覚えよう！

問2 解答 4

○ 1. 灯油の引火点は40℃以上（実測値は40〜45℃程度）であり、発火点は220℃と、同一の可燃性物質においては、**発火点の方が引火点より必ず高い数値を示す。**
○ 2. 発火点は可燃性物質を空気中で加熱したときに、火源なしに自ら燃焼し始める最低の温度をいう（発火点の定義である）。
○ 3. **燃焼点は一般に引火点より約10℃程高い温度**であり、燃焼を継続させるのに必要な可燃性蒸気が供給される温度をいう。
× 4. 引火点とは、可燃性液体の燃焼範囲の上限値ではなく下限値（引火点の定義-2）の濃度の蒸気を発生するときの液体の温度をいう。
○ 5. 同一の可燃性物質においては、**燃焼点は一般に引火点より約10℃程高い温度**を示す。

141

◆ 問題18 引火点・燃焼範囲・発火点・物質の危険性、他 ◆

出題頻度の高い★再現問題

〈燃焼範囲〉

問3 次の燃焼範囲のガソリンを $100\,l$ の空気と混合させ、その均一な混合気体に点火したとき、燃焼可能なガソリンの蒸気量として正しい組合せはどれか。

下限値………1.3 vol%　　上限値………7.1 vol%

A. $1\,l$
B. $3\,l$
C. $5\,l$
D. $10\,l$
E. $20\,l$

1. AとB　2. AとE　3. BとC　4. CとD　5. DとE

解法のテクニック

p.138 の 3. 燃焼範囲の計算の項を参照する。

① 正しい計算 ⇒ p.138 の 3. 燃焼範囲の計算式を使って計算する。
② 簡便法による計算＝暗算で計算する方法

設問から、A項の $1\,l$ は、空気 $100\,l$ にガソリン蒸気 $1\,l$ をプラスして $101\,l$ となるが、簡便法の計算ではこれを $100\,l$ として計算する。すると、全体が $100\,l$ の中にガソリン蒸気 $1\,l$ が混ざっていることになるので、暗算で答えは 1 vol% となる。次ページの A～E に「簡便法による計算値」を記載した。

正確には①正しい計算で答えを出すが、②簡便法による計算でも答えは出る。まず、計算の易しい「②簡便法による計算＝暗算で計算する方法」でやってみよう！

問4 次の下限値、上限値を有する可燃物の燃焼範囲（爆発範囲）の説明で、正しいものはどれか。

燃焼（爆発）下限値………2 vol%　　燃焼（爆発）上限値………8 vol%

1. 可燃性蒸気 $100\,l$ に酸素 $2～8\,l$ 混合されたものは、炎を近づけると燃焼する。
2. 空気 $100\,l$ に蒸気 $2～8\,l$ 混合したものは、炎を近づけると燃焼する。
3. 空気と可燃性蒸気の混合気体 $100\,l$ 中に可燃性蒸気が $2～8\,l$ 混合されたものは、炎を近づけると燃焼する。
4. 可燃性蒸気 $100\,l$ に空気 $2～8\,l$ 混合されたものは、炎を近づけると燃焼する。
5. 空気と可燃性蒸気の混合気体 $100\,l$ 中に可燃性蒸気が $2～8\,l$ 混合されたものは、自然発火する。

解法パターン&コツ

〈燃焼範囲〉

問3　解答 3

難易ランク ☺☺☹

下限値………1.3 vol%
上限値………7.1 vol%

	〈②簡便法の計算値〉	〈①正しい計算値〉	
×	A. 1 l → 1 vol% ×	0.99 vol% ×	
○	B. 3 l → 3 vol% ○	2.91 vol% ○	燃焼範囲は 1.3 〜 7.1 vol%
○	C. 5 l → 5 vol% ○	4.76 vol% ○	なので、B、C 項が燃焼する。
×	D. 10 l → 10 vol% ×	9.09 vol% ×	
×	E. 20 l → 20 vol% ×	16.67 vol% ×	

× 1. A と B　　× 2. A と D　　○ 3. B と C　　× 4. C と E　　× 5. D と E

出題パターンのアドバイス

1 つの選択肢を選ぶ場合も、本問のように選択肢を複数選び組み合わせて答えを出す場合もやり方は同じである。

問4　解答 3

難易ランク ☺☺☹

燃焼（爆発）下限値………2 vol%
燃焼（爆発）上限値………8 vol%

× 1. 可燃性蒸気 100 l に酸素 2 〜 8 l 混合では、**蒸気の濃度が濃すぎて燃焼しない。**
× 2. 燃焼範囲を計算すると 1.96 〜 7.40 vol% になり、**下限値が 2 vol% より薄くなるので燃焼しない。**ここでは、問 3 で使った②簡便法による計算は使えない。
○ 3. 空気と可燃性蒸気の混合気体 100 l 中に可燃性蒸気が 2 〜 8 l 混合されたものは、炎を近づけると燃焼する（燃焼範囲は 2 〜 8 vol% となる）。
× 4. 1 項の酸素が空気に変わっただけなので、この場合も**可燃性蒸気が 100 l で蒸気の濃度が濃すぎて燃焼しない。**
× 5. 3 項と同じ混合比率であり、燃焼範囲内なので**燃焼はするが自然発火はしない。**

出題頻度の高い 再現問題

〈引火点と燃焼範囲〉

問5 次の液体について、引火点及び燃焼範囲の下限界の数値として考えられる組合せはどれか。

「ある引火性液体は、45℃で液面付近に濃度10 vol％の可燃性蒸気を発生した。この状態でマッチの火を近づけたところ引火した。」

〈引火点〉　〈燃焼範囲の下限界〉
1. 35℃　　12 vol％
2. 40℃　　8 vol％
3. 50℃　　7 vol％
4. 55℃　　6 vol％
5. 60℃　　5 vol％

〈発火点・他〉

問6 発火点についての説明で、次のうち正しいものはどれか。

1. 可燃性物質が燃焼範囲の下限界の濃度の蒸気を発生するときの液温をいう。
2. 可燃性物質を加熱した場合空気がなくとも、自ら燃えだすときの最低温度をいう。
3. 可燃物を空気中で加熱した場合、炎、火花などを近づけなくとも、自ら燃えだすときの最低温度をいう。
4. 可燃性物質から継続的に可燃性気体を発生させるのに、必要な温度をいう。
5. 可燃性物質を燃焼させるのに必要な点火源の最低温度をいう。

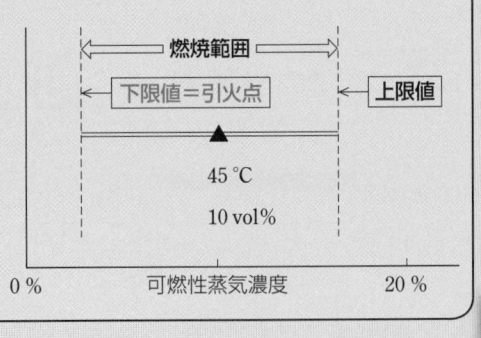

解法パターン&コツ

〈引火点と燃焼範囲〉

問5 解答2

難易ランク

「ある引火性液体は、45℃で液面付近に濃度10 vol%の可燃性蒸気を発生した。この状態でマッチの火を近づけたところ引火した。」

〈引火点〉　〈燃焼範囲の下限界〉
- × 1. 35℃○　　12 vol%
- ○ 2. 40℃○　　8 vol%○
- × 3. 50℃　　　7 vol%○
- × 4. 55℃　　　6 vol%○
- × 5. 60℃　　　5 vol%○

[図：燃焼範囲／下限値＝引火点／上限値／45℃／10 vol%／可燃性蒸気濃度 0%～20%／▲点]

解法のテクニック

可燃性蒸気にマッチの火を近づけたところ引火したということから、設問の引火性液体は燃焼範囲内にあると判断できる。引火した45℃と濃度10 vol%を次の図の▲点と仮定すれば、求める燃焼範囲の下限値と引火点は図にもあるように、必ず▲点の左側にあるはずである。よって、下限値は10%以下に、引火点は45℃以下に○印をすればよい。両方に○印のある2項が答えとなる。

〈発火点・他〉

問6 解答3

難易ランク

- × 1. 燃焼範囲の下限界の濃度の蒸気を発生するときの液温は、引火点という。
- × 2. 燃焼の三要素である空気がなくとも自ら燃えだすことは、起こり得ないので誤っている。
- ○ 3. 可燃物を空気中で加熱した場合、炎、火花などを近づけなくとも自ら燃えだすときの最低温度を発火点という（発火点の定義である）。
- × 4. この場合の可燃性物質から継続的に可燃性気体を発生させる温度に名称はない。
- × 5. 点火源の温度は、発火点や引火点には全く関係がない。

得点力UPのポイント　★必ず読んでね！

発火点とは、空気中で可燃物を加熱した場合、炎、火花等を近づけなくともみずから燃え出すときの最低温度をいう。

◆ 問題18　引火点・燃焼範囲・発火点・物質の危険性、他 ◆

◎ 問題 19 ◎
消火の基礎知識

Check!

本問の出題率 → 100 %

出題率：消火の基礎知識 約100%（2回に1回出る50％／毎回必ず出る100％）

消火の基礎知識の内訳：除去消火・窒息消火等／消火方法と消火効果／油火災、電気火災の消火／消火薬剤

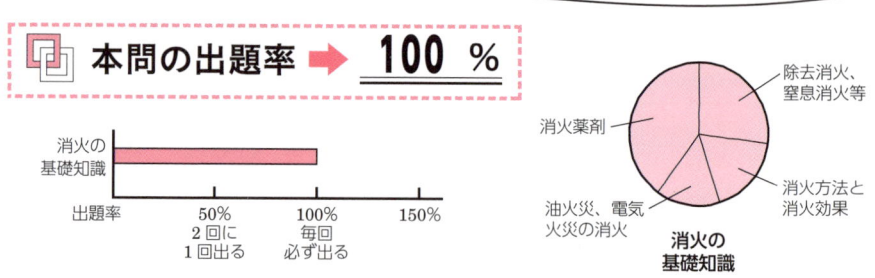

✓ 出題パターンの分析結果にもとづく合格のポイント

1. 燃焼と消火の関係

消火するには、①可燃物 ②酸素供給源 ③点火源のうち1つを取り除けばよい。

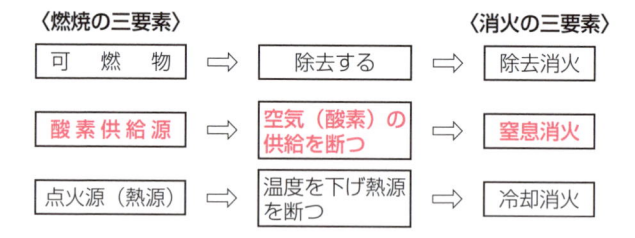

〈燃焼の三要素〉			〈消火の三要素〉
可燃物	⇒	除去する ⇒	除去消火
酸素供給源	⇒	空気（酸素）の供給を断つ ⇒	窒息消火
点火源（熱源）	⇒	温度を下げ熱源を断つ ⇒	冷却消火

2. 消火の三要素

① 除去消火（除去効果）
燃焼の一要素である**可燃物を取り去って消火する**（点火源や酸素を取るわけではない）。
　・ガスの元栓を閉める。
　・ローソクの火に息を吹きかけて消す（ローソクから発生する可燃性蒸気が吹き飛ぶ）。

② 窒息消火（窒息効果）
燃焼の一要素である酸素の供給を絶つことによって消火する方法。

- アルコールランプに蓋をして消す。
- 不燃性の泡、ハロゲン化物の蒸気、二酸化炭素、砂等で燃焼物を覆う。

得点力UPのポイント ★必ず読んでね！★

＊第4類の引火性液体には、最も効果のある方法である。
〈参考〉一般に空気中の酸素濃度が14〜15％以下になれば、燃焼は停止する。

窒息消火

第4類は空気の供給を断てばいいのね！

③ 冷却消火（冷却効果）
- 水や強化液（棒状）消火剤を用いて、燃焼物を冷却して消火する。

得点力UPのポイント ★必ず読んでね！★

＊第4類の引火性液体には効果がないばかりか、水に危険物が浮いて火面が広がり危険性が増すので使えない

④ 抑制作用（負触媒効果）
　上記の三要素のほか、油火災にハロゲン化物消火剤、粉末消火剤等を用い、抑制作用で消火する方法がある。

＊抑制作用とは→車の排ガス中の有害物質は、触媒マフラーで燃焼を促進（触媒作用）して無害化しているが、これとは逆でハロゲン化物消火剤は、負触媒作用により燃焼を化学的に抑制（可燃物と酸素が結び付くのを抑える作用）して火災を小さくして消火している。

3．消火剤（消火器）の種類と効果

(1) 水
① 水は気化熱（蒸発熱）及び比熱が大きいので冷却効果が大きい。
② 水は油火災・電気火災に使用できない→油火災では油が水に浮き、火面を拡大する危険性がある。電気火災に棒状注水すると、感電する。

③ 水は蒸発すると約1 700倍に膨張し、空気中の酸素と可燃性ガスを希釈する作用がある。

(2) 強化液
① 水に炭酸カリウムを加えた濃厚な水溶液で、水の消火力を強化した消火剤である。
② 放射された薬剤の冷却作用により普通火災に適応し、霧状に放射すれば抑制作用（負触媒作用）により油火災、電気火災にも適応する。
③ 再燃防止作用があり、一度消火すると再び燃えだすことがない。
④ 凍結温度が約−30℃なので、寒冷地でも使用できる。

(3) 泡
① 燃焼物を泡で覆って、空気を遮断して窒息消火する。非水溶性（ガソリン等）の油火災には最適の消火剤である。
② 一般の泡消火剤
一般の泡消火剤は、水溶性液体（アルコール類、アセトン、酢酸等）に触れると泡が溶けて消え消火効果がない。
③ 水溶性液体用泡消火剤
水溶性液体の消火には、水溶性液体用泡消火剤（耐アルコール泡消火剤）を使用する。水に溶けるアルコール類、アセトン等の消火に適している。
④ 電気火災には、感電する危険があるので使用できない。

(4) 二酸化炭素
① 二酸化炭素（炭酸ガス）は空気より重いので、燃焼物を覆い又は対象物周辺の酸素濃度を低下させて窒息消火する。
② 室内では、人を退出させて使用する→酸欠により窒息死のおそれがある。
③ 消火後の汚損が少ない。→粉末消火剤や泡消火剤のように機器類を汚損しない。

(5) ハロゲン化物
① 放射されると蒸発し不燃性ガスとなって燃焼物を覆い、窒息及び抑制作用（負触媒作用）により油火災及び電気火災に適応する。
② ハロン1301等の消火器があり、薬剤としてフッ素や臭素が使われている。ヨウ素は使われていない。

(6) 粉　末
① リン酸塩類の粉末（ABC）消火器
窒息作用、抑制作用（負触媒作用）により、普通火災（A火災）・油火災（B火災）・電気火災（C火災）に使用できる。
② 炭酸水素塩類の消火器
窒息作用、抑制作用により油火災・電気火災に使用でき、普通火災には使用できない。

（7）不活性ガス
① 二酸化炭素、窒素等が消火剤として用いられている。
② 第3種消火設備として設置されているが、消火効果等については（4）二酸化炭素を参照する。

4. 消火剤と適応火災のまとめ

		普通火災 (A火災)	油火災（B火災）非水溶	油火災（B火災）水溶性	電気火災 (C火災)	消火効果	消火薬剤
1. 棒状の水		○	×	×	×	冷却	水
2. 強化液消火剤	棒状	○	×	×	×	冷却・再燃防止抑制（B、C）	炭酸カリウム
	霧状	○	○	○	○		
3. 泡消火剤	一般	○	○	×	×	窒息・冷却	炭酸水素ナトリウム硫酸アルミニウム等
	水溶性液体用	—	—	○	—		
4. 二酸化炭素消火剤		×	○	○	○	窒息	二酸化炭素
5. ハロゲン化物消火剤		×	○	○	○	窒息・抑制	ハロン1301 等
6. 粉末消火剤（炭酸水素塩類）		○（×）	○	○	○	窒息・抑制	リン酸塩類等（炭酸水素塩類等）

○印は使用できる　×印は使用できない

簡便法で合格率アップ！ 大切だから必ず読んでね！

①除去消火とは？	こう出たら ○	可燃物を取り除く方法である。
	こう出たら ×	酸素と点火源を同時に取り除く方法である。
②二酸化炭素消火剤	こう出たら ○	使用によって二酸化炭素の濃度が高くなると、人体に悪い影響がある。
③リン酸塩類の粉末消火剤	こう出たら ○	すべての火災（一般火災、油火災及び電気火災）に適応する。
	こう出たら ×	油火災にのみ適応する。
④電気設備の火災にダメな消火剤	こう出たら ×	棒状の水（水） 泡（化学泡、機械泡）

出題頻度の高い★再現問題

問1 消火について、次のうち誤っているものはどれか。

1. 泡消火剤にはいろいろな種類があるが、いずれも窒息効果と冷却効果とがある。
2. 消火をするには燃焼の3要素のうち、1要素を取り去る必要がある。
3. 一般に、空気中の酸素が一定濃度以下になれば、燃焼は停止する。
4. 除去消火は、酸素と点火源を同時に取り去って消火する方法である。
5. ハロゲン化物消火剤は、負触媒作用による燃焼を抑制する効果がある。

問2 消火に関する次の文の（ ）内のA〜Cに該当する語句の組合せで、正しいものはどれか。

「一般に燃焼に必要な酸素の供給源は空気である。空気中には約（A）%の酸素が含まれており、この酸素濃度を燃焼に必要な濃度以下にする消火方法を（B）という。物質により燃焼に必要な濃度は異なるが、一般に石油類では、酸素濃度を（C）%以下にすると燃焼は停止する。」

	〈A〉	〈B〉	〈C〉
1.	25	窒息消火	20
2.	21	除去消火	18
3.	25	除去消火	14
4.	21	窒息消火	14
5.	21	除去消火	20

問3 油火災と電気設備火災のいずれにも適応する消火器の組合せとして、次のうち正しいものはどれか。

1. 泡、二酸化炭素、消火粉末
2. 泡、二酸化炭素、ハロゲン化物
3. 棒状の水、乾燥砂、ハロゲン化物
4. 二酸化炭素、ハロゲン化物、消火粉末
5. 棒状の水、消火粉末、泡

得点力UPのポイント ★必ず読んでね！★

電気火災には、棒状の水と泡は感電するのでダメと覚えよう！

解法パターン&コツ

問1 解答 4

- ○ 1. 泡消火剤には一般の泡消火剤、水溶性液体用泡消火剤等といろいろな種類があるが、**いずれも空気（酸素）の供給を断つ窒息効果と冷却効果がある。**
- ○ 2. 灯油の火災を泡消火剤で消火すれば、空気の供給を断つ（1要素を取り去る）窒息効果で消火できる。
- ○ 3. 一般に、空気中の酸素濃度が14～15％以下になれば、燃焼は停止する。
- × 4. 除去消火は、可燃物を取り去って消火する方法であり誤っている。
- ○ 5. ハロゲン化物消火剤（ハロン1301等）は、負触媒作用による燃焼を抑制する効果と窒息効果とがある。

得点力UPのポイント ★必ず読んでね！★

わからない項は、p.146～の説明文を繰り返し確認しよう。これが危険物の試験に合格する秘訣である。

問2 解答 4　A：21　B：窒息消火　C：14

「一般に燃焼に必要な酸素の供給源は空気である。空気中には約（A：21）％の酸素が含まれており、この酸素濃度を燃焼に必要な濃度以下にする消火方法を（B：窒息消火）という。物質により燃焼に必要な濃度は異なるが、一般に石油類では、酸素濃度を（C：14）％以下にすると燃焼は停止する。」

問3 解答 4

- × 1. 泡×　　　　　　二酸化炭素○　　消火粉末○
- × 2. 泡×　　　　　　二酸化炭素○　　ハロゲン化物○
- × 3. 棒状の水×　　　乾燥砂○　　　　ハロゲン化物○
- ○ 4. 二酸化炭素○　　ハロゲン化物○　消火粉末○
- × 5. 棒状の水×　　　消火粉末○　　　泡×

◆ 問題19　消火の基礎知識 ◆

出題頻度の高い★再現問題

問4 消火方法と主な消火効果との組合せとして、次のうち正しいものはどれか。

1. ガス栓をしめて、ガスコンロの火を消した…………窒息効果
2. アルコールランプのふたをして、火を消した………除去効果
3. 燃焼している木材に、注水して火を消した…………除去効果
4. 油火災に、泡消火剤を放射して火を消した…………窒息効果
5. ろうそくの炎に息を吹きかけて火を消した…………冷却効果

問5 消火剤に関する説明として、次のうち誤っているものはどれか。

1. ハロゲン化物消火剤は、燃焼反応を化学的に抑制する作用によって消火する。
2. 二酸化炭素消火剤は安定した不燃性ガスであり、空気より重い性質を利用して消火している。
3. 粉末消火剤のうち、リン酸塩類を主成分とする消火粉末は、電気設備の火災のみ適応する。
4. 強化液消火剤はアルカリ金属塩の濃厚な水溶液からできていて、冷却効果や再燃防止効果がある。
5. 水は比熱と気化熱がともに大きいため、冷却効果が大きい。

問6 気体の消火剤について、次のうち誤っているものはどれか。

1. 不活性ガスの消火剤として、二酸化炭素及び窒素等がある。
2. 二酸化炭素消火剤は、空気中の酸素濃度を低下して窒息消火するもので、一般の油火災に適応する。
3. 窒素ガス消火剤は、空気中の酸素濃度を低下して窒息消火するもので、一般の油火災に適応する。
4. ハロゲン化物消火剤は、燃焼反応を抑制し、不活性ガス消火剤より消火能力は高い。
5. 二酸化炭素の使用によって二酸化炭素濃度が高くなっても、人体に影響しない。

解法パターン＆コツ

問4　解答 4

- × 1. ガス栓をしめて、ガスコンロの火を消した ………ガスの供給が断たれるので除去効果である。
- × 2. アルコールランプのふたをして、火を消した ……空気の供給が断たれるので窒息効果である。
- × 3. 燃焼している木材に、注水して火を消した………注水なので冷却効果である。
- ○ 4. 油火災に、泡消火剤を放射して火を消した ………泡が燃焼物を覆い窒息消火（効果）する。
- × 5. ろうそくの炎に息を吹きかけて火を消した ………息で可燃性蒸気（ガス）が吹き飛ぶので除去効果である。

問5　解答 3

- ○ 1. ハロゲン化物消火剤は車の触媒マフラーとは逆で、負触媒効果により燃焼を化学的に抑制して（火災を小さくして）消火することができる。
- ○ 2. 二酸化炭素消火剤は安定な不燃性ガスで、**空気より重い性質を利用した消火剤で窒息効果がある。**
- × 3. リン酸塩類の粉末消火器は別名 ABC 消火器といい、木材等の一般火災（A 火災）、油火災（B 火災）及び電気火災（C 火災）とすべての火災に適応する。
- ○ 4. 強化液消火剤は、水による冷却効果や消火薬剤による再燃防止効果（一度消火すると再び燃え出すことがない）がある。
- ○ 5. **水は比熱と気化熱がともに大きいため、**燃焼物から熱を奪い周囲の温度を下げる冷却効果が大きい。

問6　解答 5

- ○ 1. 不活性ガスの消火剤として、**二酸化炭素及び窒素等がある。**
- ○ 2. 二酸化炭素消火剤は、空気中の酸素濃度を低下して窒息消火するもので、一般の油火災に適応する。
- ○ 3. 窒素ガス消火剤は、使用方法及び効果等が二酸化炭素消火剤と同じである。
- ? 4. ハロゲン化物消火剤は、燃焼反応を抑制し、不活性ガス消火剤より消火能力は高い。
- × 5. 二酸化炭素消火剤の使用によって室内の二酸化炭素濃度が高くなると、相対的に酸素濃度が薄くなり、窒息する等人体に悪影響をおよぼす。

◎ 問題 20 ◎
自然発火、粉じん爆発、燃焼の総合問題

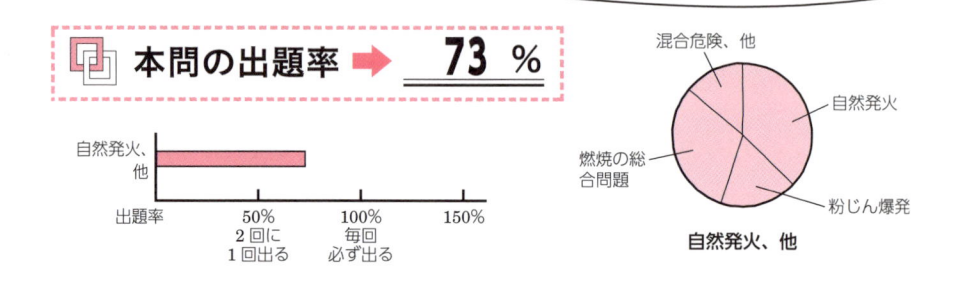

本問の出題率 ➡ 73 %

自然発火、他

自然発火、他

☑ 出題パターンの分析結果にもとづく合格のポイント

1 自然発火

1. 自然発火の定義

自然発火とは、他から火源を与えないでも、物質が空気中で常温において自然に〈**発熱**〉し、その熱が長期間蓄積されて、ついに〈**発火点**〉に達し燃焼を起こすことをいう。原因として〈**酸化熱**〉、〈**分解熱**〉、吸着熱、重合熱、発酵熱等が考えられる。一般に〈**動植物油類**〉のような不飽和成分（二重結合等を持つ物質）を多く含む危険物は自然発火しやすい。〈**動植物油類**〉の乾性油（ヨウ素価 130 以上）であるアマニ油やキリ油の自然発火がこれである

> **得点力UPのポイント** ★必ず読んでね！★
> ヨウ素価→油脂 100 g に吸収するヨウ素の g 数で表す。ヨウ素価の大きい油は、乾性油といわれ自然発火しやすい。

2. 自然発火を起こす要因

① 酸化熱による発熱→乾性油（アマニ油、キリ油）、石炭、ゴム粉末、原綿、金属粉、油を含んだウエス、天ぷらのあげかす、その他

② 分解熱による発熱→セルロイド、ニトロセルロース（第5類）等
③ 吸着熱による発熱→活性炭、木炭粉末等
④ ヨウ素価
乾性油（ヨウ素価130以上）は自然発火しやすい。
動植物油の ・アマニ油 ・キリ油 のみが自然発火すると覚える。
半乾性油（ヨウ素価100〜130）は、自然発火しない。
不乾性油（ヨウ素価100以下）は、自然発火しない。
また、石油製品のガソリンや灯油、軽油は、自然発火しない。

2 粉じん爆発

1. 有機化合物等の粉じん爆発

① 有機化合物や可燃性物質が粉体となって空気中に浮遊しているとき、これに着火すれば粉じん爆発を起こす。
② 有機化合物の粉じん爆発では、不完全燃焼を起こしやすく生成ガス中に一酸化炭素が多量に含まれることがあるので中毒を起こしやすい。
③ 粉じん爆発にも可燃性蒸気と同じく燃焼範囲がある。
④ 粉じんへの最小着火エネルギーは、ガスに比べて大きい（ガスよりも着火しにくいという意味）。

★ 簡便法で合格率アップ！ ★ 大切だから必ず読んでね！

①自然発火しやすい物品	こう出たら ○ 乾性油（ヨウ素価130以上） アマニ油、キリ油等	
	こう出たら ○ ヨウ素価が大きい油	
	こう出たら × 半乾性油　不乾性油 潤滑油、ガソリン、灯油等の石油製品	
②ヨウ素価とは？	こう出たら ○ 油脂100gに吸収するヨウ素のg数で表す。	
③粉じん爆発	こう出たら × 燃焼が完全になるので、一酸化炭素は発生しない ⇨ 不完全燃焼になりやすく、一酸化炭素が発生しやすい。	
	こう出たら × 一般にガス爆発に比較して、発生するエネルギーは小さい ⇨ 大きい	

出題頻度の高い★再現問題

〈自然発火〉

問1 次の自然発火に関する（A）〜（E）に当てはまる語句の組合せのうち、正しいものはどれか。

「自然発火とは、他から火源を与えないでも、物質が空気中で常温（20℃）において自然に（A）し、その熱が長期間蓄積されて、ついには（B）に達し燃焼を起こす。自然発火性を有する物質の（A）の原因として（C）、（D）、吸着熱、重合熱、発酵熱などが考えられる。不飽和結合の多い（E）は、空気中の酸素と結合しやすく、放熱が不十分なとき温度が上がり、自然発火するものがある。」

	〈A〉	〈B〉	〈C〉	〈D〉	〈E〉
1.	発　熱	引火点	分解熱	酸化熱	セルロース
2.	酸　化	発火点	燃焼熱	生成熱	セルロース
3.	発　熱	発火点	酸化熱	分解熱	動植物油
4.	酸　化	燃焼点	燃焼熱	生成熱	セルロース
5.	発　熱	引火点	分解熱	酸化熱	動植物油

問2 蓄熱して自然発火が起きることについて、次の文章の（　）内のA〜Cに当てはまる語句の組合せとして、正しいものはどれか。

「ある物質が空気中で常温（20℃）において自然に発熱し、発火する場合の発熱機構は、分解熱、（A）、吸着熱などによるものである。分解熱による例は（B）等であり、（A）による例の多くは、不飽和結合を有するアマニ油、キリ油などの（C）である。」

	〈A〉	〈B〉	〈C〉
1.	酸化熱	セルロイド	乾性油
2.	燃焼熱	石　炭	半乾性油
3.	生成熱	硝化綿	不乾性油
4.	反応熱	ウレタンホーム	不乾性油
5.	中和熱	炭素粉末類	乾性油

解法パターン＆コツ

〈自然発火〉

問1 解答 3

「自然発火とは、他から火源を与えないでも、物質が空気中で常温（20℃）において自然に（A：発熱）し、その熱が長期間蓄積されて、ついには（B：発火点）に達し燃焼を起こす。自然発火性を有する物質の（A：発熱）の原因として（C：酸化熱）、（D：分解熱）、吸着熱、重合熱、発酵熱などが考えられる。不飽和結合の多い（E：動植物油）は、空気中の酸素と結合しやすく、放熱が不十分なとき温度が上がり、自然発火するものがある。」

	〈A〉	〈B〉	〈C〉	〈D〉	〈E〉
× 1.	発熱○	引火点×	分解熱○	酸化熱○	セルロース×
× 2.	酸化×	発火点○	燃焼熱×	生成熱×	セルロース×
○ 3.	発熱○	発火点○	酸化熱○	分解熱○	動植物油○
× 4.	酸化×	燃焼点×	燃焼熱×	生成熱×	セルロース×
× 5.	発熱○	引火点×	分解熱○	酸化熱○	動植物油○

注意：C、D項は、酸化熱、分解熱が逆に入っていても正解となる。

問2 解答 1

「ある物質が空気中で常温（20℃）において自然に発熱し、発火する場合の発熱機構は、分解熱、（A：酸化熱）、吸着熱などによるものである。分解熱による例は（B：セルロイド）等であり、（A：酸化熱）による例の多くは、不飽和結合を有するアマニ油、キリ油などの（C：乾性油）である。」

	〈A〉	〈B〉	〈C〉
○ 1.	酸化熱○	セルロイド○	乾性油○
× 2.	燃焼熱×	石炭×	半乾性油×
× 3.	生成熱×	硝化綿×	不乾性油×
× 4.	反応熱×	ウレタンホーム×	不乾性油×
× 5.	中和熱×	炭素粉末類×	乾性油○

◆ 問題20 自然発火、粉じん爆発、燃焼の総合問題 ◆

出題頻度の高い★再現問題

〈粉じん爆発〉

問3 粉じん爆発について、次のうち誤っているものはどれか。

1. 可燃性固体の微粉が空中に浮遊しているときに、何らかの火源により爆発する現象をいう。
2. 開放空間では、爆発の危険性は少ない。
3. 粉じんが空気とよく混合している浮遊状態が必要である。
4. 粉じんが大きい粒子の場合は、簡単に浮遊しないので爆発の危険性は少ない。
5. 有機化合物の粉じん爆発では、燃焼が完全になるので一酸化炭素が発生することはない。

〈燃焼の総合問題〉

問4 次に示す性状を有する可燃性液体についての説明として、正しいものはどれか。

　　沸点　　78.3℃　　燃焼範囲　3.3～19 vol%　　液体の比重　0.78
　　引火点　12.8℃　　発火点　　363℃　　　　　蒸気比重　　1.6

1. 液温が78.3℃になっても、蒸気圧は標準大気圧に等しくならない。
2. この液体1 kgの容量は、0.78 lである。
3. 引火性液体が燃焼するのに十分な濃度の蒸気を液面上に発生する最低の液温は12.8℃である。
4. 炎を近づけても、液温が363℃になるまで燃焼しない。
5. 蒸気の重さは、水蒸気の1.6倍である。

問5 次に掲げる性状を有する可燃性液体の説明として、正しいものはどれか。

　　引火点　−21℃　　燃焼範囲　1.6～10.4 vol%
　　発火点　230℃　　沸点　　　102℃

1. 空気95 l、この液体の蒸気5 lからなる混合気体は、常温（20℃）で自然発火する。
2. 液温が−21℃のとき、液表面におおよそ10%の蒸気を発生する。
3. 液温が−10℃のとき、液面に炎を近づけても引火しない。
4. この液体を150℃の物体に近づけると発火する。
5. この液体の蒸気3 lと空気97 lの混合気体に炎を近づけると、燃焼する。

解法パターン&コツ

〈粉じん爆発〉

問3　解答 5

- ○ 1. 粉じん爆発とは、可燃性固体の微粉（石炭等）が空中に浮遊しているときに、何らかの火源により爆発する現象をいう。
- ○ 2. 屋外等開放空間では粉じん濃度が薄くなるので、爆発の危険性は少ない。
- ○ 3. 粉じんが空気とよく混合している浮遊状態が必要である。
- ○ 4. 粉じんが大きい粒子の場合は、**簡単に浮遊しないのと空気との接触面積が小さくなる**ので爆発の危険性は少なくなる。
- × 5. 有機化合物の粉じん爆発では、燃焼が完全ではなく不完全燃焼になりやすいので一酸化炭素が発生しやすくなる。

〈燃焼の総合問題〉

問4　解答 3

| 沸点 | 78.3℃ | 燃焼範囲 | 3.3〜19 vol% | 液体の比重 | 0.78 |
| 引火点 | 12.8℃ | 発火点 | 363℃ | 蒸気比重 | 1.6 |

- × 1. 液温が沸点の 78.3℃になると、**蒸気圧は標準大気圧（1気圧）に等しくなる**。
- × 2. 1kgの容量は、1.28 l である。体積〔l〕＝重さ〔kg〕÷比重＜実用上の計算式＞
- ○ 3. 引火性液体が燃焼するのに十分な濃度の蒸気を液面上に発生する最低の液温は、引火点の 12.8℃である（この文章は引火点の定義－1なので正しい）。
- × 4. **液温が引火点の 12.8℃になれば、炎を近づければ引火して燃焼する**。
- × 5. 蒸気の重さは、水蒸気ではなく空気の 1.6倍である。

問5　解答 5

| 引火点 | －21℃ | 燃焼範囲 | 1.6〜10.4 vol% |
| 発火点 | 230℃ | 沸点 | 102℃ |

- × 1. 蒸気濃度は 5 vol%で燃焼範囲内であるが、**常温（20℃）で自然発火はしない**。
- × 2. 液温が－21℃のとき、**液表面に燃焼範囲の下限値である 1.6 vol%の蒸気を発生する**（おおよそ 10 vol%の蒸気は、上限値なので誤っている）。
- × 3. 液温が引火点より高い－10℃のとき、液面に炎を近づければ引火する。
- × 4. 発火点は 230℃なので、この液体を 150℃の物体に近づけても発火しない。
- ○ 5. この混合気体の蒸気濃度は 3 vol%になるので、燃焼範囲内であり燃焼する。

◆ 問題20　自然発火、粉じん爆発、燃焼の総合問題 ◆

◎ 問題 21 ◎
静 電 気

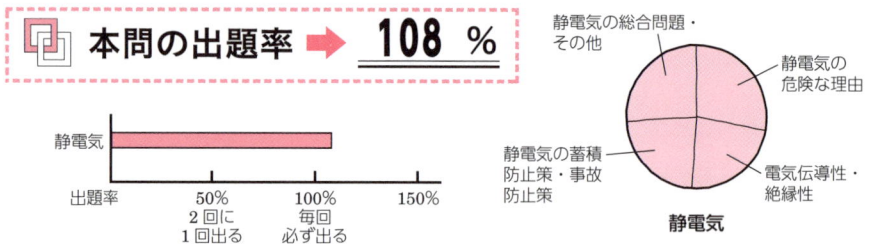

Check!

本問の出題率 ➡ **108** %

出題率　静電気

- 静電気の総合問題・その他
- 静電気の危険な理由
- 電気伝導性・絶縁性
- 静電気の蓄積防止策・事故防止策

静電気

☑ 出題パターンの分析結果にもとづく**合格**のポイント

　電気の不導体（不良導体）や絶縁体（＝電気が流れないもの）を摩擦すると、その物体に静電気が発生し蓄積（帯電）する。
　静電気が蓄積すると火花放電を起こし点火源となる。

1. 静電気の発生と蓄積

① 静電気は、固体、液体、気体、人体等に発生し帯電する。
② 不導体（不良導体）や絶縁体のほうが静電気が発生しやすい。電気の流れない物質に発生し帯電する。
③ ガソリン等（非水溶性）は発生し、水溶性のアルコール等は発生しにくい。
④ 湿度が低い（乾燥している冬季等）ほど静電気が発生しやすく、蓄積しやすい。
⑤ テトロンやポリエステル等の合成繊維や毛糸は、木綿より静電気が発生しやすい。
⑥ 流速が速い場合や流れが乱れると、静電気が発生しやすい。
⑦ 静電気が蓄積すると火花放電して点火源となる。

静電気が発生する 蓄積する	**不導体**、不良導体、絶縁体という	・化繊＝合成繊維（テトロン・ポリエステル等）・毛糸 ガラス・プラスチック ・ガソリン・灯油・軽油・ベンゼン等の第4類の危険物
静電気は発生しにくい 蓄積しにくい	**導体**、良導体という	・鉄・銅・アルミニウム・銀・金などの金属や水等 ・エチルアルコール・アセトン（水に溶ける）等の第4類の危険物

第2章　基礎的な物理学・基礎的な化学

2. 静電気の防止策

	〈正しい防止策〉		〈誤っている防止策〉
① ○	流速を遅くして防止する（加圧しない）。	→ ×	流速を早くして防止する（余計に静電気が発生して危険である）。
② ○	接地（アース）して防止する。	→ ×	絶縁して防止する（アース線を外すこと）。
③ ○	湿度を高くして防止する（梅雨 or 夏の状態）。	→ ×	湿度を下げて防止する（空気が乾燥した冬の状態で余計に危険である）。

3. 伝導性（電気伝導性）・電気絶縁性と静電気の関係

*静電気の発生と蓄積（帯電）を防ぐには？

	電気の流れ	静電気の発生	危険性
電気伝導性 大	電気が流れやすい	発生しにくい	危険性はほとんどない
電気絶縁性 大	電気が流れにくい	大量に発生する	火花放電して危険性が大きい

(1) 電気伝導性
① 伝導性のものを使用する。（ガソリンスタンドの例）　　　　答（○）
　→給油時に発生する静電気を、給油ホースを伝導性にしてアースし除去する。

(2) 電気絶縁性
① ガソリンスタンドの従業員は、帯電防止服、帯電防止靴を着用する。答（○）
② 従業員の服や靴は、合成繊維の素材を使用する。　　　　　　　　答（×）
　→合成繊維の素材は、絶縁性が大きく静電気が発生し帯電しやすい。

★ 簡便法で合格率アップ！ ♪　　　★大切だから必ず読んでね！

| 静電気の発生
○発生しない
×発生する | 流速が速い→×
流れが乱れる→×
電気伝導性が大→○
ガソリン等（非水溶性）→× | 湿度が低い（乾燥した冬季）→×
流体、粉体を撹拌する→×
電気絶縁性が大→×
アルコール等（水溶性）→○ |

出題頻度の高い 再現問題

問1 静電気について、次のうち誤っているものはどれか。
1. 電気の不導体を摩擦すると、静電気が発生する。
2. 静電気が蓄積すると、放電火花を生じることがある。
3. 静電気による火災には、燃焼物に適応した消火方法をとる。
4. 一般に液体や粉体が流動するときは、静電気が発生しやすい。
5. 物質に静電気が蓄積すると発熱し、その物質は蒸発しやすくなる。

問2 静電気の発生に関連する用語として、最も影響の小さいものはどれか。
1. 温 度　2. 表面状態　3. 照 度　4. 不純物　5. 速 度

問3 液体や粉体等のうち、不導体における静電気の帯電防止策として、次のうち適切でないものはどれか。
1. 設備、装置に導電性材料を用いる。　2. 粉体は加水、加湿する。
3. 粉体は、よくかくはんする。　4. 帯電防止剤を添加し、又は表面に塗布する。
5. 流体は、取扱時の流速を下げる。

問4 静電気について、次の（　）内のA～Cに当てはまる語句の組合せで正しいものはどれか。

「静電気による発火を防止する対策の一つである（A）とは、物体と大地とを（B）の（C）導体によって接続し、静電気を大地に逃がすことにより、物体の電位を下げる方法である。」

	〈A〉	〈B〉	〈C〉
1.	ボンディング	静電容量	小さい
2.	接 地	静電容量	大きい
3.	ボンディング	電気抵抗	大きい
4.	接 地	電気抵抗	小さい
5.	ボンディング	静電容量	大きい

解法パターン&コツ

問1 解答 5

- ○ 2. 静電気が蓄積すると、放電火花が生じ、これが点火源になることがある。
- ○ 3. 静電気の火花放電が原因でガソリンが燃えた場合は、電気火災用ではなく油火災用の消火器を使う。
- ○ 4. 一般に液体や粉体が流動すると、**流動摩擦等により静電気が発生しやすい**。
- × 5. 静電気が蓄積した毛糸のセーターが、発熱や蒸発したりすることはない。

得点力UPのポイント ★必ず読んでね!★

静電気が蓄積しても分解や電気分解作用は起こらない。また、発熱や蒸発したりしない。ガソリン等の危険物が直射日光に長時間さらされたとしても、静電気は発生しない。

問2 解答 3

× 1. 温 度　× 2. 表面状態　○ 3. 照 度　× 4. 不純物　× 5. 速 度

解法のテクニック

照度とは、明るさの度合いであり静電気の発生に関係しない。表面状態が荒れていると、摩擦が増え静電気が発生しやすい等他の項目は静電気の発生に関係する。

問3 解答 3

- ○ 1. 設備、装置に導電性材料を用いると、発生した静電気はアースされたと同様に導電性材料を通じて逃げるので、帯電防止策となる。
- ○ 2. 粉体に加水、加湿すると、発生した静電気は逃げやすくなり帯電防止策となる。
- × 3. 粉体をよくかくはんすると、粉体どうしの接触、摩擦等の増大により静電気の発生と帯電が増える。
- ○ 5. 流体の流速を下げると、流体摩擦が減り静電気の発生が少なくなる。

問4 解答 4　A：接地　B：電気抵抗　C：小さい

「静電気による発火を防止する対策の一つである（A：接地）とは、物体と大地とを（B：電気抵抗）の（C：小さい）導体によって接続し、静電気を大地に逃がすことにより、物体の電位を下げる方法である。」

出題頻度の高い★再現問題

問5 静電気に関する説明として、次のうち誤っているものはどれか。

1. 静電気は固体だけでなく、気体、液体にも発生する。
2. 静電気の帯電量は、物質の絶縁抵抗が大きいものほど少ない。
3. ガソリン等の液体がパイプやホースの中を流れるときは、静電気が発生しやすい。
4. 2種類の電気の不導体を互いに摩擦すると、一方が正に、他方が負に帯電する。
5. 静電気の蓄積による放電火花は、可燃性ガスや粉じんのあるところでは、しばしば発火の原因となる。

問6 物質の摩擦時における静電気発生の防止及び抑制は、材料の特性、性能及び工程上の制約等から現実的には困難な場合が多いが、一般的な対策として正しい組合せはどれか。

A. 接触面積を大きくする。
B. 接触する回数を減らす。
C. 接触圧力を低くする。
D. 接触状態にあるものを急激にはがす。

1. AB　　2. BC　　3. CD　　4. AD　　5. BD

問7 引火性液体を取り扱う場合の静電気の帯電防止策として、誤っているものの組合せはどれか。

A. 絶縁性の高い手袋や靴を着用する。
B. 加湿、散水をして湿度を高める。
C. 圧力を高くして、ノズルから噴出する。
D. 流速を遅くする。
E. 水溶性の危険物は、静置時間を取らずに素早く移し替える。

1. ABD　　2. ACE　　3. BCD　　4. BDE　　5. CDE

解法パターン＆コツ

問5　解答2

- ○1. 静電気は固体（プラスチック等）だけでなく、気体（水蒸気等）、液体（ガソリン、ベンゼン等）にも発生する。
- ×2. 静電気の帯電量（蓄積した量）は、物質の電気抵抗が大きい（電気が流れない物質でプラスチックやガソリン等）ほど少ないのではなく多いが正しい。
- ○3. ガソリン等の非水溶性の液体がパイプやホースの中を流れるときは、側壁などとの流動摩擦等により静電気が発生しやすい。
- ○4. 不導体（電気の流れない）の化繊の布とプラスチック等を互いに摩擦すると、一方が正（＋）に、他方が負（－）に帯電する。
- ○5. **静電気の蓄積による放電火花は一瞬のスパークなので、時間が短く電気エネルギーは小さいが**、可燃性ガス（ガソリン蒸気）や粉じんのあるところでは、しばしば発火の原因（点火源）となり**危険である**。

問6　解答2

- ×A. 接触面積を大きくすると摩擦が増えるので、静電気の発生は多くなる。
- ○B. 接触する回数を減らすと摩擦が減るので、静電気の発生は少なくなる。
- ○C. 接触圧力を低くすると摩擦が減るので、静電気の発生は少なくなる。
- ×D. 接触状態にあるものを急激にはがすと、接触帯電により静電気が増大する。

×1. AB　○2. BC　×3. CD　×4. AD　×5. BD

問7　解答2

- ×A. 絶縁性の高い手袋や靴を着用すると、帯電した静電気は逃げにくい。
- ○B. 加湿、散水をして湿度を高めると、静電気は逃げやすくなる。
- ×C. 圧力を高くしてノズルから噴出すると、摩擦が増し静電気が増える。
- ○D. 流速を遅くすると摩擦が減るので、静電気の発生が少なくなる。
- ×E. 危険物は水溶性、非水溶性を問わず、静置時間を長く取って静電気を放電する必要がある。

×1. ABD　○2. ACE　×3. BCD　×4. BDE　×5. CDE

出題頻度の高い★再現問題

問8 静電容量 150 pF、静電電位 4 000 V である導体の帯電物質が放電した場合、放電エネルギーとして次のうち正しいものはどれか。ただし、放電エネルギー E〔J〕、電荷量 Q〔C〕、帯電電圧 V〔V〕、静電容量 C〔F〕は、次のように表される。

出題ランク ★☆☆

$$E = \frac{1}{2}QV \qquad Q = CV$$

1. 1.2 J
2. 1.2×10^{-3} J
3. 3.0×10^{-4} J
4. 6.0×10^{-7} J
5. 3.0×10^{-7} J

解法のテクニック

静電容量 150 pF（ピコファラッド）とは、150×10^{-12} F を意味している。よって、**静電容量（C）の計算は、150×10^{-12} を使って計算すればよい。また、150 は 1.5×10^2 とし、電圧の 4 000 V は 4×10^3 として計算すれば、楽に計算ができて間違いが少なくなる。さあ、計算が苦手な方も一度やってみよう！**

問9 次の電気回路において、電源 E_1 は 2 V、E_2 は 4 V、抵抗 $R_1 = R_2 = 3\,\Omega$ とすると、電流計Ⓐに流れる電流は何 A か。

出題ランク ★★☆

1. 0.3 A
2. 0.7 A
3. 1 A
4. 2 A
5. 4 A

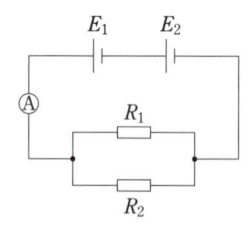

解法パターン＆コツ

問8　解答 2

「静電容量 150 pF、静電電位 4 000 V である導体の帯電物質が放電した場合、放電エネルギーとして次のうち正しいものはどれか。ただし、放電エネルギー E〔J〕、電荷量 Q〔C〕、帯電電圧 V〔V〕、静電容量 C〔F〕は、次のように表される。」

$$E = \frac{1}{2}QV = 0.5QV \qquad Q = CV$$

× 1．1.2 J
○ 2．1.2×10^{-3} J
× 3．3.0×10^{-4} J
× 4．6.0×10^{-7} J
× 5．3.0×10^{-7} J

① $Q = CV = 150\,\text{pF} \times 4\,000\,\text{V} = 150 \times 10^{-12} \times 4\,000$
　　　$= 1.5 \times 10^2 \times 10^{-12} \times 4 \times 10^3$
　　　$= 6 \times 10^5 \times 10^{-12} = 6 \times 10^{-7}$

② $E = 0.5QV = 0.5 \times 6 \times 10^{-7} \times 4\,000$
　　　$= 12\,000 \times 10^{-7} = 1.2 \times 10^4 \times 10^{-7}$
　　　$= 1.2 \times 10^{-3}$

問9　解答 5

「次の電気回路において、電源 E_1 は 2 V、E_2 は 4 V、抵抗 $R_1 = R_2$ は 3 Ω とすると、電流計Ⓐに流れる電流は何 A か。」

× 1．0.3 A
× 2．0.7 A
× 3．1 A
× 4．2 A
○ 5．4 A

◆電流計Ⓐに流れる電流の計算

計算式（オームの法則）
　Ⓐに流れる電流〔A〕＝電圧÷抵抗

① E_1、E_2 の電圧の合計計算
　合計電圧＝2 V＋4 V＝6 V

② R_1、R_2 の合成抵抗の計算
　下記「解法のテクニック」に記した簡便法を用いる。
　R_1 と R_2 の合成抵抗
　＝（3 Ω×3 Ω）÷（3 Ω＋3 Ω）
　＝9÷6＝1.5 Ω

③ 電流計Ⓐに流れる電流〔A〕の計算をする。
　Ⓐ＝電圧÷抵抗＝6 V÷1.5 Ω＝4 A

（回路図：E_1(2V)、E_2(4V)、R_1 3Ω、R_2 3Ω、電流計Ⓐ）

解法のテクニック

② R_1 と R_2 の 2 個の抵抗が並列の場合の合成抵抗の計算

正しくは並列の合成抵抗の計算式を用いるが、ここでは、**より簡単な簡便法を用いて**、2 個の抵抗を掛け合わせた数値を、2 個の抵抗をプラスした数値で割ればよい。ただし、3 個以上の場合は、この計算式は使えない。

◎ 問題 22 ◎

物理-1（物質の三態、沸騰、比重、気体の性質、潮解）

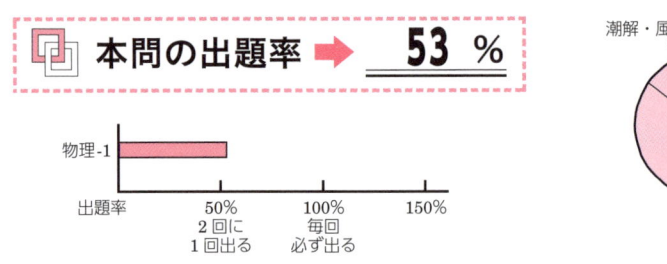

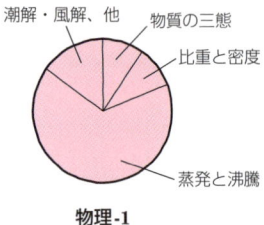

Check!

本問の出題率 ➡ 53 %

物理-1

出題率　50%　100%　150%
　　　　2回に　毎回
　　　　1回出る　必ず出る

〈円グラフ〉潮解・風解、他／物質の三態／比重と密度／蒸発と沸騰

物理-1

☑ 出題パターンの分析結果にもとづく**合格のポイント**

1 物質の三態

1. 物質の三態

① 物質は、条件（温度や圧力）によって固体、液体、気体に変化する。これを、物質の三態という。

〈物質の三態の図〉

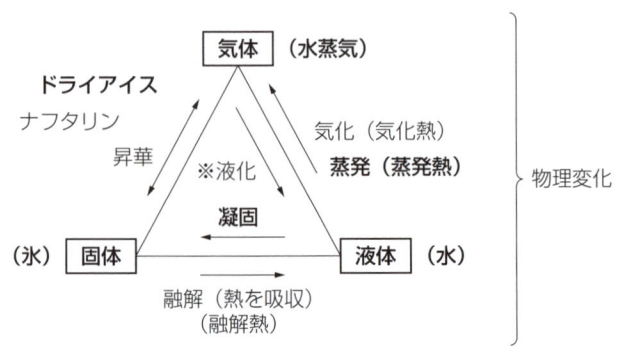

```
             気体 （水蒸気）
ドライアイス     ↗ ↘
ナフタリン   気化（気化熱）
      昇華   蒸発（蒸発熱）
         ※液化
         凝固
（氷）固体 ←――――― 液体 （水）
         融解（熱を吸収）
            （融解熱）
```

｝物理変化

※気体が液体になることを液化又は凝縮という

第2章 基礎的な物理学・基礎的な化学

② 熱の吸収・放出
- 固体の氷は、熱を吸収して水になる。
- 気体の水蒸気は、熱を放出して水になる。

2 比重と密度

1. 液体（固体）の比重

① 標準の水の比重は→ 1.0（4℃のときが一番大きい）
② 液比重が 0.75 のガソリンは、水の 0.75 倍の重さ（水よりも軽いので浮く→非水溶性物質であることが条件）
③ 比重が水より重いもの一覧（試験に関連するもの）

水に溶けない危険物		水に溶ける危険物	
二硫化炭素	1.3	酢酸	1.05
ニトロベンゼン	1.2	エチレングリコール	1.1
クロロベンゼン	1.1	グリセリン	1.3

水の比重

0 ℃	0.999
4 ℃	1.000
20 ℃	0.998
100 ℃	0.958

2. 気体（蒸気）の比重

① 標準の空気の比重→ 1.0
② 蒸気比重（気体の比重）が 3 〜 4 のガソリンは、空気より重いので低いところに滞留し危険である。
③ 第 4 類の危険物の蒸気比重→すべて 1 以上で空気より重い。

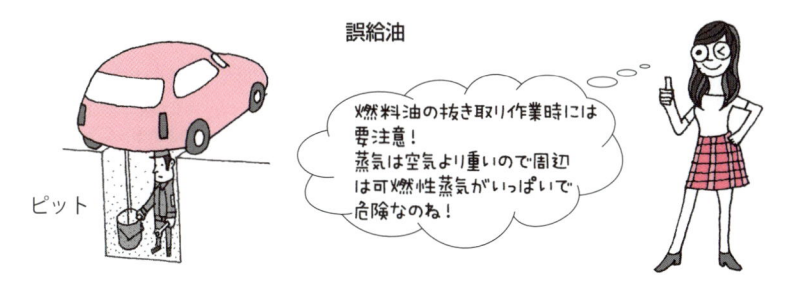

誤給油

ピット

燃料油の抜き取り作業時には要注意！
蒸気は空気より重いので周辺は可燃性蒸気がいっぱいで危険なのね！

3. 図による比重の概要

- ガソリンの蒸気は空気より重いので、地面に沿って低く遠くへ流れる。
- くぼみがあると滞留する。このため、低所の換気をして高所に排出する。

《比重》（液体、固体）

比重とは液体（固体）比重のこと

水が標準である

ガソリン － 0.75 ⇨ 水に比べて
　　　　　　　　　・小さい
　　　　　　　　　・軽い
　　　　　　　　　・水に浮く

標準　水 － 1.000（4℃のとき）

二硫化炭素 － 1.3 ⇨ 水に比べて
　　　　　　　　　・大きい
　　　　　　　　　・重い
　　　　　　　　　・水に沈む

《蒸気比重》（気体）

ガソリンが蒸発したときの気体の比重

空気が標準である

水素（燃える） － 0.07 ⇨ 軽い。アドバルーン
ヘリウム　　　　　　　　 に使っていた
（燃えない）

標準　空気 － 1.000　※第4類の危険物の
　　　　　　　　　　　蒸気比重は、全部
　　　　　　　　　　　1以上で空気より
　　　　　　　　　　　重い

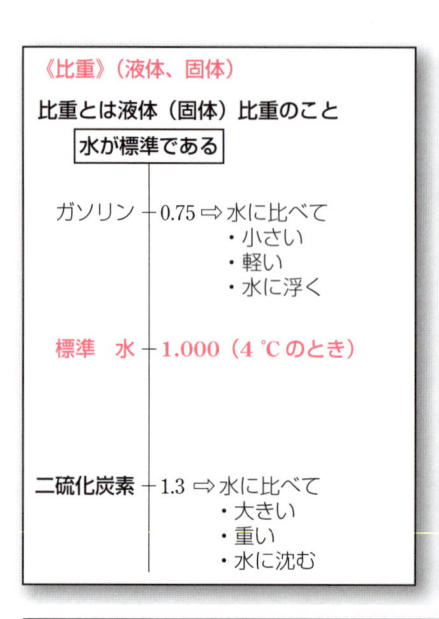

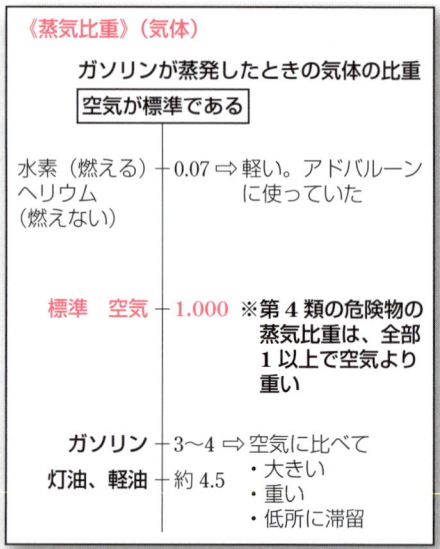

ガソリン － 3～4 ⇨ 空気に比べて
灯油、軽油 － 約4.5　・大きい
　　　　　　　　　・重い
　　　　　　　　　・低所に滞留

3 沸騰と沸点

① **沸点とは、液体の飽和蒸気圧が外気の圧力に等しくなるときの、液温をいう。**
② **水の沸点は、100℃である。**ガソリンの沸点は 40～220℃である。
③ **沸点が低い液体ほど蒸発しやすく引火の危険性が高い。**特殊引火物、ガソリン等。
④ **沸点は加圧すると高くなり、減圧すると低くなる。**
　・車のラジエータは**加圧**の状態→冷却水は約120℃で沸騰
　　外気圧が高いと、沸点は高くなる。
　・富士山の頂上は**減圧**の状態→水は約90℃で沸騰
⑤ 水に不揮発性物質（食塩、砂糖等）が溶け込むと、沸点は高くなる。

大気圧
（1気圧・外圧・外気圧ともいう）

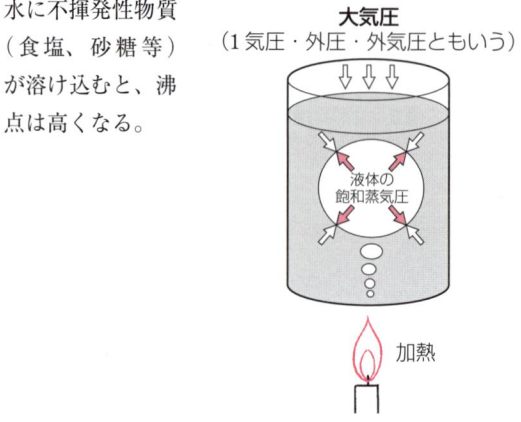

液体の
飽和蒸気圧

加熱

沸騰

水は温度が上がるにつれ
内部から気泡が出てくる。
これが沸騰ね！

4 気体の性質（ボイルの法則等）

1. 気体の体積と圧力

① 気体を圧縮して圧力を2倍にすると、体積は1/2（半分）となる。

$P_1 V_1 = P_2 V_2$　（P：圧力　V：体積）

2. 気体の体積と温度

① 圧力が一定ならば、気体は温度が1℃上昇するごとに、0℃のときの体積の1/273（273分の1）ずつ体積を増す。

273℃上がれば、体積は2倍になる。体積が変わらなければ圧力が2倍になる。

5 潮解・風解

1. 潮 解

固体が空気中の水分を吸収して、自ら溶ける現象（食塩、塩素酸ナトリウム等）。

2. 風 解

固体（結晶水を含んだ物質）の水分が蒸発して粉末状になる現象。

★ 簡便法で 合格率アップ！　★ 大切だから必ず読んでね！

①状態変化	こう出たら ○	凝固：液体→固体、昇華：固体⇔気体、凝縮：気体→液体
②水の性質	こう出たら ○	水の密度（比重）は4℃で最大、100℃で沸騰する
③比重	こう出たら ○	比重が同じであれば、同一体積の物体の質量は同じである。
④沸点の定義・他	こう出たら ○	沸点とは、液体の飽和蒸気圧が外圧に等しくなる液温
	こう出たら ○	沸点は加圧すると高くなり、減圧すると低くなる。（高い→高い、低い→低いと覚える。）
⑤潮解の定義	こう出たら ○	固体の物質が、水分を吸収して溶けること。

◆ 問題22　物理-1 ◆

出題頻度の高い★再現問題

〈物質の三態〉

問1 物質の状態変化の説明として、次のうち誤っているものはどれか。

1. 真冬に湖面が凍結した。……………………………………凝固
2. ドライアイスを放置したら小さくなった。………………凝縮
3. 洋服箱にナフタリンを入れておいたら自然に無くなった。………昇華
4. 冬季にコンクリート壁に結露ができた。…………………凝縮
5. 温かい日に水をまいたら、次第に乾燥した。……………蒸発

〈比重と密度〉

問2 比重についての説明で、次のうち誤っているものはどれか。

1. 水の比重は、4℃のときが最も大きい。
2. 第4類の危険物の蒸気比重は、1より小さい。
3. 氷の比重は、1より小さい。
4. ガソリンが水に浮かぶのは、ガソリンが水に不溶で、かつ比重が1より小さいからである。
5. 二硫化炭素は、水より重い。

得点力UPのポイント ★必ず読んでね!★

比重の問題は「物理・化学」では少ないが、ガソリンや重油など「性質」の問題では最重要問題の1つである。液体（固体）の比重と気体の比重では、どこが異なるのかをきっちりと理解しておくと後が楽になるよ！

〈沸騰と沸点〉

問3 物質の状態の変化について、次のうち正しいものはどれか。

1. 水は1気圧のもとでは100℃で沸騰する。
2. 二酸化炭素には気体や固体の状態があるが、いかなる条件下でも液体の状態にはならない。
3. 硫黄は加熱すると熔融して気化する。この現象を昇華という。
4. 可燃性液体の沸点は常に100℃より低い。
5. 0℃で水と氷が共存するのは、水の凝固点と氷の融点が異なっているためである。

解法パターン&コツ

〈物質の三態〉

問1 解答 2

○ 1. 真冬に湖面が凍結した。………液体が固体になったので「凝固」で正しい。
× 2. 固体のドライアイスを放置したら、「昇華」して気体になり小さくなった。「凝縮」は誤っている。
○ 3. 洋服箱にナフタリンを入れておいたら自然に無くなったのも「昇華」である。
○ 4. 冬季にコンクリート壁に結露ができたのは「凝縮」である。
○ 5. 温かい日に水をまいたら、次第に乾燥して「蒸発」してしまった。

〈比重と密度〉

問2 解答 2

○ 1. 水の比重は4℃のときが最も大きく、0℃でも100℃でもそれより小さい。
× 2. 第4類の危険物の蒸気比重（気体の比重）は、全部1より大きく（ガソリンは3〜4）空気より重い。
○ 3. 氷は0℃以下なので、比重は1より小さい。
○ 4. ガソリンが水に浮かぶのは、ガソリン（非水溶性）が水に不溶で、かつ、比重が1より小さい（軽い）からである。
○ 5. 二硫化炭素は比重が1.3で、水より重い（1.3倍）危険物の一つである。

得点力UPのポイント ★必ず読んでね！★

比重→液体（固体）の比重である。気体の場合は、蒸気比重という。

〈沸騰と沸点〉

問3 解答 1

○ 1. 水は1気圧のもとでは100℃で、液体内部からも気泡が発生し沸騰する。
× 2. 二酸化炭素消火剤は、液体の状態でボンベに詰めてある。ドライアイスは二酸化炭素の固体の状態である。
× 3. 硫黄は加熱すると熔融して気化する。この現象を昇華ではなく蒸発という。
× 4. 可燃性液体の沸点は、100℃より低いものもあれば高いものもある。
× 5. 0℃で水と氷が共存するのは、**水の凝固点と氷の融点が同じであるからである。**

出題頻度の高い 再現問題

問4 沸点と蒸気圧について、次のうち正しいものはどれか。

1. 純物質に不揮発性物質を溶かすと、蒸気圧は純物質より高くなる。
2. 液体の温度が高くなると、蒸気圧は低くなる。
3. 気圧が低くなると、液体の沸点は高くなる。
4. 液体の飽和蒸気圧が外気の圧力に等しくなる温度が沸点である。
5. 純物質と純物質に不揮発性物質を溶かした溶液の蒸気圧の差は、溶質の分子、イオンの質量モル濃度に反比例する。

問5 沸点に関する説明として、次のうち誤っているものはどれか。

1. 沸点は加圧すると低くなり、減圧すると高くなる。
2. 沸点は、分子量の大きい物質ほど高い。
3. 一定圧における純粋な物質の沸点は、その物質固有の値を示す。
4. 液体の飽和蒸気圧が外圧に等しくなるときの液温をいう。
5. 不揮発性物質が溶け込むと、液体の沸点は変化する。

問6 ある量の水が水蒸気になった場合の体膨張率として、正しいものはどれか。ただし、水の密度は $1.0\,g/cm^3$ とし、水蒸気は標準状態（0℃、1気圧（$1.013 \times 10^5\,Pa$））とする。

1. 112倍　　2. 224倍　　3. 1 244倍　　4. 1 700倍　　5. 2 240倍

〈潮解・風解〉

問7 潮解の説明として、次のうち正しいものはどれか。

1. 物質が空気中の水蒸気と反応して、固化する現象。
2. 物質の中に含まれている水分が放出されて、粉末になる現象。
3. 固体が空気中の水分を吸収して、その水に溶ける現象。
4. 物質が空気中の水蒸気と反応して、性質の異なった2つ以上の物質になる現象。
5. 水溶液の水分が蒸発して、溶質が析出する現象。

解法パターン&コツ

問4　解答 4

× 1. 純物質に不揮発性物質（揮発しないので蒸気圧はゼロ）を溶かすと、**蒸気圧は純物質より高くなるのではなく低くなる。**
× 2. 液体の温度が高くなると、**蒸発が活発になるので蒸気圧は高くなる。**
× 3. 富士山の山頂のように気圧が低いと、**水の沸騰する温度は100℃より低くなる**（気圧が低いときは→沸騰する温度も低い。高いときは→高いと覚える）。
○ 4. 液体の飽和蒸気圧が、外気の圧力に等しくなる温度が沸点である。→沸点の定義

問5　解答 1

× 1. 沸点は加圧すると高くなり、減圧すると低くなる（高い→高いと覚える）。
○ 2. 沸点は分子量の小さいガソリンより、大きいギヤー油の方が高い。
○ 3. 純粋な物質（ベンゼン）の沸点は、その物質固有の値（80℃）を示す。
○ 4. 液体の飽和蒸気圧が外圧に等しくなるときの液温をいう。→沸点の定義
○ 5. 水に不揮発性物質（食塩）が溶け込むと、水の沸点は高くなる。

問6　解答 3

① 水1モルの気体は 22.4 l であることから、これを使って計算し導き出す。
② 水1モルの容量は　$H_2O \rightarrow (1g \times 2)+(16g \times 1)=18g \rightarrow 18cc$ である。
よって、水 18cc が 22.4 l（22 400cc）の水蒸気に変化することから
22 400cc ÷ 18cc = 1 244 倍となる。

× 1. 112倍　× 2. 224倍　○ 3. 1 244倍　× 4. 1 700倍　× 5. 2 240倍

〈潮解・風解〉

問7　解答 3

× 1. 潮解とは、物質が空気中の水蒸気と反応して固化する現象ではない。
× 2. 物質の中に含まれている水分が放出されて、粉末になる現象を風解という。
○ 3. 固体の食塩が、梅雨どきに空気中の水分を吸収してその水に溶解する（しける）現象を潮解という。
× 4. 空気中の水蒸気と反応して、性質の違う2つ以上の物質になる現象ではない。
× 5. 潮解とは、水溶液の水分が蒸発して溶質が析出する現象ではない。

◎ 問題 22 ◎ Check!

物理-2（比熱と熱容量、熱量の計算、熱の移動、熱膨張、ガソリンの膨張計算、湿度・物理総合）

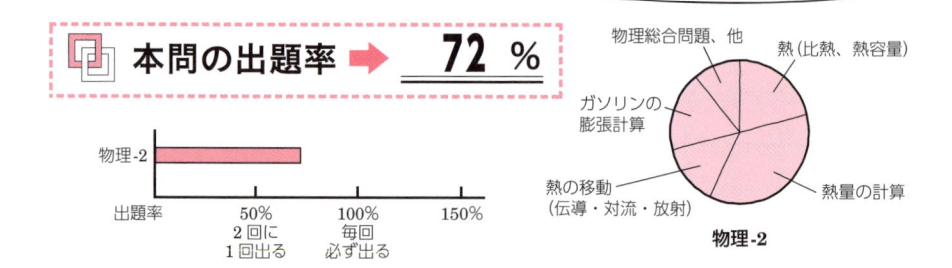

本問の出題率 ➡ 72 %

物理-2
出題率
50% 2回に1回出る
100% 毎回必ず出る
150%

物理総合問題、他
熱（比熱、熱容量）
ガソリンの膨張計算
熱量の計算
熱の移動（伝導・対流・放射）

物理-2

☑ 出題パターンの分析結果にもとづく合格のポイント

1 比熱と熱容量

1. 比熱と熱容量

① 比　熱→物質1gの温度を1K（1℃）だけ上昇させるのに必要な熱量。
・比熱の大きい水は、温めにくく冷めにくいので、この性質を利用して湯たんぽに使っている。
　また、燃焼物から熱を奪う作用が大きいので、消火に利用される。
② 熱容量→ある物体の温度を1Kだけ上昇させるのに必要な熱量。

2. 熱容量の計算式

熱容量＝質量×比熱　　$C = mc$

・質量が1gであれば、比熱と熱容量の値は同じである。

2 熱量の計算

熱量〔J〕＝質量〔g〕×比熱×温度差〔℃〕

3 熱の移動

熱の伝わり方には、伝導、対流、放射（ふく射）の3つがある。

1. 伝　導

熱が高温部から低温部へと伝わっていく現象を伝導という。

　　　　　　　　　　　　　大　　中　　小
① 熱伝導率の大きさは、固体＞液体＞気体の順で固体が一番大きい。
② 熱伝導率の小さいものほど熱が伝わりにくく温度が上がるため燃えやすい。
③ アルミニウムのような金属も粉（微粉化）にすれば、見かけ上の熱伝導率が小さくなり燃えやすくなる。

2. 対　流

鉄釜のふろで湯を沸かすと、火に近い下部よりも上部が温かくなる現象（水は温まると比重が軽くなり上部に移動する）。

また、ストーブを使うと、床面より天井の方が温かくなる等。

対流は液体と気体に起こる。固体に対流は起こらない。

3. 放　射

太陽に照らされると、熱が真空中、空気中を伝わって体が温かくなる現象。

4 液体（ガソリン）の膨張計算、他

① タンクや容器に液体の危険物を入れる場合に空間容積を必要とする理由は？
　→液体の体膨張による容器の破損を防ぐため（物体は温度が高くなるにつれて体積が増える。膨張しない容器であれば、圧力が高くなる）。

　　　　　　　小　　中　　大
② 体膨張率：固体＜液体＜気体　　気体が一番大きい。
③ ガソリンの膨張計算（ガソリン以外では、体膨張率は異なるが計算式は同じ）

| ガソリンの膨張した分〔*l*〕 | ＝ | ガソリンの元の体積〔*l*〕 | × | ガソリンの体膨張率 | × | 温度差〔℃〕 |

5 湿度・物理総合

① 空気中に含まれている水蒸気の量を湿度という。
② 相対湿度→空気に最大限含みうる水蒸気量の何％を含んでいるのかで表す。

出題頻度の高い★再現問題

〈比熱と熱容量〉

問1 熱容量について、次のうち正しいものはどれか。

出題ランク ★★★

1. 物体の温度を 1 K（ケルビン）だけ高めるのに必要な熱量である。
2. 物質を収納している容器の比熱のことである。
3. 物体に 1 J の熱量を与えたときの温度上昇率のことである。
4. 物質 1 kg の比熱のことである。
5. 比熱に密度を乗じたものである。

解法のテクニック

この問題では、熱容量の定義の項を確認することが大切である。

問2 比熱が c で質量が m の物体の熱容量 C を表す式として、次のうち正しいものはどれか。

出題ランク ★★☆

1. $C = mc$
2. $C = mc^2$
3. $C = m^2 c$
4. $C = m/c^2$
5. $C = c/m^2$

〈熱量の計算〉

問3 0℃で 100 g の液体に 12.6 kJ の熱量を与えたら、この液体の温度は何度になるか。ただし、比熱は 2.1 J/(g・K) とする。

出題ランク ★★★

1. 40℃
2. 45℃
3. 50℃
4. 55℃
5. 60℃

得点力UPのポイント ★必ず読んでね!★

計算に使った計算式、数値などは、絶対に消さないで残しておこう！　間違った方は、その箇所を確認して直していけば、計算の苦手から解放されるよ！

解法パターン&コツ

〈比熱と熱容量〉

問1 解答1

○ 1. 熱容量とは、ある物質の温度を1K（ケルビン）だけ高めるのに必要な熱量であり正しい。→熱容量の定義
× 2. 熱容量とは、物質を収納している容器の比熱のことではない。
× 3. 物体に1Jの熱量を与えたときの温度上昇率のことではない。
× 4. 熱容量とは、物質1kgの比熱のことではない。
× 5. 比熱に質量を乗じた（×＝掛ける）ものを熱容量という。**密度は誤っている。**

問2 解答1

○ 1. $C = mc$　× 2. $C = mc^2$　× 3. $C = m^2 c$　× 4. $C = m/c^2$
× 5. $C = c/m^2$

〈熱量の計算〉

問3 解答5

× 1. 40℃　× 2. 45℃　× 3. 50℃　× 4. 55℃　○ 5. 60℃

得点力UPのポイント ★必ず読んでね！★

温度差の項をXとして計算し、出た数値に元の温度0℃をプラスすればよい。

「0℃で100gの液体に12.6kJの熱量を与えたら、この液体の温度は何度になるか。ただし、比熱は2.1 J/(g・K) とする。」

① 与えられた熱量の換算→kJからJへ（kmからmと同じで、1 000倍すればよい）
　　12.6 kJ = 12.6 kJ × 1 000 = 12 600 J
② 熱量の計算→12 600 Jの熱量で、この液体は何℃上がるのか？
　　熱量〔J〕＝質量〔g〕×比熱×温度差〔℃〕
　　12 600 J = 100 g × 2.1 × X〔℃〕
　　12 600 = 100 × 2.1 × X　　100 × 2.1 × X = 12 600
　　210X = 12 600　　X = 60　　＊よって、60℃上がる。
③ 0℃の液体は、何℃になるのか？
　　0℃ + 60℃ = 60℃　　＊よって、60℃の5項が答えである。

出題頻度の高い 再現問題

〈熱の移動〉

問4 熱の移動の仕方には、伝導、対流、放射（ふく射）の3つがあるが、次のA～Eの現象のうち、対流に該当するものはいくつあるか。

A. 日中に日光浴をしたら、身体が温まった。
B. 石油ストーブを燃焼したら、天井の温度が床面よりも高くなった。
C. 鉄製の棒の先端を火の中に入れたら、手元が徐々に熱くなった。
D. 風呂の湯が上の方が熱く、下の方が冷たくなっていた。
E. アイロンをかけたら、布が熱くなった。

1. 1つ　　2. 2つ　　3. 3つ　　4. 4つ　　5. 5つ

〈液体（ガソリン）の膨張計算〉

問5 内容積1 000 l のタンクに満たされた、液温15℃のガソリンを35℃に温めた場合、タンクの外に流出する量として、次のうち正しいものはどれか。ただし、ガソリンの体膨張率は $1.35 \times 10^{-3} K^{-1}$ とし、タンクの膨張及びガソリンの蒸発は考えないものとする。

1. 1.35 l
2. 6.75 l
3. 13.50 l
4. 27.00 l
5. 54.00 l

〈湿度、物理総合問題〉

問6 次のうち正しいものはどれか。

1. 水の比熱は、エタノールより小さい。
2. 水の熱伝導率は、銀より大きい。
3. 濃い食塩水の凍結温度（氷点）は、普通の飲料水より低い。
4. 熱の対流は、液体及び固体だけに起こる現象である。
5. 水の体膨張率は、空気より大きい。

解法パターン&コツ

〈熱の移動〉

問4 解答 2

- × A. 日中に日光浴をしたら、身体が温まった。→放射
- ○ B. 石油ストーブを燃焼したら、天井の温度が床面よりも高くなった。→対流
- × C. 鉄製の棒の先端を火の中に入れたら、手元が徐々に熱くなった。→伝導
- ○ D. 風呂の湯が上の方が熱く、下の方が冷たくなっていた。→対流
- × E. アイロンをかけたら、布が熱くなった。→伝導
- × 1. 1つ　○ 2. 2つ　× 3. 3つ　× 4. 4つ　× 5. 5つ

〈液体（ガソリン）の膨張計算〉

問5 解答 4

解法のテクニック

★ガソリンの膨張計算式

ガソリンの体膨張率 $1.35 \times 10^{-3} K^{-1}$ は、$1.35 \times \dfrac{1}{1000}$ として計算する。

| ガソリンの膨張した分〔l〕 | = | ガソリンの元の体積〔l〕 | × | ガソリンの体膨張率 | × | 温度差〔℃〕 |

$$X = 1000\,l \times 1.35 \times \dfrac{1}{1000} \times (35-15)℃ = 1000 \times 1.35 \times \dfrac{1}{1000} \times 20$$

$$= 1.35 \times 20 = 27\,l$$

× 1. $1.35\,l$　× 2. $6.75\,l$　× 3. $13.50\,l$　○ 4. $27.00\,l$　× 5. $54.00\,l$

〈湿度、物理総合問題〉

問6 解答 3

- × 1. 水の比熱は、エタノールより**小さいではなく大きい**。
- × 2. 水の熱伝導率は、銀より小さい。**熱伝導率は固体が一番大きい**。
- ○ 3. 濃い食塩水の凍結温度（氷点）は、0℃以下で普通の飲料水より低い。
- × 4. 熱の対流は、**液体及び気体だけに起こり固体には起こらない**。
- × 5. 水の体膨張率は、**空気より小さい**。**体膨張率は気体が一番大きい**。

◎ 問題 23 ◎

物理変化・化学変化、単体・化合物・混合物、元素、熱化学、溶液・溶解度・濃度

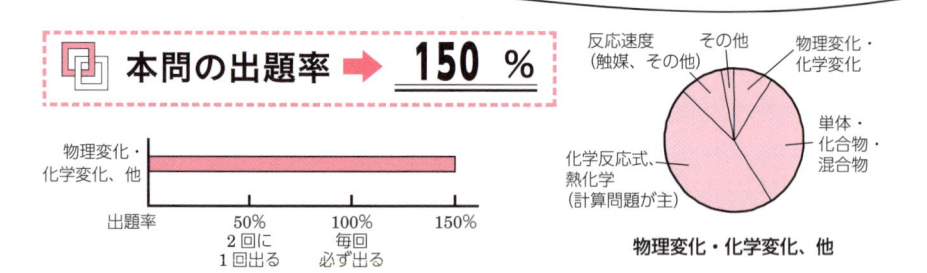

本問の出題率 ➡ 150 %

物理変化・化学変化、他

出題率
- 50% 2回に1回出る
- 100% 毎回必ず出る
- 150%

円グラフ項目：
- 反応速度（触媒、その他）
- その他
- 物理変化・化学変化
- 単体・化合物・混合物
- 化学反応式、熱化学（計算問題が主）

物理変化・化学変化、他

☑ **出題パターンの分析結果にもとづく合格のポイント**

1 物理変化・化学変化

1. 物理変化

形や大きさが変化するだけで、本質は変化しない（**元に戻りやすい変化**）。
① 物質の三態の変化→氷が融けて水になる。ドライアイスが昇華する。
② **原油を蒸留してガソリンや灯油、軽油を造る。**
③ **ガソリンが流動して静電気が発生した。**
④ ニクロム線に電気を通じると赤熱する。
⑤ 弾性限界までバネが伸びきった。

2. 化学変化

性質の異なるまったく別な物質になること（**元に戻りにくい変化**）。
① 木炭が燃焼して二酸化炭素ができた（化合、酸化、燃焼）。
② **ガソリンやアルコール等が燃焼して、二酸化炭素と水蒸気（水）が発生した**（化合、酸化、燃焼）。
③ **鉄が空気中で錆びて、ぼろぼろになる**（化合、酸化）。
④ 酸化第二銅を水素気流中で熱すると、金属銅が得られる（還元）。

⑤ 乾性油が空気中で徐々に硬化した。（化合、酸化）
⑥ 塩酸と亜鉛を接触させたら水素が発生した。（化合）

<物理変化>
気体（水蒸気）
固体（氷）　液体（水）
物質の三態
本質は変わらない

静電気

<化学変化>
二酸化炭素（CO_2）や水（H_2O）等へ変化
ガソリンの燃焼
性質が全く異なる物質になる

3. 試験によく出る化学変化

化学変化の種類

酸化、還元、中和、燃焼、爆発、化合、分解、重合

② 単体・化合物・混合物・同素体

1. 単体→1種類の元素からできている物質

酸素（O_2）、水素（H_2）、炭素（C）、硫黄（S）、窒素（N_2）、ナトリウム（Na）等

2. 化合物→2種類以上の元素からできている物質

水（H_2O）、二酸化炭素（CO_2）、塩化ナトリウム＝食塩（NaCl）、エタノール（C_2H_5OH）、硝酸（HNO_3）等

3. 混合物→2種類以上の物質が単に混じり合ったもの

$O_2 + N_2$　　　　NaCl + H_2O

空気（酸素＋窒素）、食塩水（食塩＋水）や海水
その他の混合物：ガソリン、灯油、軽油、重油等の石油（石油製品）

4. 同素体

① 同じ元素からできていて、性質の異なる単体を同素体という。

元素	炭素（C）	酸素（O）	りん（P）	硫黄（S）
同素体	ダイヤモンド 黒鉛 カーボンナノチューブ	酸素 オゾン	黄りん 赤りん	単斜硫黄 斜方硫黄 ゴム状硫黄

◆ 問題23　物理変化・化学変化、単体・化合物・混合物、元素、熱化学、溶液・溶解度・濃度 ◆

② 同素体でないもの（最近の出題傾向より）
水素と重水素→×（同位体である）
メタキシレンとパラキシレン→×（異性体である）
鉄の赤さびと黒さび×（いずれも鉄の化合物である）

★ 簡便法で**合格率アップ！** ♪　　★大切だから必ず読んでね！

| ①混合物 | こう出たら ○ | 空気、食塩水、海水、ガソリン及び灯油等の石油製品 |
| ②同素体 | こう出たら ○ | 酸素とオゾン、黄りんと赤りん、黒鉛とダイヤモンド、単斜硫黄と斜方状硫黄 |

③ 化学反応・熱化学・他

1．反応熱

発熱反応（＋の反応熱）→熱の発生を伴う反応
吸熱反応（－の反応熱）→熱の吸収を伴う反応

2．炭素の燃焼

① 完全燃焼→炭素が燃焼して直接二酸化炭素になるとき。
$$C + O_2 = CO_2 + 394 \text{ kJ}（発熱反応）$$
② 不完全燃焼→炭素が一酸化炭素を経て2段階の燃焼をするとき。
$$C + 1/2\,O_2 = CO + 111 \text{ kJ}（発熱反応）$$
$$CO + 1/2\,O_2 = CO_2 + 283 \text{ kJ}（発熱反応）$$

注意：炭素が不完全燃焼すると、有毒な一酸化炭素（CO）が生じる。また、すすが多く出る。

●―最近の出題傾向における**重要問題**
① 二酸化炭素の1分子は、炭素1原子と酸素2原子からなっている　　答（○）
→ 二酸化炭素1分子はCO_2で表され、炭素1原子（C_1）と酸素2原子（O_2）からなっている。

3. 化学反応式のみかた

$$C + O_2 \rightarrow CO_2$$

・化学反応式では、同じ種類の原子の数は矢印を境（反応前と反応後）にして左右両辺で等しくなる。

4. 溶　液

　　　食塩　＋　水　→　食塩水
　　　（溶質）　（溶媒）　　（溶液）

5. 溶解度

① **固体の溶解度**→液温が高くなると、塩や砂糖は溶けやすくなり**溶解度は大きくなる。**
② **気体の溶解度**→固体とは逆で、ビールやコーラは**液温が高くなると溶解度が低下**して、溶け込んでいる二酸化炭素が泡となって多量にでる。

6. 濃　度

溶液と溶質の量の比を溶液の濃度といい、溶液 1 l 中に溶けている溶質を物質量（モル）で表した濃度をモル濃度という。単位は mol/l で表す。

参考：次の物質を ①単体（タ）②化合物（カ）③混合物（コ）に分けてください。
　　　最近の出題パターンから抽出した 30 物品です。どこまで出来るかな？
　　　80％以上で合格、60％以上でもう少しで合格、60％以下は不合格で頑張ろう！

1. インキ（　）	2. 水（　）	3. ガソリン（　）	4. 水素（　）5. 食塩水（　）
6. 鉄（　）	7. 二酸化炭素（　）	8. リン（　）	9. 軽油（　）10. 炭素（　）
11. 灯油（　）	12. アンモニア（　）	13. ナトリウム（　）	14. 硝酸（　）
15. ヘリウム（　）	16. 空気（　）	17. ベンゼン（　）	18. 重油（　）
19. 窒素（　）	20. エタノール（　）	21. 酸素（　）	22. 硫黄（　）
23. 海水（　）	24. 食塩（塩化ナトリウム）（　）	25. アスファルト（　）	
26. カーボンナノチューブ（　）	27. ダイヤモンド（　）	28. 水蒸気（　）	
29. 硫酸マグネシウム（　）	30. 黒鉛（　）		

注意：解答はメモ用紙に記入すると何回でも使えるよ！
メモ用紙の記入例：1.（タ）2.（カ）3.（コ）　解答は p.207 ページに記載

◆ 問題 23　物理変化・化学変化、単体・化合物・混合物、元素、熱化学、溶液・溶解度・濃度 ◆

出題頻度の高い★再現問題

〈物理変化・化学変化〉

問1 次の（　）内のA～Cに当てはまる語句の組合せとして、正しいものはどれか。

「物質と物質が作用し、その結果、新しい物質ができる変化が（A）である。また、2種類あるいはそれ以上の物質から別の物質ができることを（B）といい、その結果できた物質を（C）という。」

	〈A〉	〈B〉	〈C〉
1.	物理変化	化合	化合物
2.	化学変化	混合	混合物
3.	化学変化	重合	化合物
4.	物理変化	混合	混合物
5.	化学変化	化合	化合物

〈単体・化合物・混合物〉

問2 次のA～Eのうち、互いに同素体に該当するものはいくつあるか。

A. 黄りんと赤りん
B. 水素と重水素
C. メタキシレンとパラキシレン
D. 黒鉛とダイヤモンド
E. 酸素とオゾン

1. 1つ　　2. 2つ　　3. 3つ　　4. 4つ　　5. 5つ

問3 化合物と混合物について、次のうち誤っているものはどれか。

1. 空気は、主に窒素と酸素の混合物
2. 食塩は、ナトリウムと塩素の化合物
3. 二酸化炭素は、炭素と酸素の混合物
4. 灯油は、種々の炭化水素の混合物
5. エタノールは、炭素、水素及び酸素の化合物

解法パターン&コツ

〈物理変化・化学変化〉

問1 解答 5　A：化学変化　B：化合　C：化合物

「物質と物質が作用し、その結果、新しい物質ができる変化が（A：化学変化）である。また、2種類あるいはそれ以上の物質から別の物質ができることを（B：化合）といい、その結果できた物質を（C：化合物）という。」

得点力UPのポイント　★必ず読んでね！★

化合とは、2つ又は2つ以上の単体が化学的に結合して別な物質が生じることである。下記のように炭素と酸素が化合して二酸化炭素になる現象。化合によって生じる物質を化合物という。

　　炭素　　酸素　二酸化炭素
　　$C\ +\ O_2\ \rightarrow\ CO_2$　※二酸化炭素は、化学変化によって生じた物質。
　　単体　　単体　　化合物

〈単体・化合物・混合物〉

問2 解答 3

○ A．黄りんと赤りん→同素体である。
× B．水素と重水素→**同位体であるので誤っている**。
× C．メタキシレンとパラキシレン→**異性体であるので誤っている**。
○ D．黒鉛とダイヤモンド→同素体である。
○ E．酸素とオゾン→同素体である。
× 1．1つ　× 2．2つ　○ 3．3つ　× 4．4つ　× 5．5つ

問3 解答 3

○ 1．空気は、主に窒素と酸素の混合物である（空気＝ $N_2 + O_2$）。
○ 2．食塩は、ナトリウムと塩素の化合物である（食塩＝ NaCl）。
× 3．二酸化炭素は、炭素と酸素の混合物ではなく化合物である（CO_2）。
○ 4．**灯油は、種々の炭化水素の混合物である**。種々の炭化水素の混合物は、化学式で表せない。
○ 5．エタノールは、炭素、水素及び酸素の化合物である（C_2H_5OH）。

出題頻度の高い★再現問題

〈化学反応・熱化学・他〉

問4 次の文の（ ）内の（A）及び（B）の語句の組合せで、正しいものはどれか。

「黄りんや硫黄は、1種類の元素からなっているので（A）であるが、（B）は、2種類以上の物質が混じった状態で存在しているので混合物である。」

　　　〈A〉　　　〈B〉
1. 化合物　　空気
2. 同素体　　水
3. 単体　　　ガソリン
4. 単体　　　エタノール
5. 化合物　　酸素

解法のテクニック

B項は参考に化学式を書くと、単体、化合物、混合物の違いがわかる。設問の黄りん→P　硫黄→S

問5 物質が酸化反応をする次の熱化学方程式のうち、発光があったとしても燃焼でないものはどれか。

1. $C + O_2 = CO_2 + 394 \text{ kJ}$
2. $Al + \frac{3}{4} O_2 = \frac{1}{2} Al_2O_3 + 836 \text{ kJ}$
3. $C_2H_5OH + 3 O_2 = 2 CO_2 + 3 H_2O + 1\,368 \text{ kJ}$
4. $N_2 + \frac{1}{2} O_2 = N_2O - 74 \text{ kJ}$
5. $C_3H_8 + 5 O_2 = 3 CO_2 + 4 H_2O + 2\,220 \text{ kJ}$

問6 次のエタノールの燃焼反応式のうち、正しいものはどれか。

1. $2 C_2H_5OH + 2 O_2 \rightarrow 3 CO_2 + H_2O$
2. $2 C_2H_5OH + 3 O_2 \rightarrow CO_2 + 2 H_2O$
3. $C_2H_5OH + 3 O_2 \rightarrow 2 CO_2 + 3 H_2O$
4. $C_2H_5OH + O_2 \rightarrow 3 CO_2 + H_2O$
5. $3 C_2H_5OH + 2 O_2 \rightarrow 3 CO_2 + H_2O$

解法パターン&コツ

〈化学反応・熱化学・他〉

問4　解答 3

「黄りんや硫黄は、1種類の元素からなっているので（A：**単体**）であるが、（B：**空気 or ガソリン**）は、2種類以上の物質が混じった状態で存在しているので混合物である。」

　　　　〈A〉　　　　　〈B〉
× 1.　化合物×　　　空気○　　　→ $O_2 + N_2$ ＝混合物
○ 3.　単体○　　　　ガソリン○　→（混合物）炭化水素の混合物は、化学式が書けない。
× 4.　単体○　　　　エタノール×　→ C_2H_5OH ＝化合物

問5　解答 4

× 4.　$N_2 + \dfrac{1}{2} O_2 = N_2O - 74 \text{ kJ}$

解法のテクニック

燃焼の定義は、「**燃焼とは、熱と光の発生を伴う酸化反応である。**」であることから、各項の熱化学方程式について次の3点を確認すればよい。

① **熱の発生**→1項の＋394 kJのプラス（＋）で発熱反応と確認できるが、4項の N_2（窒素）だけは－74 kJ と吸熱反応で発熱していない。
② **光の発生**→設問から5つの反応ともすべて発光している。
③ **酸化反応**→＋O_2 等すべてが酸素と反応しているので、酸化反応である。
　よって、4項の熱の発生が伴わない N_2（窒素）の反応は、**燃焼ではない。**

問6　解答 3

　　　　　　　　　　　　　　　　　　〈反応前の炭素数〉　〈反応後の炭素数〉
× 1.　$2C_2H_5OH + 2O_2 \rightarrow 3CO_2 + H_2O$　　$2C_2=4$　　　　$3C=3$ ×
× 2.　$2C_2H_5OH + 3O_2 \rightarrow CO_2 + 2H_2O$　　$2C_2=4$　　　　$C=1$ ×
○ 3.　$C_2H_5OH + 3O_2 \rightarrow 2CO_2 + 3H_2O$　　$C_2=2$　　　　$2C=2$ ○
× 4.　$C_2H_5OH + O_2 \rightarrow 3CO_2 + H_2O$　　　$C_2=2$　　　　$3C=3$ ×

解法のテクニック

化学反応式では、同じ種類の原子の数は→印を境（反応前と反応後）にして左右両辺で等しくなる。この場合は炭素（C）で調べる。**これで答えが出なければ、全部を調べる。**

✨出題頻度の高い★再現問題

問7 炭素C（黒鉛）と酸素の酸化反応で、一酸化炭素CO（気）を生成するときに生じる燃焼熱として、正しいものはどれか。ただし、熱化学反応式は次式に示す。また、（気）は気体の状態を示す。

$$C（黒鉛） + O_2（気） = CO_2（気） + 394 \text{ kJ}$$
$$CO（気） + 1/2 O_2（気） = CO_2（気） + 283 \text{ kJ}$$

1. 111 kJ
2. 222 kJ
3. 283 kJ
4. 394 kJ
5. 677 kJ

問8 プロパン（C_3H_8）4.4 g を過不足なく完全燃焼させるために必要な空気は、0℃、1.013×10^5 Pa（1気圧）で何 l か。ただし、空気は、窒素：酸素＝4：1 の体積比とし、原子量は H＝1、C＝12、O＝16 とする。

$$C_3H_8 + 5O_2 \rightarrow 3CO_2 + 4H_2O$$

1. 5.6 l
2. 11.2 l
3. 22.4 l
4. 44.8 l
5. 56.0 l

※酸素量から空気量への換算
① 空気は、窒素：酸素＝4：1 の体積比であることから
② 酸素は空気全体の 1/5 であることが分かる。
③ よって、計算から導かれた酸素量を5倍してやると空気量が算出できる。

🖊 解法のテクニック✨

① プロパン 1 mol の質量（量の確認→与えられた原子量を使って計算する）

プロパン（C_3H_8）1 mol の質量は、プロパンの分子量に g（グラム）をつけたもので、分子量は次のように考えればよい。

分子量 ＝（Cの数×炭素の原子量）
　　　 ＋（Hの数×水素の原子量）
　　　 ＝（3×12）＋（8×1）＝44

したがって、プロパン（C_3H_8）1 mol の質量は 44 g となる。

解法パターン＆コツ

問7　解答 1

○ 1. 111 kJ　× 2. 222 kJ　× 3. 283 kJ　× 4. 394 kJ　× 5. 677 kJ

解法のテクニック

イ．炭素が不完全燃焼した①式を加えて、与えられた2つの熱化学方程式に番号を付け並べ換えると、下記のように①②③となる。

ロ．総熱量不変の法則から、**1 mol の炭素から 1 mol の二酸化炭素が生じるときに発生する総熱量は一定である。**

ハ．このことから、**①＋②＝③が成り立つ。**よって、設問の一酸化炭素CO（気）を生成するときに生じる燃焼熱は、与えられた②③を使って①＝③－②で計算できる。①＝394 kJ － 283 kJ ＝ 111 kJ

① $C + 1/2 O_2 = CO + \boxed{}$ kJ（炭素の不完全燃焼→一酸化炭素が発生）
② CO（気）$+ 1/2 O_2$（気）$= CO_2$（気）$+ 283$ kJ（一酸化炭素の燃焼）
③ C（黒鉛）$+ O_2$（気）$= CO_2$（気）$+ 394$ kJ（炭素の完全燃焼）

問8　解答 5

$$C_3H_8 + 5 O_2 \rightarrow 3 CO_2 + 4 H_2O$$

× 1. 5.6 l　× 2. 11.2 l　× 3. 22.4 l　× 4. 44.8 l　○ 5. **56.0 l**

解法のテクニック

①プロパン 1 mol の質量（量の確認→与えられた原子量を使って計算する）
　プロパン（C_3H_8）1 mol は、44 g である（前ページ参照）。
②プロパン 1 mol を完全に燃焼させるために必要な酸素量は？
　イ．1 mol の気体の体積は、標準状態（0℃、1気圧）で 22.4 l である。
　ロ．与えられたプロパンの化学反応式から
　　　プロパン 1 mol を燃焼させるのに、酸素（O_2）は 5 mol 必要である。
　ハ．燃焼に必要な酸素量は？　　22.4 l × 5 ＝ 112 l
　ニ．プロパン 4.4 g は 4.4/44 mol になるので、計算式は次のとおりとなる。
　　　4.4/44 mol × 112 l ＝ 11.2 l　　よって、必要な酸素量は 11.2 l となる。
③酸素量から空気量への換算（前ページ問8の枠内参照）
　空気量は、窒素：酸素＝4：1 の体積比を使って計算する。
　よって、**酸素量から空気量への換算は、11.2 l × 5 倍 ＝ 56.0 l** となる。
④答えは5項の 56.0 l である。

◆ 問題23　物理変化・化学変化、単体・化合物・混合物、元素、熱化学、溶液・溶解度・濃度 ◆

◎ 問題 24 ◎
金属・イオン化傾向・腐食、有機化合物

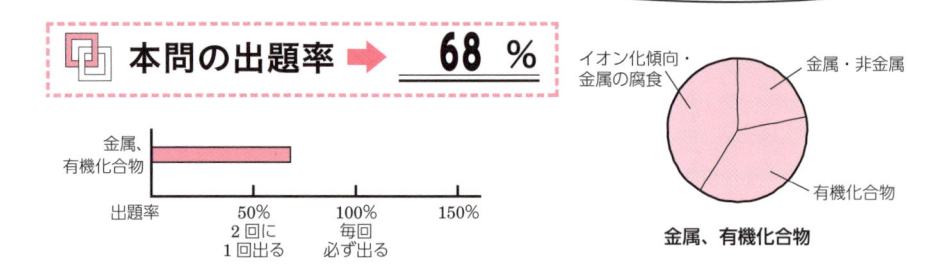

Check!

本問の出題率 ➡ 68 %

☑ 出題パターンの分析結果にもとづく合格のポイント

1 金属・イオン化傾向・腐食

1. 金属の性質

① 比重が大きい（カリウム、ナトリウムは、水より軽く例外である）。
  比重が4より小さいものを軽金属という。マグネシウム、アルミニウム等
② 塊状では燃焼しない金属でも、粉末状にすると見かけ上の熱伝導率が小さくなり燃えやすくなる。→アルミニウム粉、亜鉛粉等（2類の危険物）。

2. イオン化傾向

① イオン化列

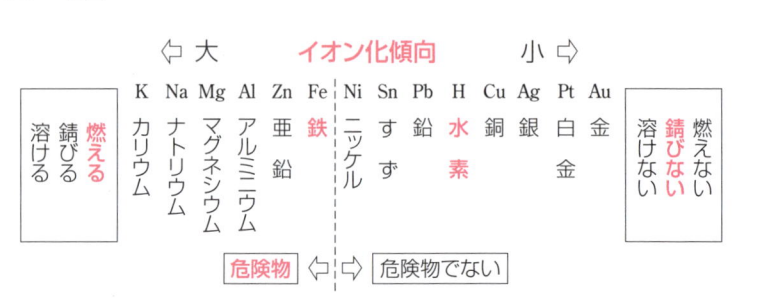

⇦ 大　　イオン化傾向　　小 ⇨

K	Na	Mg	Al	Zn	Fe	Ni	Sn	Pb	H	Cu	Ag	Pt	Au
カリウム	ナトリウム	マグネシウム	アルミニウム	亜鉛	鉄	ニッケル	すず	鉛	水素	銅	銀	白金	金

燃える・錆びる・溶ける ｜ 燃えない・錆びない・溶けない

危険物 ⇦⇨ 危険物でない

② イオン化傾向の大きい金属→化学変化を受けやすい。
・燃焼したり錆びやすい。（ナトリウム、マグネシウム、鉄など）
イオン化傾向の大きい金属は、水溶液中で陽イオンになろうとする性質が大きい。
③ イオン化傾向の小さい金属→化学変化を受けにくい。
・金や白金は、どのような条件下でも錆びにくい。
④ イオン化傾向の活用例

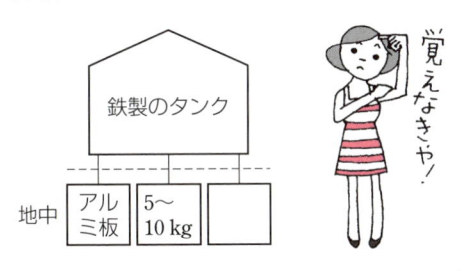

〈原油タンク等の腐食防止例〉
　鉄でできた原油タンク等が錆びないように、鉄よりイオン化傾向の大きいアルミニウムを電極として地中に埋めて、錆を防いでいる。鉄製のタンクが錆びる前に、アルミ板のアース（電極）が錆びて小さくなるので、定期的に交換してタンクが錆びるのを防いでいる。

3．金属製配管の腐食について

（1）配管の錆びにくい環境
① コンクリートはアルカリ性なので、配管等を覆うと錆びにくい。
② エポキシ樹脂塗装等をした配管は、空気や水に触れにくくなるので錆びにくい。
③ 配管が鉄製の場合、鉄より錆びやすい金属（イオン化傾向の大きい金属）をアースとして接続する（前述2項④の原油タンク等の腐食防止例参照）。

（2）配管の錆びやすい環境
① 直流電気鉄道の軌道（レール）に近い土壌に配管を埋設したときは錆びやすい。
② 土質の異なる場所にまたがって配管を埋設した場合は錆びやすい。
③ 酸性の溶液や海水に浸った金属は、錆びやすい。
④ 配管が鉄製の場合、鉄よりイオン化傾向の小さい金属（銅など）と接触していると錆びやすい。

2 有機化合物

1. 化合物

- **有機化合物**→炭素（C）の化合物（エタノール＝C_2H_5OH 等）
  ガソリンは、有機化合物が数十種類混ざりあった混合物である。
  炭素原子の結合の仕方により、**鎖式化合物**と**環式化合物**がある。
- **無機化合物**→一般に有機化合物以外の化合物（硫酸＝H_2SO_4 等）

ガソリン　灯油　アルコール類　　　　　　　　硫酸　食塩

（混合物）（混合物）
＜有機化合物＞
有機は炭素（C）を含む

＜無機化合物＞

2. 有機化合物の特性

① 成分元素は、主に炭素（C）、水素（H）、酸素（O）、窒素（N）で一般に可燃性。
② 完全燃焼すると二酸化炭素（CO_2）と水蒸気（水＝H_2O）になるものが多い。
③ 一般に水に溶けにくく、有機溶媒（アルコール、エーテル等）によく溶ける。
④ 一般に融点、沸点の低いものが多い。
　ガソリン、灯油、軽油、重油、潤滑油等の石油製品の中で、ガソリンの沸点が一番低く蒸発しやすい。又、引火点も低く危険性が大きい。
⑤ 一般に電気の不導体（電気が流れない）で、静電気が発生しやすい。

簡便法で合格率アップ！ ★大切だから必ず読んでね！

①金属	こう出たら ✕	金属は燃焼しない（ナトリウム、マグネシウムや微粉状のアルミニウム、亜鉛等は燃焼する。）
②金属配管の腐食防止策	こう出たら ◯	鋼鉄の配管に、イオン化傾向の大きい金属を接続する（覚え方→接続する金属は、マグネシウム、アルミニウム、亜鉛と覚える）。
	こう出たら ◯	コンクリートで配管を覆った。エポキシ樹脂で被覆した。
	こう出たら ✕	土壌中とコンクリートにまたがって埋設する（土質の異なるところにまたがって埋設は、すべてダメ）。
	こう出たら ✕	水中で鉄と銅が接触していると、鉄の腐食は防止される（銅のイオン化傾向は鉄より小さいので、鉄が腐食する）。
③有機化合物の性質	こう出たら ✕	一般に不燃性。水に溶けるものが多い
	こう出たら ✕	融点、沸点の高いものが多い（融点、沸点の高いものは固体であり、低いものは液体である）。

◆ 問題24　金属・イオン化傾向・腐食、有機化合物 ◆

出題頻度の高い★再現問題

〈金属、イオン化傾向、腐食〉

問1 金属の性状について、次のうち誤っているものはどれか。

1. すべて不燃である。
2. 一般に展性、延性に富み金属光沢をもつ。
3. 銀の熱伝導率は、鉄よりも大きい。
4. 常温（20℃）において、液体のものがある。
5. 軽金属は一般に比重が4以下のもので、カリウム、アルミニウム及びカルシウムなどが該当する。

問2 鉄の腐食について、次のうち誤っているものはどれか。

1. 酸性域の水中では、水素イオン濃度が高いほど腐食する。
2. 発煙硫酸に浸すと、不動態皮膜を形成する。
3. アルカリ性のコンクリート中では、腐食は防止される。
4. 塩分の付着したものは、腐食しやすい。
5. 水中で鉄と銅が接触していると、鉄の腐食は防止される。

問3 地下配管が腐食して危険物が漏れる事故が増えている。金属配管を地中に埋設すると電気化学的に腐食するが、この腐食を防ぐ方法として、より腐食しやすい金属と接続する方法がある。配管が鉄製の場合、腐食しやすい金属は次のうちいくつあるか。

ニッケル、マグネシウム、銅、亜鉛、アルミニウム、すず

1. 2つ　2. 3つ　3. 4つ　4. 5つ　5. 6つ

得点力UPのポイント ★必ず読んでね！

金属配管が鉄製の場合に腐食を防ぐ効果のあるものは、鉄よりもイオン化傾向の大きい金属（アルミニウム等）を接続して地中に埋めることである。簡便法での覚え方は、鉄の腐食を防ぐために接続する金属は「マグネシウム、アルミニウム、亜鉛」と覚えよう！

解法パターン＆コツ

〈金属、イオン化傾向、腐食〉

問1 解答1

- ×1. 金属のうち、イオン化傾向の大きいナトリウムやマグネシウムは燃焼する。
- ○2. 一般に展性（薄く広くのばす）、延性（引きのばされる）に富み金属光沢をもつ。
- ○3. 銀の熱伝導率は、鉄の約5倍大きい。
- ○4. 金属には常温（20℃）において、**水銀のように液体**のものがある。
- ○5. カリウム、アルミニウム等比重が4以下（鉄は約7.9）のものを軽金属という。

問2 解答5

- ○1. 酸性域の水中では、**水素イオン濃度が高い（pH値が小さい）**ほど腐食する。
- ○2. 鉄を発煙硫酸に浸すと、不動態皮膜を形成して腐食は防止される。
- ○3. 一般にアルカリ性の**コンクリート中では、鉄の腐食は防止される**。
- ○4. 鉄が海水に浸ったり塩分が付着すると、腐食しやすい。
- ×5. 水中で鉄と銅が接触していると、イオン化傾向の大きい鉄が腐食する。

問3 解答2

×ニッケル、○マグネシウム、×銅、○亜鉛、○アルミニウム、×すず

- ×1. 2つ
- ○2. 3つ
- ×3. 4つ
- ×4. 5つ
- ×5. 6つ

◆ 問題24　金属・イオン化傾向・腐食、有機化合物 ◆

出題頻度の高い 再現問題

〈有機化合物〉

問4 有機化合物について、次のうち誤っているものはどれか。

1. 有機化合物は鎖式化合物と環式化合物の2つに大別される。
2. 有機化合物の成分元素は、主に炭素、酸素、水素、窒素である。
3. 有機化合物の多くは水に溶けにくい。
4. 有機化合物は、無機化合物に比べて融点又は沸点の低いものが多い。
5. 有機化合物は一般に不燃性である。

問5 次の文章の（A）～（C）に入る語句の組合せで、正しいものはどれか。

「有機化合物のうち、分子が鎖状構造の（A）をアルカンという。アルカンの一般式は、（B）で表される。同じ一般式で表され、よく似た構造体のものが集まった化合物を（C）という。一番簡単なアルカンはメタンであり、ガソリンには n の数値が5～10のアルカンが含まれている。」

	〈A〉	〈B〉	〈C〉
1.	飽和炭化水素	C_nH_{2n+2}	異性体
2.	不飽和炭化水素	C_nH_{2n-2}	同族体
3.	飽和炭化水素	C_nH_{2n}	異性体
4.	不飽和炭化水素	C_nH_{2n-2}	異性体
5.	飽和炭化水素	C_nH_{2n+2}	同族体

解法パターン＆コツ

〈有機化合物〉

問4 解答 5

- ○ 1. 有機化合物は鎖式化合物（エタノール等）と環式化合物（ベンゼン等）の2つに大別される。
- ○ 2. 一般に有機化合物（メタノール＝CH_3OH）は、成分元素として炭素（C）、酸素（O）、水素（H）等を複数含むものが多い。
- ○ 3. 一般に有機化合物は、**非水溶性（トルエン、ガソリン、灯油等）**のものが多く水に溶けにくい。
- ○ 4. 有機化合物は、**無機化合物に比べて融点**（融点が低い＝液体である）又は沸点の**低い**（蒸発しやすい＝引火点が低く危険）ものが多い。
- × 5. アルコールをはじめ第4類の危険物のほとんどは有機化合物で、全部可燃性である。

問5 解答 5

「有機化合物のうち、分子が鎖状構造の（A：飽和炭化水素）をアルカンという。アルカンの一般式は、（B：C_nH_{2n+2}）で表される。同じ一般式で表され、よく似た構造体のものが集まった化合物を（C：同族体）という。一番簡単なアルカンはメタンであり、ガソリンにはnの数値が5〜10のアルカンが含まれている。」

	〈A〉	〈B〉	〈C〉
× 1.	飽和炭化水素○	C_nH_{2n+2} ○	異性体×
× 2.	不飽和炭化水素×	C_nH_{2n-2} ×	同族体○
× 3.	飽和炭化水素○	C_nH_{2n} ×	異性体×
× 4.	不飽和炭化水素×	C_nH_{2n-2} ×	異性体×
○ 5.	飽和炭化水素○	C_nH_{2n+2} ○	同族体○

解法のテクニック

説明文にない難しい問題なので、理解しにくいときは丸暗記することで、一定の得点力レベルまで到達できる。

◎ 問題 25 ◎
酸 / 塩基 / pH・酸化と還元・酸化剤 / 還元剤

Check!

本問の出題率 → 65 %

出題率　50%　100%　150%
　　2回に　毎回
　　1回出る　必ず出る

酸化と還元、他

酸化剤・還元剤　酸・塩基・他
酸化　　還元・酸化と還元の同時性

酸化と還元、他

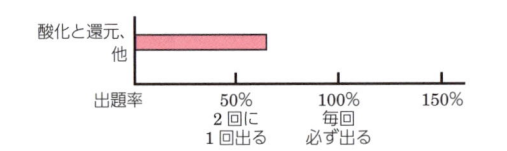

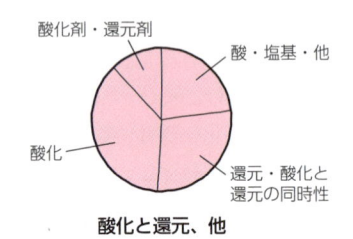

☑ 出題パターンの分析結果にもとづく**合格**のポイント

1 酸・塩基・pH

1. 酸

① 水に溶けると電離して水素イオン（H^+）を生じる物質。又は、他の物質に水素イオン（H^+）を与えることができる物質。
　例：硝酸　$HNO_3 → NO_3 + H^+$
② 酸の性質：青色リトマス紙を赤変させる。水溶液は酸味を有する。
　学校での"成績は3"と覚える。→青（セイ）赤（セキ）は酸（サン）
③ 酸は、亜鉛や鉄等の金属を溶かして、水素を発生する。

2. 塩 基

① 水に溶けると電離して水酸化物イオン（OH^-）を生じる物質。又は、他の物質から水素イオン（H^+）を受け取ることができる物質。
② 塩基の性質：赤色リトマス紙を青変する。水溶液は渋みを有する。

3. 中 和

一般に、酸と塩基から塩と水のできる反応を中和という。

4. 水素イオン指数（pH）

水溶液の酸性や塩基性（アルカリ性）の濃度を表すのに、水素イオン指数（pH）を用いることがある。

```
                      中性   塩基性側
            酸性側           （アルカリ性側）
pH値    0 ⇨        ⇨ 7            ⇨ 14
(ペーハー) 強酸       弱酸  弱アルカリ  強アルカリ
```

2 酸化と還元・他

1. 酸 化

① 物質が酸素と化合すること、又は水素化合物が水素を失うこと。
② 炭素が燃えて二酸化炭素になる。　　C + O_2 → CO_2（完全燃焼）
　　木炭→一酸化炭素　　　　　　　　　C + $1/2 O_2$ → CO（不完全燃焼）
③ ガソリンが燃焼して二酸化炭素と水蒸気になる。
④ 鉄を放置しておいたら錆びた。
　　注意：物質が燃えたり錆びたりするのは、すべて酸化である。

2. 還 元

① 酸化物が酸素を失うこと、又は物質が水素と化合する反応。
② 二酸化炭素が赤熱した木炭に触れて一酸化炭素になった。

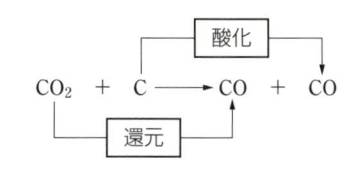

```
            ┌──酸化──┐
            │         ↓
    CO₂  +  C  ──→  CO  +  CO
            │         ↑
            └──還元──┘
```

〈解説〉二酸化炭素（CO_2）が一酸化炭素（CO）になる（酸素が1個少なくなる）反応は、還元（反応）である。

3. 酸化と還元の同時性

① 一般に一つの反応で、酸化と還元は同時に起こる。
　　上記2-②において、二酸化炭素は還元されているが、炭素は酸化されて一酸化炭素になっている。

4. 酸化と還元のまとめ

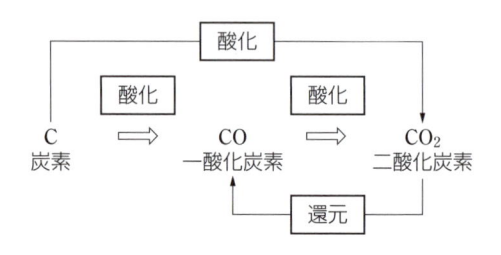

```
                    ┌──────── 酸化 ────────┐
                    │                      │
             ┌─ 酸化 ─┐           ┌─ 酸化 ─┐
             │       ↓           │       ↓
             C    ⇒    CO    ⇒    CO₂
            炭素      一酸化炭素    二酸化炭素
                    ↑                      │
                    └──────── 還元 ────────┘
```

5. 酸化剤と還元剤

酸化剤→他の物質を酸化する物質（他の物質から水素を奪う性質のあるもの）
　　酸素、塩素酸カリウム等（第1類の酸化性固体）や**過酸化水素、硝酸**等（第6類の酸化性液体）

還元剤→他の物質を還元する物質（他の物質から酸素を奪う性質のあるもの）
　　一酸化炭素、水素等

★★ 簡便法で**合格率アップ！** ♪　　★大切だから必ず読んでね！★

①酸の性質	こう出たら ○	青色リトマス紙を赤変させる（学校での"成績は"3"と覚える。→青（セイ）赤（セキ）は酸（サン））。
②酸化とは	こう出たら ○	物質が酸素と化合すること
	こう出たら ○	水素化合物が水素を失うこと
③酸化反応	こう出たら ○	燃える、錆びるは、すべて酸化反応である 木炭→一酸化炭素　　一酸化炭素→二酸化炭素
④還元とは	こう出たら ○	酸化物が酸素を失うこと
	こう出たら ○	物質が水素と化合すること
⑤還元反応	こう出たら ○	二酸化炭素→一酸化炭素
⑥酸化と還元の同時性	こう出たら ○	酸化と還元は必ず同時に起こる

6. 新問題の紹介（物理、化学の総合問題）

新問題 国際単位系（SI）で定める、次の量、単位名称、単位記号の組合せで、誤っているものはどれか。

〈量〉	〈単位名称〉	〈単位記号〉
1. 長さ	メートル	m
2. 時間	秒	s
3. 物質量	キログラム	kg
4. 熱力学温度	ケルビン	K
5. 電流	アンペア	A

新問題 解答 3

	〈量〉	〈単位名称〉	〈単位記号〉	
○ 1.	長さ	メートル	m	
○ 2.	時間	秒	s	
× 3.	物質量	モル	mol	※キログラムは質量の単位である。
○ 4.	熱力学温度	ケルビン	K	
○ 5.	電流	アンペア	A	

●最近の出題傾向における**重要問題**

今までの危険物試験にはない形式の新しい問題である。慣れてもらうために掲載した。

◆ 問題 25　酸／塩基/pH・酸化と還元・酸化剤／還元剤 ◆

出題頻度の高い★再現問題

〈酸・塩基・pH〉

問1 酸の一般的な性質として、次のうち誤っているものはどれか。

1. 水に溶けると電離して水素イオン H⁺（アレニウス）を生じる。
2. 水溶液は酸味を有する。
3. 酸は、すべて酸素を含んでいる物質である。
4. 塩基を中和して、塩と水を生じる。
5. 硫酸は、亜鉛や鉄などの金属を溶かして水素を発生する。

問2 次の文章の（　）内のA～Dに当てはまる語句の組合せとして、正しいものはどれか。

「HCl、HNO₃ などのように、水に溶けて H⁺ を生じる物質を（A）といい、NaOH、Ca(OH)₂ のように OH⁻ を生じる物質を（B）という。酸は（C）のリトマス紙を（D）に変えるが、塩基はその逆である。

	A	B	C	D
1	塩基	酸	黄色	赤色
2	酸	塩基	黄色	赤色
3	塩基	酸	赤色	青色
4	酸	塩基	青色	赤色
5	塩基	酸	青色	黄色

〈酸化と還元〉

問3 酸化について、次のうち誤っているものはどれか。

1. 物質が酸素と化合すること。
2. 他の物質から酸素を奪うこと。
3. 物質が水素を失うこと。
4. 酸化と還元は同時に起こる。
5. 物がさびるのは、酸化反応である。

解法パターン&コツ

〈酸・塩基・pH〉

問1 解答 3

○ 1. 酸は、水に溶けると電離して水素イオン H^+（アレニウス）を生じる。
○ 2. 水溶液は酸味を有する。
× 3. 塩酸（HCl）は酸であるが、酸素（O）を含んでいない。
○ 4. 酸は塩基を中和して、塩と水を生じる。
○ 5. 硫酸（酸である）は、亜鉛や鉄などの金属を溶かして水素を発生する。

問2 解答 4　　A：酸　B：塩基　C：青色　D：赤色

「HCl（塩酸）、HNO_3（硝酸）などのように、水に溶けて H^+ を生じる物質を（A：酸）といい、NaOH（水酸化ナトリウム）、$Ca(OH)_2$（消石灰）のように OH^- を生じる物質を（B：塩基）という。酸は（C：青色）のリトマス紙を（D：赤色）に変えるが、塩基はその逆である。
※文章中の HCl（塩酸）、HNO_3（硝酸）等は、試験によく出る化学式なので、（　）内に物品名を入れた。

得点力UPのポイント　★必ず読んでね！★

HCl や NaOH が酸か塩基か分からなくても、基本で大切なリトマス紙の C、D 項〔成績は3＝青（セイ）→赤（セキ）は酸（サン）〕をきっちりと覚えていれば答えは出る。

〈酸化と還元〉

問3 解答 2

○ 1. 物質が酸素と化合することを酸化という。$C + O_2 \rightarrow CO_2$ は酸化の基本式で、炭素が酸素と化合している。
× 2. 他の物質から酸素を奪うことは、酸化ではなく還元である。
○ 3. **物質（水素化合物）が水素を失うことは酸化である。**
○ 4. **酸化と還元は、必ず同時に起こる。**
○ 5. 鉄がさびるのは、酸化反応である。

205

◆ 問題25　酸／塩基／pH・酸化と還元・酸化剤／還元剤 ◆

出題頻度の高い★再現問題

問4 Aの物質がBの物質に変化した場合、それが酸化反応に該当するものはどれか。

	〈A〉	〈B〉
1.	硫　黄	硫化水素
2.	水	水蒸気
3.	一酸化炭素	二酸化炭素
4.	黄りん	赤りん
5.	濃硫酸	希硫酸

解法のテクニック

酸化反応とは物質が酸素と化合する反応で、燃焼も酸化反応である。

問5 酸化と還元の説明について、次のうち誤っているものはどれか。

1. 物質が酸素と化合することを酸化という。
2. 酸化物が酸素を失うことを還元という。
3. 同一反応系において、酸化と還元は同時に起こることはない。
4. 酸化剤は電子を受け取りやすく還元されやすい物質であり、反応によって酸化数が減少する。
5. 反応する相手の物質によって酸化剤として作用したり、還元剤として作用したりする物質がある。

得点力UPのポイント ★必ず読んでね！★

二酸化炭素が赤熱した木炭に触れて一酸化炭素になった化学反応式であるが、酸化と還元が同時に起こっている。

$$CO_2 + C \longrightarrow CO + CO$$

（酸化／還元）

〈解説〉二酸化炭素（CO_2）が還元されて一酸化炭素（CO）になり（酸素が1個少なくなる）、炭素（C）は酸化されて一酸化炭素（CO）になっている。

解法パターン&コツ

問4 解答3

　　　　〈A〉　　　　　　〈B〉
× 1. 硫　黄（S）　硫化水素（H₂S）→硫黄が水素と化合しているので、還元反応である。
× 2. 水（H₂O）　水蒸気（H₂O）→液体が気体に変化しただけである。
○ 3. 一酸化炭素（CO）　二酸化炭素（CO₂）→一酸化炭素が酸素と化合して二酸化炭素になっているので酸化反応である。
× 4. 黄りん（P）　赤りん（P）→同素体であり元素記号から見ても燃焼していない。
× 5. 濃硫酸　希硫酸→濃度が薄くなっただけである。

問5 解答3

○ 1. 物質が酸素と化合することを酸化という。（C + O₂ → CO₂）
○ 2. 酸化物が酸素を失うことを還元という。（CO₂ + C → CO + CO）
× 3. 同一反応系において、酸化と還元は必ず同時に起こる。
? 4. 酸化剤は電子を受け取りやすく還元されやすい物質であり、反応によって酸化数が減少する。
○ 5. 硫黄や二酸化硫黄は、反応する相手の物質によって酸化剤として作用したり、還元剤として作用したりする。

p.185 の参考の解答

タ：単体　カ：化合物　コ：混合物

1. インキ（コ）2. 水（カ）3. ガソリン（コ）4. 水素（タ）5. 食塩水（コ）
6. 鉄（タ）7. 二酸化炭素（カ）8. リン（タ）9. 軽油（コ）10. 炭素（タ）
11. 灯油（コ）12. アンモニア（カ）13. ナトリウム（タ）14. 硝酸（カ）
15. ヘリウム（タ）16. 空気（コ）17. ベンゼン（カ）18. 重油（コ）
19. 窒素（タ）20. エタノール（カ）21. 酸素（タ）22. 硫黄（タ）
23. 海水（コ）24. 食塩（塩化ナトリウム）（カ）25. アスファルト（コ）
26. カーボンナノチューブ（タ）27. ダイヤモンド（タ）28. 水蒸気（カ）
29. 硫酸マグネシウム（カ）30. 黒鉛（タ）

例：2. 水（カ = H₂O）3. ガソリン（コ = 化学式で表せない）4. 水素（タ = H₂）

◆ 問題25　酸/塩基/pH・酸化と還元・酸化剤/還元剤 ◆

出題頻度の高い★再現問題

問6 次の反応のうち、下線を引いた物質が還元されているのはどれか。

1. 木炭が燃焼して二酸化炭素になった。
2. 希硫酸中に亜鉛を浸したら水素が発生した。
3. アルコールが燃焼して二酸化炭素と水になった。
4. 二酸化炭素が赤熱した炭素に触れて一酸化炭素になった。
5. 黄りんが燃焼して五酸化りんになった。

〈酸化剤、還元剤〉

問7 酸化剤と還元剤について、次のうち誤っているものはどれか。

1. 他の物質から水素を奪う性質のあるもの………酸化剤
2. 他の物質に水素を与える性質のあるもの………還元剤
3. 他の物質から酸素を奪う性質のあるもの………酸化剤
4. 他の物質に酸化されやすい性質のあるもの……還元剤
5. 他の物質に還元されやすい性質のあるもの……酸化剤

解法パターン&コツ

問6 解答4

× 1. 木炭が燃焼して二酸化炭素になった反応は、燃焼しているので酸化である。
× 2. 希硫酸中に亜鉛を浸したら水素が発生した反応は、水素化合物が水素を失っているので酸化である。
× 3. アルコールが燃焼して二酸化炭素と水になった反応は、酸化である。
○ 4. 二酸化炭素（CO_2）が赤熱した炭素に触れて一酸化炭素（CO）になった反応は、酸素が1個失われて少なくなっているので還元である。
× 5. 黄りんが燃焼して五酸化りんになった反応は、酸化である。

〈酸化剤、還元剤〉

問7 解答3

○ 1. 他の物質から水素を奪う性質のあるもの……酸化剤→正しい。
○ 2. 他の物質に水素を与える性質のあるもの……還元剤→正しい。
× 3. 他の物質から酸素を奪う性質のあるもの……酸化剤ではなく、還元剤である。下記の②還元（還元反応）の基本式参照。
○ 4. 他の物質に酸化されやすい性質のあるもの……還元剤→正しい。
○ 5. 他の物質に還元されやすい性質のあるもの……酸化剤→正しい。

解法のテクニック

酸化反応、還元反応の基本式から判断すると分かりやすい。
① 酸化（酸化反応）の基本式　$C + O_2 \rightarrow CO_2$（酸素が炭素を酸化している）
② 還元（還元反応）の基本式　$CO_2 + C \rightarrow CO + CO$（炭素が二酸化炭素から酸素を奪って一酸化炭素になる）

Note

第3章
危険物の性質・火災予防・消火の方法

◎ 問題 26 ◎
危険物の類ごとの性質

Check!

本問の出題率 ➡ 100 %

危険物の類ごとの性質

出題率 　50%　　100%　　150%
　　　2回に　　毎回
　　　1回出る　必ず出る

危険物の類ごとの性質

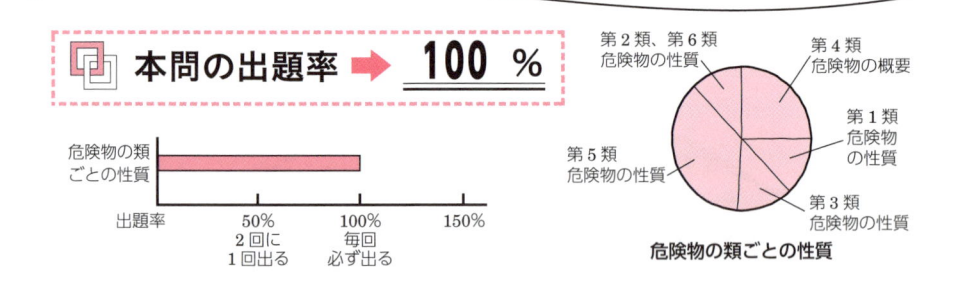

- 第2類、第6類危険物の性質
- 第4類危険物の概要
- 第5類危険物の性質
- 第1類危険物の性質
- 第3類危険物の性質

☑ **出題パターンの分析結果にもとづく合格のポイント**

1. 危険物の概要

① 第1類～第6類の概要

類別	性質	性質の概要
第1類	酸化性**固体**（不燃性）	そのもの自体は燃えない。他の物質を酸化させる酸素を多量に含有しており、加熱、衝撃等により酸素を放出して激しい燃焼を起こさせる。
第2類	**可燃性固体**	火炎により着火しやすい、又は比較的低温で引火しやすい可燃性固体である。
第3類	**自然**発火性物質及び**禁水**性物質	**固体又は液体**。空気にさらされると自然に発火し、又は水と接触すると発火し若しくは可燃性ガスを発生する。
第4類	**引火性液体**	引火性を有する液体。
第5類	**自己反応性物質**	固体・液体。可燃物と酸素が共存し、加熱分解等により、比較的低い温度で多量の熱を発生し、又は爆発的に反応が進行する（内部燃焼する）。
第6類	酸化性**液体**（不燃性）	酸化で燃えない硝酸。そのもの自体は燃焼しない液体で、混在する他の可燃物の燃焼を促進する性質を持っている（**強酸化性液体**）。

出題パターンのアドバイス

最近の出題傾向では危険物の類ごとの性質は、第5類を重点的に覚えることが大切である。

第3章　危険物の性質・火災予防・消火の方法
212

② 危険物概要の覚え方

```
1固　燃えない。2固　可燃性。3固　液体禁水、自然。
4液　引火で、5自己　固液。6液　酸化で燃えない硝酸。
固：固体　　　液：液体　　　禁水：禁水性物質
自然：自然発火性物質　　　引火：引火性物質
自己：自己反応性物質　　　酸化：酸化性物質
```

覚えなきゃ！

2固　可燃性とは→2類は固体で可燃性と読む。
5自己　固液とは→5類は自己反応性物質で固体と液体があると読む。

★ 簡便法で合格率アップ！ ★　　★大切だから必ず読んでね！★

① こう出たら ○　危険物は常温（20℃）において、液体（ガソリン等）又は固体（硫黄等）であり、気体（プロパン等）はない。

② こう出たら ○　第2類の危険物は、酸化されやすい（燃焼しやすい）可燃性の固体である。

③ こう出たら ○　第3類の危険物は自然発火性又は禁水性を有するが、ほとんどのものは両方の危険性を有している。

④ こう出たら ○　第5類の危険物は、（一番多く試験に出ている。）
　イ．外部から酸素の供給がなくても燃焼するものが多い。
　ロ．固体又は液体である。

⑤ こう出たら ✗　第5類の危険物は自らは不燃性であるが、分解して酸素を放出する。
　⇨ 第5類は酸素を含有しているので、加熱、衝撃等により発火・爆発する。
　「自ら不燃性である」の説明は、第1類or第6類のもので誤っている。

● 最近の出題傾向における**重要問題**

① 第1類の危険物は、引火性又は自然発火性を有しているものが多い。　　答（✗）
　→ **第1類は酸化性の固体なので、他の物質を酸化させる（燃焼させる）酸素を多量に含有しているが、自らは燃焼しない**。第6類は液体で、同様の作用がある。

◆ 問題26　危険物の類ごとの性質 ◆

出題頻度の高い★再現問題

問1
第1類から第6類の危険物の性状等について、次のうち誤っているものはどれか。

1. 危険物には常温（20℃）において、気体、液体及び固体のものがある。
2. 不燃性の液体又は固体で、酸素を分離して他の危険物の燃焼を助けるものがある。
3. 水と接触して発熱し、可燃性ガスを生成するものがある。
4. 危険物には単体、化合物及び混合物の3種類がある。
5. 分子内に酸素を含んでおり、他から酸素の供給がなくても燃焼するものがある。

問2
第1類から第6類の危険物の性状等について、次のうち誤っているものはどれか。

1. 同一の物質であっても、形状及び粒度によって危険物になるものとならないものがある。
2. 不燃性の液体及び固体で、酸素を分離し他の燃焼を助けるものがある。
3. 水と接触して発熱し、可燃性ガスを生成するものがある。
4. 保護液として、水、二硫化炭素及びメタノールを使用するものがある。
5. 分子内に酸素を含んでおり、他から酸素の供給がなくても燃焼するものがある。

問3
危険物の類ごとの性状について、次のうち誤っているものはどれか。

1. 第1類の危険物は、引火性又は自然発火性を有しているものが多い。
2. 第2類の危険物は、還元性で酸化剤との接触又は混合により燃焼するものが多い。
3. 第3類の危険物は、空気又は水と接触することにより可燃性ガスを発生し燃焼するものが多い。
4. 第5類の危険物は酸素を含有し、加熱、衝撃、摩擦により発火・爆発するものが多い。
5. 第6類の危険物は、腐食性があり皮膚をおかし、又、蒸気は有毒なものが多い。

解法パターン&コツ

問1 解答1

難易ランク ☹

- × 1. 危険物は常温（20℃）において液体及び固体のみであり、気体の水素ガスやプロパンは、「高圧ガス保安法」で規制されており消防法上の危険物ではない。
- ○ 2. 第6類の過酸化水素等（液体）及び第1類の塩素酸塩類等（固体）は**不燃性**で、熱・衝撃等により酸素を分離して他の危険物の燃焼を助ける。
- ○ 3. 第3類の禁水性物質は、水と接触して発熱し可燃性ガスを生成する。
- ○ 4. 危険物には単体（硫黄等）、化合物（アルコール等）及び混合物（ガソリン等）の3種類がある。
- ○ **5. 第5類の自己反応性物質**（ニトログリセリン＝ダイナマイトの原料等）**は分子内に酸素を含んでおり、他から酸素の供給がなくても燃焼する。**

出題パターンのアドバイス

5項の第5類の自己反応性物質は、色々な問題で出題され答えになっている項目なので、きっちりと覚えておくと後が楽になる。

問2 解答4

難易ランク 😐

- ○ 1. アルミニウムの粉（細かい粉）は第2類の危険物であるが、アルミ鍋やアルミホイルは危険物でない。
- × 4. 保護液として水（二硫化炭素の保護液）は使うが、二硫化炭素（蒸気は有毒）やメタノールを保護液として使用することはない。

問3 解答1

難易ランク 😐

- × 1. 第1類の危険物は、酸化性の固体（燃焼しない）で分解して酸素を発生しやすい。引火性は第4類の性質であり、自然発火性は第3類の性質である。
- ○ 2. 第2類の危険物は、還元性（相手から酸素を奪い燃焼するという意味＝可燃物はすべて還元性）で酸化剤（第1類、第6類の危険物）との接触又は混合により燃焼するものが多い。
- ○ 3. 第3類の危険物は、空気（自然発火性物質）又は水（禁水性物質）と接触することにより可燃性ガスを発生し燃焼するものが多い。
- ○ 4. 第5類の危険物は酸素を含有し、加熱、衝撃、摩擦により発火・爆発するものが多い。

出題頻度の高い★再現問題

問4 危険物の類ごとの性状について、次のうち正しいものはどれか。

1. 第1類の危険物は、還元性の強い固体である。
2. 第2類の危険物は、酸化されやすい可燃性の固体である。
3. 第3類の危険物は、水と反応しない不燃性の液体である。
4. 第5類の危険物は、強酸性の液体である。
5. 第6類の危険物は、可燃性の固体である。

問5 危険物の類ごとの性状として、次のうち正しいものはどれか。

1. 第1類の危険物はすべて酸素を含有し、加熱すると単独でも爆発的に燃焼する。
2. 第2類の危険物はいずれも無機物の固体で、比重は1より大きく水に溶けない。
3. 第3類の危険物は、いずれも自然発火性又は禁水性を有するが、ほとんどのものは、両方の危険性を有している。
4. 第5類の危険物は、いずれも可燃性の固体で、加熱、衝撃、摩擦等により発火し、爆発する。
5. 第6類の危険物は、いずれも酸化性の固体で、可燃物を酸化する。

問6 危険物の類と共通する性状との組合せについて、次のうち正しいものはどれか。

1. 第1類………気体又は液体
2. 第2類………液体
3. 第3類………液体
4. 第5類………固体又は液体
5. 第6類………固体

問7 危険物の類ごとの性状について、次のうち正しいものはどれか。

1. 第1類の危険物は、酸素を含有しているので内部（自己）燃焼する。
2. 第2類の危険物は、水と作用すると激しく発熱する。
3. 第3類の危険物は、可燃性の強酸類である。
4. 第5類の危険物は、外部から酸素の供給がなくても燃焼するものが多い。
5. 第6類の危険物は可燃性で、強酸化剤である。

解法パターン＆コツ

問4　解答 2

- × 1. 第1類の危険物は、還元性ではなく酸化性の固体である。
- ○ 2. 第2類の危険物は、酸化されやすい（燃焼しやすい）可燃性の固体である。
- × 3. 第3類の危険物は、水と反応しない不燃性の液体ではなく、自然発火性物質及び水と反応する禁水性物質であり、液体又は固体である。
- × 4. 第5類の危険物は、強酸性ではなく自己反応性の液体又は固体である。
- × 5. 第6類の危険物は、可燃性の固体ではなく酸化性（不燃性）の液体である。

問5　解答 3

- × 1. 第1類ではなく第5類の危険物はすべて酸素を含有し、加熱すると単独でも爆発的に燃焼する。
- × 2. 第2類の危険物はいずれも無機物（引火性固体の固形アルコールは有機物である）の固体で、一般に比重は1より大きく水に溶けない。
- ○ 3. 第3類の危険物は、いずれも自然発火性又は禁水性を有するが、ほとんどのものは、両方の危険性を有している。
- × 4. 第5類の危険物は、いずれも可燃性の固体ではなく自己反応性の固体又は液体で、加熱、衝撃、摩擦等により発火し、爆発する。
- × 5. 第6類の危険物は、いずれも酸化性の固体ではなく液体で、可燃物を酸化する。

問6　解答 4

- ○ 4. 第5類………固体又は液体

得点力UPのポイント　★必ず読んでね！★

各類ごとの状態は、2つずつあるのが特徴である。
・固体→1類、2類　・固体又は液体→3類、5類　・液体→4類、6類

問7　解答 4

- × 3. 第3類の危険物は、自然発火性物質及び禁水性物質である。
- ○ 4. 第5類の危険物は、外部から酸素の供給がなくても燃焼するものが多い。
- × 5. 第6類の危険物は可燃性ではなく不燃性の強酸化剤である。

◎ 問題 27 ◎

第4類に共通する特性

Check!

本問題の出題率が113%と100%を超えている理由は、1回の試験で第4類に共通する特性に関連する問題が2個出題されることがあるからです。

本問の出題率 → 113 %

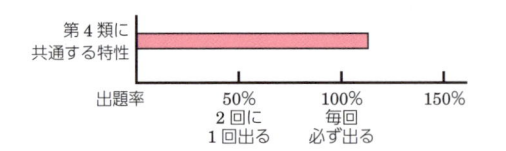

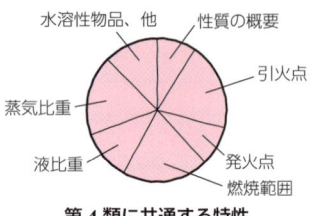

第4類に共通する特性：出題率
- 50% 2回に1回出る
- 100% 毎回必ず出る
- 150%

第4類に共通する特性（円グラフ）：水溶性物品、他／性質の概要／引火点／発火点／燃焼範囲／液比重／蒸気比重

☑ 出題パターンの分析結果にもとづく合格のポイント

1. 引火性の液体である

① 第4類の危険物はすべて可燃性であり、常温（20℃）でほとんどのものが液状である。

② 沸点の低い危険物は可燃性蒸気が発生しやすく、引火点も低く危険性が高い。
　　＊ジエチルエーテル　沸点35℃　引火点−45℃

③ 引火点の低い危険物は、引火しやすく危険である。
　　＊ガソリンの引火点は−40℃以下で低く、厳冬の北海道でも引火する。

④ 引火点の低い危険物は、発火点も低いとは限らない。
　　＊二硫化炭素…………（引火点）−30℃以下（発火点）90℃で低い
　　　酸化プロピレン……（引火点）−37℃　　（発火点）449℃で高い

⑤ 引火点と燃焼点の関係
　　＊一般に燃焼点は、引火点より約10℃程高い。

⑥ 燃焼範囲の広い危険物は、危険性が大きい。
　　＊二硫化炭素：1.0〜50.0 vol%　　アセトアルデヒド：4.0〜60.0 vol%
　　　ガソリン　：1.4〜7.6 vol%（参考）

⑦ 燃焼範囲の下限値が低い危険物は、危険性が大きい。
　　＊二硫化炭素　1.0〜50.0 vol%　　ベンゼン　1.2〜7.8 vol%

⑧ 危険物が霧状の場合は、空気との接触面積が大きく燃えやすくなり危険性が増大

する。

2. 発火点の低いものがある

① 発火点の低い危険物は、発火しやすく危険性が大きい。
　＊二硫化炭素………90℃（第4類で発火点が一番低く、発火しやすい。）

3. 液比重は1より小さく、水に溶けないものが多い

① 液比重が1より小さく、水より軽いものが多い。→火災時に水関係の消火器（棒状の水、棒状の強化液）を使用すると、消火できないばかりか消火液の上に燃えている危険物が浮いて火面が広がり危険性が増す。

水より重い危険物
　　　二硫化炭素 1.3　　　クロロベンゼン、酢酸、グリセリン等

② 水に溶けないものが多い（非水溶性）。

水に溶ける危険物（水溶性）
　　　アセトアルデヒド、酸化プロピレン、アセトン、メタノール、エタノール、酢酸

③ 水溶性の危険物（アルコール類等）は、水で希釈して濃度を薄くすると蒸気圧は低くなる。また、引火点は高くなり引火しにくくなる（最近の出題傾向より）。

4. 蒸気比重は1より大きい

① 蒸気比重はすべて1より大きい（空気より重い）。
　→蒸気はくぼみや低所に滞留し、また、低いところへ流れる。
② このため、遠く離れた場所（特に風下側）にある火源により引火する危険性がある。
③ 石油製品の場合、蒸気比重が大きい危険物は液比重が大きく引火点が高い。
　　＊ギヤー油………蒸気比重大きい　液比重0.90で大きい　引火点220℃で高い

5. 静電気が発生しやすい

① 第4類の危険物は、非水溶性で電気の不良導体（絶縁体）であるものが多く、静電気が発生し蓄積（帯電）しやすい。静電気の火花により引火することがある。

※ 静電気が発生しにくい（帯電しない）危険物を覚えることが大切
アセトアルデヒド、エタノール、アセトン等の水溶性危険物。

② ガソリンスタンドで給油ノズルの流速を遅くすると、静電気の発生は少なくなる。

6. 色・臭気・透明等

① 無色・無臭の判断は？
- 無色無臭とでれば、すべて誤っている。
- 刺激臭、果実臭等と具体的な言葉がでれば、すべて正しい。

② 無色透明の判断は？
- 無色透明とでれば、石油製品以外の危険物であれば、すべて正しい。

簡便法で合格率アップ！ 大切だから必ず読んでね！

危険物の性質での簡便法とは？→「数値等が覚えられない場合でも、答えを出す方法」

①第4類危険物の一般性状		こう出たら ○　第4類の危険物はすべて可燃性 すべて液体　　水より軽いものが多い すべて蒸気は空気より重い（蒸気比重は1より大きい） 水に溶けないものが多い 電気の不導体が多い　　静電気が発生しやすい 二硫化炭素以外の発火点は100℃以上
②比重の場合	液体	水より軽いと出れば→二硫化炭素は×、他はすべて○ 水より重いと出れば→二硫化炭素は○、他はすべて× ※二硫化炭素の比重は、1.3で水より重い。
	気体	こう出たら ○　第4類の危険物の蒸気（比重）は、すべて1以上で空気より重い（空気＝1）。
③引火点の場合		引火点が常温（20℃）より高い低いの判断 ⇨ ○○油と油のつく油種の引火点は、すべて常温（20℃）より高い（例：灯油40℃以上、ギヤー油220℃等）。

④発火点の場合	(すべて ✗) 二硫化炭素より低いと出れば (すべて ✗) 二硫化炭素以外で100℃より低いと出れば ※二硫化炭素の発火点は90℃で、100℃以下は他になし。	
⑤自然発火の場合	(すべて ✗) ガソリン、灯油等は自然発火する。 ⇒ 動植物油の内アマニ油、キリ油等は、自然発火しやすい。 それ以外の第4類は、石油製品を含めて自然発火しない。	
⑥燃焼範囲の場合	(すべて ✗) 特殊引火物のジエチルエーテル、アセトアルデヒド等やメタノールより燃焼範囲が広いと出れば	
⑦無色透明の場合 無色無臭の場合	(すべて ○) 無色透明と出れば　　無色でも (すべて ✗) 無色無臭と出れば（無臭はほとんどなし） (すべて ○) 無色で芳香、果実臭、刺激臭など具体的な臭いであれば	
⑧有機溶剤に溶ける	(すべて ○) 有機溶剤（有機溶媒）に溶けると出れば ※有機溶剤＝ベンゼン、アルコール類など	
⑨油が付く物品の場合	(すべて ○) 灯油等は水より軽い　｝灯油、軽油、 (すべて ○) 重油等は水に溶けない　重油ギヤー油、他	
⑩酸化性の第1類、第6類の危険物との混触、接触、混合の場合	(こう出たら ○) 第4類の危険物は、三酸化クロム（第1類の酸化性固体）等と接触すると、発火する危険性がある。 (こう出たら ✗) 過酸化水素や硝酸（第6類の酸化性液体）と混合すると、発火の危険性が低くなる（危険性が高くなる）。	

7. 簡便法による引火点の覚え方 ★ 大切だから必ず読んでね！

エーテル	−45℃	➡ テル<u>オ仕事</u>に行く	（仕事＝45）
ガソリン	−40℃	➡ ガソリンの配達<u>指令</u>	（指令＝40）
アセトン	−20℃	➡ アセトン<u>成人式</u>	（成人式＝20才）
ベンゼン	−11℃	➡ ベンツは<u>ドイツの車</u>	（ドイツ＝どーいつ＝11）
トルエン	4℃	➡ <u>4</u>リットルエンジン	
メタノール	11℃	➡ メタノールは、車に<u>いい</u>アルコール	（いい＝11）
エタノール	13℃	➡ 日本酒を<u>いさん</u>で飲もう	（いさん＝13）
酢酸	39℃	➡ <u>さんく</u>酸	（さんく＝39）

出題頻度の高い★再現問題

問1 第4類の危険物の一般性状について、次のうち誤っているものはどれか。

1. 可燃性蒸気は、空気と一定範囲の混合割合でなければ燃焼しない。
2. 引火性を有する液体で、自然発火性を有するものが多い。
3. 電気の不導体で静電気が蓄積されやすく、放電火花で引火することがある。
4. 発火点は100℃以下のものがある。
5. 引火の危険性は、引火点が低い物質ほど高く、高い物質ほど低い。

問2 第4類危険物の一般性状について、次のうち誤っているものはどれか。

1. 引火し炎を上げて燃える。
2. 沸点が水より高いものがある。
3. 燃焼範囲には、下限値と上限値がある。
4. 燃焼点が引火点より低いものがある。
5. 引火しても燃焼が継続しないものがある。

問3 液温が常温（20℃）のとき、引火の危険性がある危険物の組合せは、次のうちどれか。ただし、ガソリンは自動車ガソリンとする。

1. ガソリン……………軽　油………………………エタノール
2. シリンダー油………酸化プロピレン…………メタノール
3. ガソリン……………ギヤー油…………………ジエチルエーテル
4. ガソリン……………ジエチルエーテル………二硫化炭素
5. 二硫化炭素…………アセトン…………………ギヤー油

解法のテクニック

液温が常温（20℃）のとき、引火の危険性がある危険物とは、引火点が常温である20℃未満のものを選べばよい。p.220の「簡便法で合格率アップ」③を用いれば、軽油、シリンダー油等「油のつく危険物」の引火点は常温（20℃）より高いので、×印をすれば答えは出る。また、後見返しの「第4類危険物の特性」の一覧表を見たときは、問題集ではなくメモ用紙等に数値を書いて覚えるようにしよう！p.221「7. 簡便法による引火点の覚え方」も参考にしよう！

解法パターン&コツ

問1 解答 2

- ○ 1. ガソリンの燃焼範囲は 1.4 〜 7.6 vol％なので、可燃性蒸気が 1.3％では薄くて燃焼しないし、7.7％では濃くて燃焼しない。このように、**可燃性蒸気は、空気と一定範囲の混合割合でなければ燃焼しない。**
- × 2. 第4類は引火性を有する液体であるが、自然発火しやすいものは動植物油のアマニ油、キリ油等ごく僅かである。
- ○ 3. 第4類の危険物は、電気の不導体（ガソリン等の非水溶性危険物）で静電気が蓄積されやすく、放電火花で引火する（引火点が低い危険物）ことがある。
- ○ 4. **二硫化炭素の発火点は 90℃**で、第4類の危険物の中では一番低い。
- ○ 5. **引火点が−40℃以下で低いガソリンは、厳冬の北海道（約−30℃）でも引火する**ので引火の危険性が高く、引火点の高いギヤー油（220℃）は危険性が低い。

問2 解答 4

- ○ 1. **引火点が−11℃のベンゼンは、常温（20℃）で引火し炎を上げて燃える。**
- ○ 2. 水の沸点は 100℃であり、第2石油類等の沸点はほとんどのものが水より高い。
- ○ 3. ガソリンの燃焼範囲は 1.4 〜 7.6 vol％であり、1.4 vol％が**下限値**（下限値未満では薄くて燃焼しない）で 7.6 vol％が**上限値**（上限値を超えるものは濃くて燃焼しない）である。
- × 4. 一般に燃焼点は、引火点より約 10℃程高い。燃焼点が引火点より低いということは、引火する前に燃焼してしまうことであり、そのようなことはあり得ない。
- ○ 5. **引火点が 13℃のエタノールは、液温が 15℃程度であると蒸発する可燃性蒸気の量が少ないので、引火しても火は消える。**

問3 解答 4

- × 1. ガソリン（−40℃以下）……**軽油×**（45℃以上）……………エタノール（13℃）
- × 2. **シリンダー油×**（250℃）……酸化プロピレン（−37℃）……メタノール（11℃）
- × 3. ガソリン（−40℃以下）……**ギヤー油×**（220℃）……………ジエチルエーテル（−45℃）
- ○ 4. ガソリン（−40℃以下）……ジエチルエーテル（−45℃）…二硫化炭素（−30℃以下）
- × 5. 二硫化炭素（−30℃以下）…アセトン（−20℃）……………**ギヤー油×**（220℃）

223　◆ 問題 27　第4類に共通する特性 ◆

出題頻度の高い★再現問題

問4 第4類の危険物の一般性状について、次のうち正しいものはどれか。

1. いずれも水に溶けやすい。
2. 常温（20℃）で、火源があればすべて引火する。
3. 蒸気は燃焼範囲を有し、この下限値に達する温度が低いものほど引火の危険性が大きい。
4. 蒸気は空気より軽く、空気中で拡散しやすい。
5. 火源がなければ、発火点以上の温度でも燃焼しない。

問5 第4類危険物の性状と危険性の関係で、次のうち誤っているものはどれか。

1. 沸点の低いものは、引火の危険性が大きい。
2. 燃焼範囲の下限界の低いものほど危険性が大きい。
3. 燃焼範囲の下限界が同じものは、上限界の高いものほど危険性が大きい。
4. 燃焼範囲の下限界と上限界の幅が同じものは、下限界の低いものほど危険性が大きい。
5. 液体の比重が大きなものは、蒸気密度が小さいので危険性が大きい。

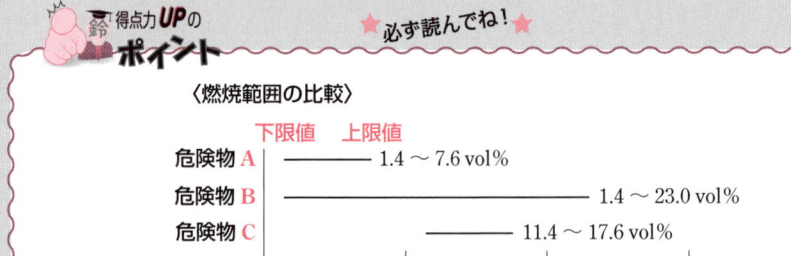

得点力UPのポイント ★必ず読んでね！★

〈燃焼範囲の比較〉

	下限値　上限値	
危険物 A	———	1.4 〜 7.6 vol%
危険物 B	———————————	1.4 〜 23.0 vol%
危険物 C	———	11.4 〜 17.6 vol%

蒸気濃度　0%　　10%　　20%　　30%

問6 第4類の危険物の性状について、次のうち誤っているものはどれか。

1. 常温（20℃）で液状であるが、10℃で固体のものも存在する。
2. すべて可燃性であり、水に溶けないものが多い。
3. 蒸気は空気とわずかに混合した状態でも、引火するものが多い。
4. 液体の比重は、1より小さいものが多い。
5. 蒸気は空気より軽いので、空気中に拡散しやすい。

解法パターン&コツ

問4 解答 3

- × 1. 第4類の危険物は、**石油製品など非水溶性で水に溶けにくいものが多い**。
- × 2. 引火点が20℃を超える（軽油＝45℃以上等）ものは、常温（20℃）で火源があっても蒸発（揮発）する蒸気量が少ないので引火しない。
- ○ 3. 蒸気は燃焼範囲を有し、この下限値に達する温度が低いものほど、下限値が引火点（引火点の定義−2）に相当するので引火の危険性が大きい。
- × 4. 蒸気は空気より軽くではなく重く、低所に滞留しやすい。
- × 5. **火源がなくとも、発火点以上の温度（液温）になれば燃焼する**。

問5 解答 5

- ○ 1. **沸点の低い（アセトアルデヒド＝21℃等）ものは、低い液温で可燃性蒸気を発生するため、引火点も低く引火の危険性が大きくなる**。
- ○ 2. 燃焼範囲の下限界（下限値）の低いものは、**臭いを感じないほど薄い濃度の蒸気でも引火するので危険性が大きい**。p.224の燃焼範囲の比較の図で、危険物A、Bの下限値の部分に相当。
- ○ 3. 燃焼範囲の下限界が同じものは、上限界の高いものほど**燃焼範囲の幅が増す**ので危険性が大きくなる。同図の危険物AとBでは、広いBの方が危険。
- ○ 4. 燃焼範囲の下限界と上限界の幅が同じものは、下限界の低いものほど臭いを感じないほど薄い濃度の蒸気でも引火するので危険性が大きい。同図で危険物AとCでは、下限値の低いAの方が危険。
- × 5. 石油製品で液体の比重が大きなものは、蒸気密度が小さいではなく大きい。また、石油製品では、液体の比重が大きいもの（ギヤー油等）の危険性は、小さいもの（ガソリン等）に比べて大きくはない。

問6 解答 5

- ○ 1. **常温（20℃）で液状**であるが、10℃で固体のものも存在する。
- ○ 2. 第4類の危険物はすべて可燃性であり、**水に溶けない（非水溶性）ものが多い**。
- ○ 3. **燃焼範囲の下限値の低いものが多い**ので、蒸気は空気とわずかに混合した状態でも引火するものが多い。
- ○ 4. 液体の**比重は、1より小さい（水より軽い）**ものが多い。
- × 5. 蒸気は空気より重い（ガソリンは空気の3〜4倍重い）ので、低所に滞留しやすい。

◎ 問題 28 ◎
第4類に共通する火災予防

Check!

本問の出題率 → 90 %

第4類に共通する火災予防

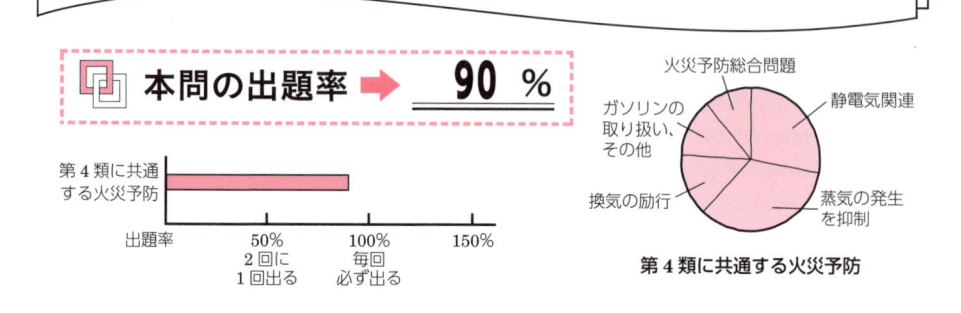

✓ 出題パターンの分析結果にもとづく合格のポイント

1. 蒸気を発生させない

① 炎、火花、高温体等との接近又は加熱を避けるとともに、みだりに蒸気を発生させない。高温体とは？→真っ赤に焼けた鉄の塊を想像して解答する。
② 二硫化炭素を水槽に入れ水没貯蔵する理由は？→可燃性蒸気（有毒）の発生を防ぐ。

2. 容器は密栓して冷所に貯蔵する

① 液温が上がると引火の危険性が生じるため冷所に貯蔵する。
② 密栓する場合は液漏れを防ぐために、容器の上部に十分な空間をとる。
③ 通気口つきの貯蔵容器
　　使用OK →第6類の過酸化水素のみ（危険物試験の出題範囲に限る）。
　　使用NO →エチルメチルケトン、灯油等（通気口から可燃性の蒸気が漏れて危険性が増す）。

3. 可燃性蒸気の排出は高所へ

① 可燃性蒸気は空気より重く低所に滞留するので、低所の蒸気を高所に排出する。
② 蒸気の滞留を防ぐため通風や換気を行う。→発生する蒸気を燃焼範囲の下限値以下にする。
③ 可燃性蒸気が滞留するおそれのある場所では、火花を発生する機械器具を使用し

ない。また、電気設備は、防爆構造のものを使用する。

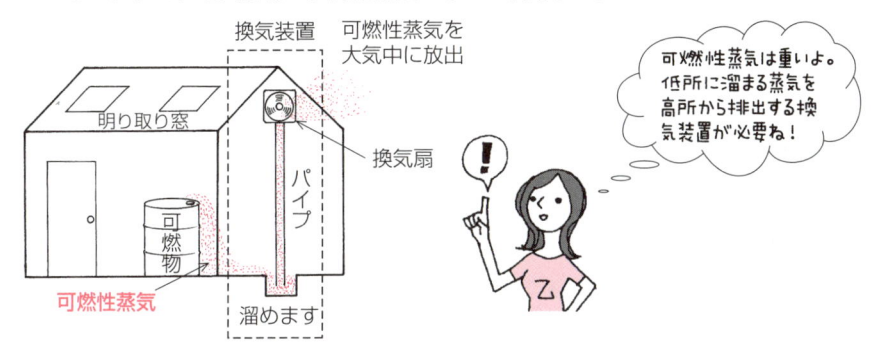

換気装置　可燃性蒸気を大気中に放出

明り取り窓　パイプ　換気扇

可燃物

可燃性蒸気　溜めます

可燃性蒸気は重いよ。低所に溜まる蒸気を高所から排出する換気装置が必要ね！

4．静電気の蓄積防止策

① 静電気が発生し帯電しやすいホース、配管、タンク、タンクローリー等は、接地（アース）をして静電気の帯電を防止する（逃がす）。
② ガソリン、灯油等粘性の低い危険物は、静電気が発生しやすいので激しい動揺又は流動を避ける。
③ 湿度が低いと、静電気が発生し帯電するおそれがあるので注意して取り扱う。

★ 簡便法で合格率アップ！　★ 大切だから必ず読んでね！

①静電気関連

こう出たら ✕　イ．取扱作業時の服装は、電気絶縁性のよい靴やナイロンその他の化学繊維などの衣類を着用する。
⇨ 電気絶縁性（電気が流れない）のよい靴は、人体に帯電した静電気を逃がすことができないので、危険性が増大する。また、化学繊維などの衣類は、静電気が発生し帯電しやすいので着用してはいけない。

こう出たら ◯　ロ．配管で移送するときは静電気の発生を抑えるため、流速を遅くする。

②可燃性蒸気関連

こう出たら ✕　イ．危険物の蒸気は空気より軽いので、高所の換気を行う。
⇨ 蒸気は空気より重いので、低所に滞留している蒸気を高所に排出する。

こう出たら ◯　ロ．二硫化炭素は、可燃性蒸気の発生を防ぐため、水没貯蔵する（ジエチルエーテルは、水没貯蔵することはない）。

◆ 問題 28　第 4 類に共通する火災予防 ◆

出題頻度の高い★再現問題

問1 第1石油類の危険物を取り扱う場合の火災予防について、次のうち誤っているものはどれか。

1. 液体から発生する蒸気は、地上をはって離れた低いところにたまることがあるので、周囲の火気に気をつける。
2. 取扱作業をする場合は、鉄びょうのついた靴は使用しない。
3. 取扱場所に設けるモーター、制御器、スイッチ、電灯などの電気設備はすべて防爆構造のものとする。
4. 取扱作業時の服装は、電気絶縁性のよい靴やナイロンその他の化学繊維などの衣類を着用する。
5. 床上に少量こぼれた場合は、ぼろ布などできれいにふき取り、通風を良くし、換気を十分に行う。

問2 製造所または一般取扱所において、一般に行われる防火対策と用語の組合せで、次のうち関連のないものはどれか。

1. 作業床面に散水する。……………………………静電気
2. 電動機を防爆構造とする。………………………引火
3. 反応釜の温度を制御する。………………………反応速度
4. 反応させる物質の注入速度を調整する。………燃焼範囲
5. 貯蔵タンクを窒素ガスで置換する。……………引火

問3 二硫化炭素の屋外貯蔵タンクを水槽に入れ、水没する理由として、次のうち正しいものはどれか。

1. 可燃物との接触を避けるため。
2. 水と反応して安定な物質をつくるため。
3. 可燃性蒸気が発生するのを防ぐため。
4. 不純物の混入を防ぐため。
5. 空気と接触して爆発性の物質ができるのを防ぐため。

得点力UPのポイント 必ず読んでね！

二硫化炭素の蒸気は有毒なので、蒸気の発生を抑制することが水没貯蔵の目的である。また、水没貯蔵する危険物は、比重が水より重く水に溶けないことが前提となる。

解法パターン&コツ

問1 解答 4

- ○ 1. ガソリン等の蒸気比重は空気の数倍重く、液体から発生する蒸気は地上をはって離れた低いところにたまることがあるので、**周囲の火気に気をつける**。
- ○ 2. ガソリン等の第1石油類の取扱作業をする場合は、**可燃性蒸気の発生量が多く危険なため**鉄びょうのついた靴（火花が出るおそれがある）は使用しない。
- ○ 3. 取扱場所に設けるモーター、制御器、スイッチ、電灯などの電気設備はすべて防爆構造のものを使用するように定められている。
- × 4. 電気絶縁性のよい靴やナイロンその他の化学繊維などの衣類は、静電気を多量に発生し帯電するので危険である。着用する衣類は、帯電防止服等を着用する。
- ○ 5. ガソリン、ベンゼン等の第1石油類が床上に少量こぼれた場合は、ぼろ布などできれいにふき取り、通風を良くし、換気を十分に行えば安全である。

問2 解答 4

- ○ 1. 作業床面に散水する。→床面に散水して、「静電気」の発生と帯電を防止する。
- ○ 2. 電動機を防爆構造とする。→電動機を防爆構造にして発生する火花が外部に漏れるのを防ぎ、「引火」を防止する。
- ○ 3. 反応釜の温度を制御する。→反応釜を適切な温度にして、「反応速度」を制御する。
- × 4. 反応させる物質の注入速度を調整する。→注入速度を調整して、「反応速度」を制御する。また、「静電気」の発生を防止する。燃焼範囲は誤っている。
- ○ 5. 貯蔵タンクを窒素ガスで置換する。→タンク内に窒素ガスを導入して可燃性蒸気を排出（置換という）し、蒸気の濃度を燃焼範囲以下にして「引火」を防止する。

問3 解答 3

- × 1. 可燃物との接触を避けるため、水没貯蔵する必要はない。
- × 2. **二硫化炭素は水と反応しない**。
- ○ 3. 二硫化炭素を貯蔵しているタンクに水を入れ水没貯蔵することにより、比重の軽い水が二硫化炭素の上に浮いてふたの役目をし、有毒な可燃性蒸気が発生するのを防ぐことができる。
- × 4. 不純物の混入を防ぐため、水没貯蔵する必要はない。
- × 5. 空気と接触して爆発性の物質ができるのは、ジエチルエーテルである。

出題頻度の高い★再現問題

問4 ジエチルエーテルの貯蔵、取扱いの方法として、次のうち誤っているものはどれか。

出題ランク ★★☆

1. 直射日光を避け冷所に貯蔵する。
2. 容器は密栓する。
3. 火気及び高温体との接近を避ける。
4. 建物の内部に滞留した蒸気は、屋外の高所に排出する。
5. 水より重く水に溶けにくいので、容器等に水を張って蒸気の発生を抑制する。

問5 第4類危険物の火災予防の方法で、次のうち誤っているものはどれか。

出題ランク ★★★

1. 室内で取り扱う場合は、蒸気が軽いので低所より高所の換気を十分に行う。
2. みだりに火気を近づけない。
3. 貯蔵場所は通風換気をよくする。
4. 容器は直射日光を避けて貯蔵する。
5. 可燃性蒸気の滞留するおそれのある場所での電気設備は、防爆構造とする。

得点力UPのポイント ★必ず読んでね！★

第4類危険物の火災予防上の留意点
① 第4類危険物の蒸気（蒸気比重）は、空気より重く低所に滞留しやすい。
② 静電気が発生しやすいので、接地（アース）や取扱作業時の服装（化学繊維や毛糸等はダメ）等に注意する。

問6 ガソリンの貯蔵、取扱いについて、次のうち正しいものはどれか。

出題ランク ★★☆

1. 金属製のロートを用いて、灯油のポリタンクに移し替えた。
2. ブリキ缶に入れ、床上の絶縁シートの上に置いた。
3. 容器の蒸気が漏れると危険なので、開口前に圧力調整弁を操作しない。
4. 付近で熱の発生するもの、火花の発生する機械器具等を使用しているときは、ガソリンの詰め替えをしない。
5. 容器には、ガソリンを一杯に詰める。

解法パターン&コツ

問4 解答5

○1. ジエチルエーテルの貯蔵、取扱いは、直射日光を避け冷所に貯蔵する。
○2. 蒸気が漏れるのを防ぐために、容器は密栓をする。
○3. 液温の上昇や火災防止のために、火気及び高温体との接近を避ける。
○4. 建物の内部に滞留した蒸気は空気より重く底部に滞留しているので、拡散を図るために屋外の高所に排出する。
×5. 水より重く水に溶けにくいので、容器等に水を張って蒸気の発生を抑制するのはジエチルエーテルではなく、二硫化炭素の水没貯蔵である。

問5 解答1

×1. 第4類危険物を室内で取り扱う場合は、蒸気が重く低所に滞留するため、高所より低所の換気を十分に行う必要がある。また、排出は高所にして拡散を図る。
○2. 引火点が低く引火しやすいものが多いので、**みだりに火気を近づけない**。
○3. 可燃性蒸気を滞留させないため、貯蔵場所は通風換気をよくする。
○4. 引火点の高い危険物でも、液温が上がると引火の危険が生じるため、**直射日光を避け冷所に貯蔵する**。
○5. 可燃性蒸気の滞留するおそれのある場所での電気設備は、**火花を発するものを使用してはならない**（防爆構造のものを使用する）と定められている。

問6 解答4

×1. **法令上、ガソリンは灯油のポリタンクに入れられない**。
×2. ブリキ缶に入れるのはよいが、床上の絶縁シートの上に置いたのでは、注入時に発生した静電気が帯電して逃げにくくなるので危険である。
×3. 容器内の圧力が上がっているおそれがあるので、事故防止のために開口前（容器のふたを開く前）に圧力調整弁を開いて容器内の圧力を下げてやる必要がある。
○4. 付近で熱の発生するもの、火花の発生する機械器具等を使用しているときは、火災防止のためガソリンの詰め替えをしない。
×5. 法令上、ガソリン等の液体の危険物は、**内容積の98％以下の収納率で**、かつ、**55℃において漏れないように十分な空間容積を有して収納**しなければならないと定められている。また、**容器にガソリンを一杯に詰めるのは、危険でもある**。

◎ 問題 29 ◎ 事故事例

Check!

本問の出題率 ➡ 88 %

事故事例 出題率 50% 100% 150%
2回に1回出る　毎回必ず出る

油槽所での事故／移動タンク貯蔵所の単独事故／移動タンク＋地下タンク貯蔵所／給油取扱所出の事故／地下埋設配管の腐食

事故事例

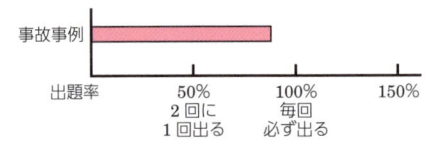

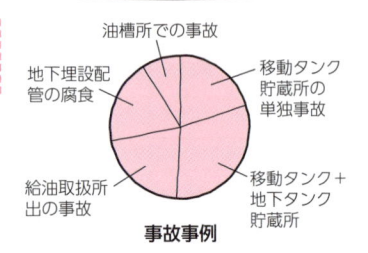

☑ 出題パターンの分析結果にもとづく合格のポイント

★簡便法で合格率アップ！★　★大切だから必ず読んでね！★

①地下タンク貯蔵所	計量口は注入中は必ず解放し、常に注入量を確認する→× ⇨ 解放しておくと、危険物が漏れる等事故のおそれがある。
②給油取扱所	固定給油設備から軽油が漏れて地下水が汚染された事故の原因は？ ⇨ 固定給油設備の下部ピットをアスファルトで舗装したため、アスファルトが溶けた。
③地下埋設配管	地下埋設配管の腐食により危険物が漏れた原因で、最も考えられないものは？ 　イ．コンクリートの中に配管を埋設した（腐食しない）。 　ロ．タールエポキシ樹脂又はエポキシ樹脂を配管に塗覆した（腐食しない）。
④移動タンク貯蔵所	ガソリンを貯蔵していた移動貯蔵タンクに、灯油を流入しているとき火災事故が生じるときの主な原因は？ ⇨ 移動貯蔵タンク内が燃焼範囲内の蒸気濃度になり、灯油の流入で発生した静電気火花の引火で火災か発生。

第3章　危険物の性質・火災予防・消火の方法　232

出題頻度の高い★再現問題

問 次の文の下線部分の (A)～(D) のうち、事故の発生要因となると考えられるものすべてを掲げているものはどれか。

「ガソリンを貯蔵していた移動貯蔵タンクにガソリンを注入するため、**(A) 導電性の低い作業着と靴を着用**してタンク内を**(B) 不活性ガスで置換**した。次に注入管をタンク上部から入れ、注入管の先端をタンクの底部から**(C) 相当に離した状態**で、**(D) 速度をできるだけ速めて注入**している際、タンク内部から突然炎が上がった。」

1. (A) (B)
2. (A) (B) (C)
3. (A) (C) (D)
4. (B) (D)
5. (C) (D)

注：正しい作業には〇印を、誤っている作業には×印をする。

解法パターン&コツ

解 解答 3 (A) × (C) × (D) ×

「ガソリンを貯蔵していた移動貯蔵タンクにガソリンを注入するため、**(A ×) 導電性の低い作業着と靴を着用**してタンク内を**(B 〇) 不活性ガスで置換**した。次に注入管をタンク上部から入れ、注入管の先端をタンクの底部から**(C ×) 相当に離した状態**で、**(D ×) 速度をできるだけ速めて注入**している際、タンク内部から突然炎が上がった。」

- (A ×) **導電性の低い作業着と靴を着用**→ガソリンは引火点が低く引火しやすいので、化学繊維の作業着など導電性が低いものを着用しての作業は、静電気が発生しやすく「炎が上がった」事故の原因となる。
- (B 〇) **不活性ガスで置換**→不活性ガス（窒素ガス等の不燃性ガス）の導入により、タンク内の蒸気濃度が燃焼範囲以下になるので事故の要因とはならない。
- (C ×) **相当に離した状態**→注入管の先端はタンク底部につけ、静電気の発生を防止すると定められているので、誤っている。
- (D ×) **速度をできるだけ速めて注入**→速度を速めて注入すれば、流動摩擦が増大して静電気が余計に発生し危険である。

出題頻度の高い★再現問題

問1

ガソリンを貯蔵していたタンクに、そのまま灯油を入れると爆発することがあるので、その場合は、タンク内のガソリン蒸気を完全に除去してから灯油を入れなければならないとされている。この理由として、次のうち妥当なものはどれか。

1. タンク内のガソリン蒸気が灯油と混合して、灯油の発火点が著しく低くなるから。
2. タンク内のガソリン蒸気が灯油の流入により断熱圧縮されて発熱し、発火点以上になることがあるから。
3. タンク内のガソリン蒸気が灯油と混合して熱を発生し、発火することがあるから。
4. タンク内に充満していたガソリン蒸気が灯油に吸収されて燃焼範囲内の濃度に下がり、灯油の流入により発生する静電気の放電火花で引火することがあるから。
5. タンク内のガソリン蒸気が灯油の蒸気と化合して、自然発火しやすい物質ができるから。

問2

移動タンク貯蔵所から給油取扱所の専用タンク(計量口を有するもの)に危険物を荷おろしする場合に伴う安全対策として、次のうち適切でないものはどれか。

1. 移動タンク貯蔵所に設置された接地導線を、給油取扱所に設置された接地端子に取り付ける。
2. 注入口の近くで風上となる場所を選んで消火器を配置する。
3. 地下貯蔵タンクの残油量を計量口を開けて確認し、注入が終了するまで計量口のふたを閉めないないままにしておく。
4. 注入作業中に緊急事態が生じた場合、直ぐに対応できるように移動タンク貯蔵所の付近から離れないようにする。
5. 給油取扱所の責任者と専用タンクに注入する危険物の品名、数量等を確認してから作業を行う。

解法パターン&コツ

問1 解答4

- × 1. このような状態で、灯油の発火点（220℃）が低くなることはあり得ない。
- × 2. このような状態で発熱し、液温が発火点以上になることはあり得ない。もし、発火点以上になれば、タンクは手で触れないほど熱くなるはずである。
- × 3. このような状態でガソリン蒸気が熱を発生し、発火することはあり得ない。
- ○ 4. 揮発性の高いガソリンを貯蔵していた移動貯蔵タンク内の蒸気濃度は、ガソリンの燃焼範囲（1.4～7.6 vol%）の上限値（7.6 vol%）をはるかに超えているので火災を起こすことはない。しかし、ガソリンを貯蔵した後に灯油を積み込むと、充満していたガソリンの蒸気が灯油に吸収され燃焼範囲内の濃度に下がり、灯油の流入によって発生した静電気の放電火花で引火することがあり危険である。
- × 5. ガソリン蒸気と灯油の蒸気から、自然発火性物質ができることはあり得ない。

問2 解答3

- ○ 1. 移動タンク貯蔵所に設置された接地導線を、給油取扱所に設置された接地端子に取り付け、**発生する静電気を逃がしてやる**。
- ○ 2. 注入口の近くで**安全な風上となる場所**を選んで消火器を配置する。
- × 3. 地下貯蔵タンクの計量口は、計量するとき以外は閉鎖すると法令で定められている。注入が終了するまでふたを開けた状態にしておくと、万が一に計量ミス等があると、計量口から危険物があふれ出るおそれがある。

計量口のふたは必ず閉めておくことが大切ね！

ふた　計量口のマンホール
計量口のふた
地下タンク

※計量口：地下タンクの在庫を量る古いタイプの地下タンク計量装置

- ○ 4. 注入作業中に緊急事態が生じた場合、直ぐに対応できるように移動タンク貯蔵所の付近から離れないようにする。**常に作業を監視することが大切である**。
- ○ 5. **誤注入を防止するため**、給油取扱所の責任者と専用タンクに注入する危険物の品名、数量等を確認してから作業を行う。

出題頻度の高い★再現問題

問3 次の事故事例を教訓とした今後の対策として、誤っているものはどれか。

「給油取扱所の固定給油設備から軽油が漏れて地下に浸透したため、地下専用タンクの外面保護材の一部が溶解した。また、周囲の地下水も汚染され、油臭くなった。」

1. 給油中は吐出状況を監視し、ノズルから空気（気泡）を吹き出していないかどうか注意すること。
2. 固定給油設備は定期的に前面カバーを取り外し、ポンプ及び配管に漏れがないか点検すること。
3. 固定給油設備のポンプ周囲及び下部ピット内は、点検を容易にするため、常に清掃しておくこと。
4. 固定給油設備のポンプ及び配管等の一部に著しく油、ごみ等が付着する場合は、その付近に漏れの疑いがあるので、重点的に点検すること。
5. 固定給油設備の下部ピットは、漏油しても地下に浸透しないように、内側をアスファルトで被覆しておくこと。

問4 危険物を取り扱う地下埋設配管（炭素鋼管）が腐食することにより、危険物が漏洩する事故がたびたび発生した。この腐食の原因として、最も考えにくいものは、次のうちどれか。

1. 電気設備を設置するため、銅の棒を地中に打ち込んだとき、埋設した配管と銅の棒が接触した。
2. コンクリートの中に配管を埋設した。
3. 粒度の異なる土壌にまたがって配管を埋設した。
4. 配管を埋設した場所の近くに、直流の電気設備を設置したため、迷走電流が大きく影響した。
5. 配管を埋設するとき工具が落下し、配管の被覆がはがれたのに気づかず埋設した。

解法パターン&コツ

問3　解答 5　　　難易ランク ☺😐☹

- ○ 1. 給油中は吐出状況を監視し、ノズルから空気（気泡）を吹き出していないかどうか注意する。→**気泡があれば、配管、機器等に緩み、損傷等がある。**
- ○ 2. 危険物の漏洩事故防止のため、固定給油設備は定期的に前面カバーを取り外し、ポンプ及び配管に漏れがないか点検することは大切な作業である。
- ○ 3. 固定給油設備のポンプ周囲及び下部ピット内は点検を容易にするため、常に清掃しておくことは大切な作業である。
- ○ 4. 固定給油設備のポンプ及び配管等の一部に著しく油、ごみ等が付着する場合は、その付近に漏れの疑いがあるので、重点的に点検することは大切である。
- × 5. 固定給油設備の下部ピットは、石油が浸透しない部材（一般にコンクリート）で被覆しなければならない。**アスファルトは軽油と同じ石油製品なので、溶けて効果がない。**

ガソリンスタンドの固定給油設備の事故

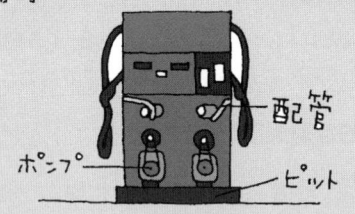

（配管／ポンプ／ピット）

問4　解答 2　　　難易ランク ☺😐☹

- × 1. 埋設した配管と銅の棒が接触していると、銅よりイオン化傾向の大きい配管（炭素鋼管）が先に腐食する。
- ○ 2. コンクリートが正常な状態であれば、埋設した配管は腐食しにくい。
- × 3. 土質が異なる（粒度が異なる）土壌にまたがって配管を埋設すると腐食しやすい。
- × 4. 直流の電気設備（直流電車のレール付近等）の近くは、迷走電流が影響して埋設した配管は腐食しやすい。
- × 5. 配管の被覆がはがれていれば、水分等の影響により配管は腐食しやすくなる。

◎ 問題 30 ◎
第4類に共通する消火の方法

Check!

本問の出題率 ➡ 133 %

第4類に共通する消火の方法

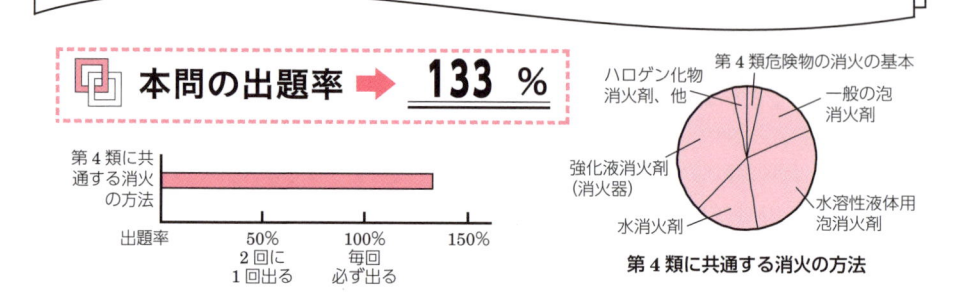

✓ 出題パターンの分析結果にもとづく合格のポイント

第4類危険物の消火には、**空気の供給を遮断する窒息消火、燃焼を化学的に抑制する抑制作用（負触媒作用）による消火が効果的**である。

1. 第4類に効果的な消火剤

① 霧状の強化液　② 泡　③ ハロゲン化物　④ 二酸化炭素　⑤ 粉末

2. 第4類に不適当な消火剤

液比重が1より小さい（水より軽い）危険物の火災に注水すると、危険物が水に浮いて火災が拡大するので適当でない。

	棒状	霧状
水	×	×
強化液消火剤	×	○

注意　水と強化液の棒状は、第4類の消火には使用できない。
棒状とは、ホースで水（消火剤）をかけること。

3. 水溶性危険物の消火

① アルコール類やアセトン等の水溶性液体の消火に、一般の泡消火剤を用いても泡が溶解され消えるので効果がない。→水溶性液体用泡消火剤を使用する。

第3章　危険物の性質・火災予防・消火の方法

4. 消火剤と適応火災のまとめ

○印は使用できる ×印は使用できない

		普通火災 （木材等）	油火災・第4類 非水溶	油火災・第4類 水溶性	電気火災 （モーター等）
1. 棒状の水		○	×	×	×
2. 強化液消火剤	棒 状	○	×	×	×
	霧 状	○	○	○	○
3. 泡消火剤		○	○	×	×
4. 水溶性液体用泡消火剤		−	−	○	×
5. ハロゲン化物消火剤		×	○	○	○
6. 二酸化炭素消火剤		×	○	○	○
7. 粉末消火剤	リン酸塩類	○	○	○	○
	炭酸水素塩類	×	○	○	○

★簡便法で**合格率アップ！**　★大切だから必ず読んでね！

①第4類危険物の消火の基本	（イ）空気の供給を遮断するか、又は（ロ）燃焼を化学的に抑制して消火するのが基本。
イ．空気の供給を遮断する例	・泡消火剤で燃焼物を覆い窒息消火をする。→○ ・二酸化炭素消火剤で燃焼物を覆い窒息消火をする。→○
ロ．燃焼を化学的に抑制する例	・ハロゲン化物消火剤を燃焼物に放射して、燃焼反応を抑制して消火する。→○ ・粉末消火剤を燃焼物に放射して、燃焼反応を抑制して消火する等。→○
②水溶性液体の消火の基本 　アルコール類、アセトン等の水溶性液体の消火には、水溶性液体用泡消火剤を使用する。→○		
③一般の泡消火剤が、アルコール類等の水溶性液体の消火に使えない理由。 　水が主成分の泡が、アセトン等の水溶性液体に溶けて消えるから。→○		
④棒状の強化液消火剤は、第4類の危険物（非水溶性液体、水溶性液体）には使えない。→○		

◆ 問題30　第4類に共通する消火の方法 ◆

出題頻度の高い★再現問題

問1 第4類の危険物の消火について、次のうち最も適切なものはどれか。

1. 液温を引火点以下にする。
2. 可燃性蒸気の発生を抑制する。
3. 空気の供給を遮断するか、又は燃焼を化学的に抑制する。
4. 蒸気の濃度を低下させる。
5. 可燃物を取り除く。

問2 ベンゼン、トルエンの火災の消火方法として、次のうち誤っているものはどれか。

1. 泡消火剤で消火する。
2. 棒状の強化液消火剤で消火する。
3. 二酸化炭素消火剤で消火する。
4. 霧状の強化液消火剤で消火する。
5. リン酸塩類の消火粉末で消火する。

得点力UPのポイント ★必ず読んでね！★

第4類の引火性液体（非水溶性の危険物が主体である）の火災に有効な消火剤（消火器）

- ・霧状の強化液消火剤
- ・泡消火剤
- ・ハロゲン化物消火剤
- ・二酸化炭素消火剤
- ・粉末消火剤

問3 泡消火剤の中には水溶性液体用泡消火剤とその他の一般の泡消火剤とがあるが、次の危険物の火災を消火しようとする場合、一般の泡消火剤では適切でないものはどれか。

1. エタノール
2. ガソリン
3. 灯油
4. シリンダー油
5. 重油

解法パターン&コツ

問1 解答3

難易ランク ◎

- × 1. 消火剤でガソリンの液温を引火点の-40℃以下にするのは不可能である。
- × 2. 第4類の引火性液体は、火災時の高温により蒸発が激しくなるので、**消火剤で蒸気の発生を抑制するのは難しい**。
- ○ 3. 第4類の危険物の消火には、泡や二酸化炭素消火剤等で燃焼物を覆い、空気の供給を遮断するか又はハロゲン化物消火剤等で、燃焼を化学的に抑制する方法が最も効果的である。
- × 4. 第4類の液体の危険物は、火災時には可燃性蒸気の発生が激しいので、**蒸気の濃度を低下させることは難しい**。
- × 5. 第4類の液体の危険物は、**可燃物を取り除く除去消火の方法は使いにくい**。

問2 解答2

難易ランク ☺

- ○ 1. ベンゼン、トルエンの火災に、**泡消火剤で消火するのは効果的**である。
- × 2. 棒状の強化液消火剤は、ベンゼン、トルエン等の油火災には使えない。
- ○ 3. **二酸化炭素消火剤**で、窒息消火するのは効果的である。
- ○ 4. **霧状の強化液消火剤**で消火するのは効果的である。
- ○ 5. **リン酸塩類の消火粉末**で消火するのは効果的である。

問3 解答1

難易ランク ◎

- × 1. エタノール→水溶性液体（p.243 水溶性危険物の覚え方参照）
- ○ 2. ガソリン→非水溶性危険物（石油製品はすべて非水溶性液体である）。
- ○ 3. 灯油→非水溶性液体
- ○ 4. シリンダー油→非水溶性液体
- ○ 5. 重油→非水溶性液体

得点力UPのポイント ★必ず読んでね！★

一般の泡消火剤では適切でないものとは、泡消火剤の成分は大半が水なので、エタノール等の水溶性液体の消火に使用すると、泡がエタノールに溶けて消え窒息消火ができなくなることを意味している。

出題頻度の高い★再現問題

問4 次に掲げる危険物の火災に際し、アルコール類の火災に有効な泡消火剤でなければ消火効果が期待できないものはどれか。

1. 二硫化炭素
2. アセトン
3. ベンゼン
4. ガソリン
5. トルエン

問5 第4類の危険物の中には、消火剤として泡を用いる場合、泡が消滅しやすいので、水溶性液体用の泡消火剤を使用しなければならないものがあるが、次のA〜Eの危険物のうち該当するものはいくつあるか。

A. 二硫化炭素
B. アセトアルデヒド
C. アセトン
D. メタノール
E. クレオソート油

1. 1つ　　2. 2つ　　3. 3つ　　4. 4つ　　5. 5つ

問6 アルコール類、ケトン類などの水溶性の可燃性液体の火災に用いる泡消火剤は、水溶性液体用泡消火剤とされている。その主たる理由として、次のうち適切なものはどれか。

1. 他の泡消火剤に比べて、耐熱性に優れているから。
2. 他の泡消火剤に比べて、消火剤が可燃性液体に溶け込み引火点が低くなるから。
3. 他の泡消火剤に比べて、泡が溶解したり破壊されることがないから。
4. 他の泡消火剤に比べて、可燃性液体への親和力が極めて強いから。
5. 他の泡消火剤に比べて、水溶性が高いから。

解法パターン&コツ

問4 解答2
難易ランク ◉ ☺ ☹

- × 1. 3. 4. 5. →非水溶性液体で水に溶けない。
- ○ 2. アセトン→アルコール類と同じ水溶性液体で、水に溶ける。

問5 解答3
難易ランク ◉ ☺ ☹

- × A. 二硫化炭素→非水溶性危険物
- ○ B. アセトアルデヒド→水溶性危険物（下記の水溶性危険物の覚え方参照）
- ○ C. アセトン→水溶性危険物（水溶性危険物の覚え方参照）
- ○ D. メタノール→水溶性危険物（水溶性危険物の覚え方参照）
- × E. クレオソート油→非水溶性危険物
- × 1. 1つ　× 2. 2つ　○ 3. 3つ　× 4. 4つ　× 5. 5つ

得点力UPのポイント ★必ず読んでね!★

設問より水溶性液体（危険物）を探せばよい。

水溶性危険物の覚え方

ゴルフのプロは	汗をかく	アルコール飲んで良い気分。
・酸化プロピレン	・アセトアルデヒド	・メタノール ＋ 酢酸
	・アセトン	・エタノール

問6 解答3
難易ランク ◉ ☺ ☹

- × 1. 他の泡消火剤に比べて、**耐熱性に優れているわけではない**。
- × 2. 泡消火剤の使用で引火点が低くなることはない。また、**引火点は低くなればなるほど、引火しやすくなり危険性が増す**。
- ○ 3. 他の泡消火剤に比べて、泡が溶解したり破壊されることがないから。
- ? 4. 他の泡消火剤に比べて、可燃性液体への親和力が極めて強いから。
- × 5. **水溶性が高ければ、水溶性液体には使えない**ので誤っている。

得点力UPのポイント ★必ず読んでね!★

アルコール類の火災には、一般の泡消火剤を使用すると泡が消える（泡が溶解したり破壊されること）ので、**水溶性液体用の特別な泡消火剤を使用する必要がある**。

出題頻度の高い★再現問題

問7 第4類危険物の火災に対する消火の方法について、次のうち誤っているものはどれか。

1. 棒状の強化液を放射する消火器を用いる。
2. ハロゲン化物消火剤を放射する消火器を用いる。
3. 霧状の強化液を放射する消火器を用いる。
4. 泡を放射する消火器を用いる。
5. 二酸化炭素消火剤を放射する消火器を用いる。

問8 危険物とその火災に適応する消火方法の組合せのうち、適当でないものは次のうちどれか。

1. ガソリン…………消火粉末（リン酸塩類）を放射する。
2. エタノール………棒状の強化液を放射する。
3. 軽　油……………二酸化炭素を放射する。
4. 重　油……………泡を放射する。
5. ギヤー油…………霧状の強化液を放射する。

問9 舗装面又は舗装道路に漏れたガソリンの火災に、噴霧注水を行うことは不適切な消火方法とされている。次のA〜Eのうち、その主な理由に当たるものの組合せはどれか。

A. ガソリンが水に浮き、燃焼面積を拡大させる。
B. 水滴がガソリンをかく乱し、燃焼を激しくする。
C. 水滴の衝撃でガソリンをはね飛ばす。
D. 水が側溝等を伝わり、ガソリンを遠方まで押し流す。
E. 水が激しく沸騰し、ガソリンを飛散させる。

1. AとB　　2. AとD　　3. BとC　　4. CとE　　5. DとE

解法パターン&コツ

問7　解答 1

難易ランク

- × 1. 第4類の危険物の消火には、棒状の強化液を放射する消火器は使えない。
- ○ 2. ハロゲン化物消火剤は、抑制効果があるので適している。
- ○ 3. 霧状の強化液も抑制効果があるので適している。
- ○ 4. 泡を放射する消火器は、窒息効果があるので適している。
- ○ 5. 二酸化炭素消火剤は、窒息効果があるので適している。

問8　解答 2

難易ランク

- ○ 1. ガソリン…………消火粉末（リン酸塩類）を放射する消火方法は適している。
- × 2. エタノール………棒状の強化液を放射する消火方法は、第4類危険物の火災には効果がないので使えない。
- ○ 3. 軽　油……………二酸化炭素を放射する。
- ○ 4. 重　油……………泡を放射する。
- ○ 5. ギヤー油…………霧状の強化液を放射する。

問9　解答 2

難易ランク

- ○ A. ガソリンの火災に水噴霧消火は消火できないばかりか、非水溶性で比重の軽いガソリンが水に浮くので、燃焼面積を拡大させ危険性が増す。
- × B. 噴霧注水なので、水滴がガソリンをかく乱し、**燃焼を激しくするようなことはない**。
- × C. 噴霧注水なので、水滴の衝撃で**ガソリンをはね飛ばすようなことはない**。
- ○ D. 水噴霧では消火できないガソリンが水に浮き、側溝等を伝わりガソリンを遠方まで押し流すことにより、危険性が増大する。
- × E. 噴霧注水で水が激しく沸騰し、ガソリンを飛散させるようなことはない。

× 1. AとB　　○ 2. AとD　　× 3. BとC　　× 4. CとE　　× 5. DとE

得点力UPのポイント　★必ず読んでね！★

ガソリンの火災に水を使った消火は、棒状、霧状共に不適切である。

◎ 問題 31 ◎
第1石油類-1（ガソリン）

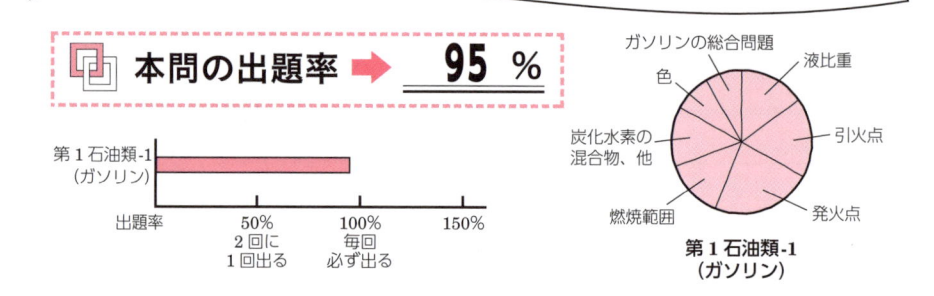

Check!

本問の出題率 → 95 %

✓ 出題パターンの分析結果にもとづく合格のポイント

　第1石油類とは、**アセトン**、**ガソリン**その他1気圧において**引火点が21℃未満**のものをいう。ガソリンの一般性状の一覧表と、性質について下記にまとめた。

〈ガソリンの一般性状〉

品名	液比重	沸点〔℃〕	引火点〔℃〕	発火点〔℃〕	燃焼範囲〔vol%〕	水溶性
ガソリン	0.65～0.75	40～220	－40以下	約300	1.4～7.6	×

1. ガソリン

① 自動車ガソリン（着色）、航空ガソリン（着色）、工業ガソリンに大別される。
　自動車ガソリンは、灯油や軽油との識別を容易にするためオレンジ色に着色してある。
② 水より軽く水に溶けない。アルコール、その他の有機溶剤によく溶ける。
③ **蒸気は空気の3～4倍重いので、低所に滞留しやすい。**
④ 炭化水素（主に炭素と水素でできたもの）の混合物。
⑤ **石油製品は非水溶性液体なので、静電気が発生しやすい。**

簡便法で合格率アップ！ ★大切だから必ず読んでね！

①引火点の場合	ガソリンの引火点は、−40℃以下である。→○
②発火点の場合	ガソリンの発火点は、100℃以下である。→× 約300℃である。→○
③自然発火の場合	ガソリンは自然発火する。→× ⇨ アマニ油、キリ油等の動植物油の乾性油は、自然発火しやすい。 上記以外の第4類は、石油製品を含めて自然発火しない。
④燃焼範囲の場合	燃焼範囲　おおむね1～8 vol%→○ 上限値は10 vol%以上である。→× ガソリンは特殊引火物のジエチルエーテル、アセトアルデヒド等やメタノールより燃焼範囲が広いと出れば→×
⑤炭化水素の混合物の場合	ガソリンは、種々の炭化水素の混合物である。→○ ⇨ ガソリンをはじめ石油製品は、すべて種々の炭化水素の混合物である。→○（炭素数4～10）

この項目以外のものについては、p.220～221【問27】「簡便法で合格率アップ」を確認しよう！

●最近の出題傾向における重要問題

① ガソリンの燃焼範囲は、特殊引火物のジエチルエーテル、アセトアルデヒド等やメタノールより広い。　　　　　　　　　　　　　　　　答（×）
　→ 特殊引火物とメタノールの燃焼範囲は、ガソリンより相当に広い。

② 過酸化水素や硝酸と混合すると、発火の危険性が低くなる。　　答（×）
　→ 第6類の過酸化水素や硝酸（酸化性の液体で酸素を放出する）と混合すると、ガソリンに酸素が供給されるので発火の危険性が低くなるではなく高くなる。

③ ガソリンは燃えやすく、沸点まで加熱すると発火する。　　　　　答（×）
　→ ガソリンの発火点の約300℃なので、沸点の40～220℃まで加熱しても発火はしない。

出題頻度の高い★再現問題

問1 ガソリンの性状として、次のうち正しいものはどれか。

1. 自然発火しやすい。
2. 発火点は、二硫化炭素より低い。
3. 燃焼範囲は、ジエチルエーテルより広い。
4. 水より重い。
5. 自動車ガソリンの引火点は、一般に－40℃以下である。

問2 自動車ガソリンの一般性状で、次のうち正しいものはどれか。

1. 液体の比重は、1以下である。
2. 蒸気の比重（空気＝1）は、2以下である。
3. 燃焼範囲の上限値は、10 vol％以上である。
4. 引火点は－35℃以上である。
5. 発火点は250℃以下である。

出題パターンのアドバイス

物理・化学に次いで性質の苦手な方が多い。**性質に強くなるポイントとして、ガソリンの一般性状の表を見て数値を確認したときは、必ずその数値を書いておこう（問題集には記入せず、メモ用紙等を活用する）。**

ガソリンの比重、蒸気比重、点火点など大切な数値は、繰り返し出題されている重要なものである。**これを行うことで、試験本番でライバルに相当の差を付けられる。**

ただし、ガソリンの「燃焼範囲はおおむね1～8 vol％である。」と、おおよその数値しか書いてないものは、**1.4～7.6 vol％**と細かい数値を覚えなくても答えは必ず出るようになっている。

問3 ガソリンの性状について、次のうち誤っているものはどれか。

1. 工業ガソリンは無色の液体であるが、自動車ガソリンはオレンジ系色に着色されている。
2. 各種のガソリンは、炭化水素の混合物である。
3. 発火点は、おおむね100℃以下で、第4類危険物の中では最も低い。
4. 自動車ガソリンの燃焼範囲は、おおむね1～8 vol％である。
5. 蒸気比重は、空気より重い。

解法パターン&コツ

問1 解答 5

× 1. ガソリンは自然発火しやすいと出れば、p.247 の「簡便法」③を使って「自然発火しやすいのは、動植物油のアマニ油、キリ油のみで石油製品は自然発火しない」ので誤っている。
× 2. 発火点は二硫化炭素より低いと出れば、p.221 の「簡便法」④を使って「二硫化炭素より低いと出れば、すべて×」で誤っているのが分かる。
× 3. p.247 の「簡便法」④「ガソリンは、特殊引火物のジエチルエーテル、アセトアルデヒド等やメタノールより燃焼範囲が広いと出れば→×」を使って誤っているのが分かる。
× 4. 水より重いと出れば、p.220 の「簡便法」②「水より重いと出れば→二硫化炭素は○、他はすべて×」を使って、ガソリンは誤っているのが分かる。
○ 5. 自動車ガソリンの引火点は、一般に－40℃以下である。この数値は大切なので、メモ用紙等に記入して必ず覚えよう！

問2 解答 1

○ 1. 液体の比重は1以下であると出れば、「水は1で1以下は水より軽い」と同じなので、p.220 の「簡便法」②「水より軽いと出れば→二硫化炭素は×、他はすべて○」を使って正しいことが分かる。
× 2. ガソリンの蒸気の比重（空気＝1）は、2以下ではなく 3～4 である。
× 3. 燃焼範囲の**上限値は、10 vol％以上ではなく 7.6 vol％（おおよそ 8 vol％）で**ある。
× 4. 引火点は－35℃以上ではなく、－40℃以下である。
× 5. ガソリンの発火点は、250℃以下ではなく**約 300℃である**。

問3 解答 3

○ 1. 工業ガソリンは無色の液体であるが、**自動車ガソリンは灯油や軽油との識別を容易にするため、オレンジ系色に着色**されている。
○ 2. 各種のガソリンは、炭化水素の混合物である。
× 3. 「簡便法」を使えば、発火点がおおむね 100℃以下は誤っているのが分かる。
○ 4. 自動車ガソリンの燃焼範囲は、おおむね 1～8（1.4～7.6）vol％である。
○ 5. **蒸気比重は、空気より重い。重いので低所に滞留しやすい。**

出題頻度の高い★再現問題

問4 自動車ガソリンの性状について、次のうち誤っているものはどれか。

1. 水より軽い。
2. オレンジ色に着色されている。
3. 引火点は、-40℃以下である。
4. 自然発火しやすい。
5. 燃焼範囲は、おおむね1～8 vol%である。

問5 ガソリンの性状等について、次のうち誤っているものはどれか。

1. 過酸化水素や硝酸と混合すると、発火の危険性が低くなる。
2. 皮膚に触れると、皮膚炎を起こすことがある。
3. 主成分は炭化水素である。
4. 不純物として、微量の有機硫黄化合物などが含まれることがある。
5. 自動車ガソリンは、オレンジ系色に着色されている。

問6 ガソリンの性状について、次のうち誤っているものはどれか。

1. 自動車ガソリンは、オレンジ系色に着色されている。
2. 工業ガソリンは、洗浄、抽出、希釈剤として使われる。
3. 引火点が低く、常温（20℃）で引火する危険性がある。
4. 電気の不良導体であるため、流動摩擦により静電気が発生しやすい。
5. 水、エタノールに溶けない。

問7 自動車ガソリンの一般的性状で、次のA～Eのうち誤っている組合せはどれか。

A. 揮発性が高く、蒸気は空気よりも重い。
B. 燃えやすく、沸点まで加熱すると発火する。
C. 電気の不導体で、静電気が発生しやすい。
D. 燃焼範囲の上限は、10%を超える。
E. 引火点が低く、冬の屋外でも引火する危険性がある。

1. AD　2. BC　3. BD　4. CE　5. DE

解法パターン&コツ

問4　解答 4

- ○ 1. ガソリンの比重は、1以下で水より軽い。
- ○ 2. オレンジ色に着色されている。
- ○ 3. 引火点は－40℃以下で、厳冬の北海道でも引火する。
- × 4. 自然発火しやすいと出れば、アマニ油、キリ油等の動植物油は自然発火しやすいが、それ以外の第4類は石油製品（ガソリン等）を含めて自然発火しない。
- ○ 5. 燃焼範囲は、おおむね1～8 vol%である。

問5　解答 1

- × 1. 第6類の過酸化水素や硝酸（酸化性の液体で酸素を放出する）と混合すると、ガソリンに酸素が供給されるので発火の危険性が低くなるではなく高くなる。
- ○ 2. 皮膚に触れると、皮膚炎を起こすことがある。
- ○ 4. 不純物として、微量の有機硫黄化合物などが含まれることがある。

問6　解答 5

- ○ 2. 工業ガソリンは、機械の洗浄、種子よりの油の抽出、希釈剤として使われる。
- ○ 3. 引火点が－40℃以下と低く、常温（20℃）より低い－40℃で引火する危険性がある。
- ○ 4. 電気の不良導体（不導体）であるため、流動摩擦により静電気が発生しやすい。
- × 5. ガソリンは非水溶性液体なので、水には溶けないがエタノール等の有機溶剤にはよく溶ける（p.221の「簡便法」⑧参照）。

問7　解答 3

- ○ A. **ガソリンの沸点は低いので揮発性が高く**、蒸気は空気よりも重い。
- × B. 引火点が低いので引火して燃えやすいが、発火点が約300℃なので、40～220℃の沸点まで加熱しても発火しない。
- ○ C. **ガソリンは**非水溶性の電気の不導体（不良導体、絶縁体）で、**静電気が発生しやすい。**
- × D. 燃焼範囲の上限は、7.6 vol%（おおむね8 vol%）である。
- ○ E. 引火点が－40℃以下と低く、冬の屋外でも引火する危険性がある。

× 1. A D　　× 2. B C　　○ 3. B D　　× 4. C E　　× 5. D E

◎ 問題 32 ◎ 第2石油類（灯油、軽油、酢酸、キシレン、他）

本問の出題率 ➡ 118 %

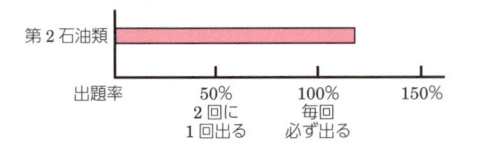

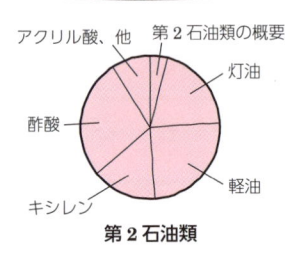

出題パターンの分析結果にもとづく合格のポイント

第2石油類とは、灯油、軽油のほか、1気圧において引火点が21℃以上70℃未満のものをいう。

品　名	液比重	沸点〔℃〕	引火点〔℃〕	発火点〔℃〕	燃焼範囲〔vol%〕	水溶性
灯　油	約 0.8	145～270	40 以上	220	1.1～6.0	×
軽　油	約 0.85	170～370	45 以上	220	1.0～6.0	×
酢　酸	1.05	118	39	463	4.0～19.9	○
キシレン（オルト）	0.88	144	33	463	1.0～6.0	×

1. 灯　油

① 無色または淡黄色（淡紫黄色）の液体で、特有の臭いがある。
② 液温が引火点以上になると、ガソリンと同様の引火危険を生じる。
③ 霧状にしたり、布等に染み込んだものは、火がつきやすい。
　（空気との接触面積が大きくなり、また見かけ上の熱伝導率が小さくなるので危険性が増大する。）
④ ガソリンが混合された灯油は、引火点が低くなり引火しやすい。

2. 軽　油

① 淡黄色または淡褐色の液体である（着色はしていない）。

② 霧状にしたり、布等に染み込んだものは、火がつきやすい。

3. 酢酸（氷酢酸）

① 無色透明の液体で、刺激性の酢の臭いがする（食酢は酢酸の約 4％水溶液）。
② 水によく溶け、アルコールやジエチルエーテル等にもよく溶ける。
③ 比重は 1.05 で、水より重い。
④ 金属やコンクリートを腐食する。
⑤ アルコールと反応して酢酸エステルをつくる。

4. キシレン

① オルトキシレン、メタキシレン、パラキシレンの三種の異性体がある。
② 非水溶性で水に溶けず、比重は水より軽い。無色透明の液体。
③ 引火点は 27 ～ 33℃で、常温（20℃）以上である。

簡便法で合格率アップ！ ★大切だから必ず読んでね！

①引火点の場合		灯油　40℃以上→○
		軽油　45℃以上→○
		酢酸　39℃→○（酢酸は、さんく（39）さんと覚える。）
②比重の場合	液体	水より軽いと出れば→二硫化炭素は×、他はすべて○
		水より重いと出れば→二硫化炭素は○、他はすべて×
		※二硫化炭素の比重は、1.3 で水より重い。
	気体	すべて 1 以上で空気より重い。（空気＝1）
③水溶性		第 2 石油類で水に溶ける（水溶性）危険物は、酢酸、アクリル酸のみである。（試験に出る範囲内）
④第 2 石油類全体		霧状にしたり布にしみ込んだものは引火しやすい。→○

この項目以外のものについては、p.220 ～ 221【問 27】「簡便法で合格率アップ」を確認しよう！

最近の出題傾向における重要問題

① 灯油、軽油の発火点は、100℃より低い。　　　　　　　　　　答（×）
　→灯油、軽油の発火点は、いずれも 220℃であり 100℃より高い。

253　　　　　　　　　　◆ 問題 32　第 2 石油類 ◆

出題頻度の高い★再現問題

〈灯油、軽油、他〉

問1 第2石油類の性状について、次のうち誤っているものはどれか。

1. 霧状の場合は、引火点以下でも着火することがある。
2. 蒸気比重は1以上である。
3. 水溶性のものはない。
4. 発火点は100℃を超える。
5. 15℃の温度で、凝固するものがある。

問2 灯油の一般性状について、次のうち正しいものはどれか。

1. 自然発火しやすい。
2. 引火点は、40℃以上である。
3. 発火点は、100℃より低い。
4. 液温が常温（20℃）では、蒸気は発生しない。
5. 水によく溶ける。

問3 軽油の性状等について、次のうち誤っているものはどれか。

1. 沸点は水よりも高い。
2. 水より軽い。
3. 蒸気は空気よりわずかに軽い。
4. ディーゼル機関等の燃料に用いられる。
5. 引火点は45℃以上である。

解法パターン&コツ

〈灯油、軽油、他〉

問1 解答3

- ○ 1. 第2石油類が霧状の場合は、空気との接触面積が大きくなり引火点以下でも着火することがある。
- ○ 2. 第4類の危険物の蒸気比重は、すべて1以上で空気（空気＝1）より重い。
- × 3. 第2石油類は灯油、軽油など水に溶けない非水溶性のものが多いが、酢酸、アクリル酸等水溶性のものもある。
- ○ 4. 第2石油類の発火点は、すべて100℃を超える。
- ○ 5. 第2石油類の酢酸は、融点が約17℃なので、15℃の温度では凝固して固体になる。

問2 解答2

- × 1. **動植物油のアマニ油、キリ油などの乾性油は自然発火しやすいが、他の第4類はすべて自然発火しない。**
- ○ 2. 灯油の引火点は、40℃以上である。大切だから必ず覚えるようにしよう！
- × 3. 発火点は、220℃である。p.221の「簡便法」④を使っても答えは出る。
- × 4. 液温が常温（20℃）では、引火はしないが**蒸気は発生している**。灯油の臭いがしていれば、蒸気を発生していると考えてよい。
- × 5. 灯油等の石油類は、非水溶性物品なので水に溶けない。

問3 解答3

- ○ 1. 軽油などの第2石油類であれば、沸点はすべて水（100℃）よりも高いと考えてよい（試験に出る範囲内）。
- ○ 2. 軽油の比重（液比重）は、1より小さく水より軽い。「簡便法」を使っても答えは出る。
- × 3. 第4類の危険物の蒸気（気体の比重）で、空気より軽いものはない。全部が重いので、誤っている。大切だから必ず覚えるようにしよう！
- ○ 4. 軽油はバスやトラック等のディーゼル機関の燃料に用いられる。
- ○ 5. 引火点は45℃以上である。この数値も大切だから、必ず覚えるようにしよう！

出題頻度の高い★再現問題

問4 軽油の性状等について、次のうち誤っているものはどれか。

1. 炭化水素の混合物である。
2. 沸点は水より低い。
3. 特有の臭いを有する液体である。
4. 引火点は45℃以上である。
5. 酸化剤と混触すると、発火・爆発することがある。

問5 灯油及び軽油に共通する性状について、次のうち誤っているものはどれか。

1. 水より軽い。
2. 引火点は、常温（20℃）より高い。
3. 蒸気は、空気より重い。
4. 発火点は、100℃より低い。
5. 水に溶けない。

〈酢酸〉

問6 酢酸の性状について、次のうち誤っているものはどれか。

1. 高濃度の酢酸は低温で氷結するため、氷酢酸と呼ばれている。
2. エーテル、ベンゼンに溶ける。
3. 粘性が高く水には溶けない。
4. アルコールと反応して酢酸エステルをつくる。
5. 金属を強く腐食する。

解法パターン＆コツ

問4　解答 2

- ○1. 軽油などの石油類は、すべて炭化水素（炭素と水素でできているもの）が何十種類か混ざりあった混合物である。
- ×2. 軽油などの第2石油類であれば、沸点はすべて水（100℃）よりも高いと考えてよい（試験に出る範囲内）。
- ○3. 軽油は特有の臭いを有する液体である。
- ○4. 引火点は 45℃以上である。
- ○5. 第6類危険物の硝酸や過酸化水素などの酸化剤と混触すると、酸素が供給され発火・爆発することがある。

問5　解答 4

- ○1. 灯油、軽油が水より軽いと出れば、p.253 の「簡便法」②「水より軽いと出れば→二硫化炭素は×他はすべて○」を用いて、正しいので○印となる。
- ○2. 灯油の引火点は 40℃以上で、軽油の引火点は 45℃以上なので、いずれも常温（20℃）より高い。p.220 の「簡便法」③「○○油と油のつく油種の引火点は、すべて常温（20℃）より高い」を用いれば正しいと分かる。
- ○3. 第4類の危険物の蒸気は、すべて 1 以上で空気（空気＝1）より重い。
- ×4. 灯油、軽油いずれも発火点は、220℃なので誤っている。p.221 の「簡便法」④「二硫化炭素以外で 100℃より低いと出れば→×」を使っても誤っているのが分かる。
- ○5. 灯油、軽油いずれも石油製品で、非水溶性であり水に溶けない。

〈酢酸〉

問6　解答 3

- ○1. 高濃度の酢酸は低温で氷結（融点 17℃）するため、氷酢酸と呼ばれている。
- ○2. **酢酸は、エーテル、ベンゼン等の有機溶剤によく溶ける。**
- ×3. 食酢は酢酸の約 4％の水溶液であり、水によく溶ける。また、粘性は低い。
- ○4. 酢酸は、アルコールと反応して酢酸エステルをつくる。
- ○5. 酢酸は酸性で、金属を強く腐食する。

出題頻度の高い★再現問題

問7 酢酸について、次のうち誤っているものはどれか。

1. 常温（20℃）では、無色透明の液体である。
2. 水溶液は、腐食性を有している。また、皮膚等に付着すると火傷を起こすことがある。
3. 青い炎をあげて燃え、二酸化炭素と水蒸気になる。
4. 蒸気は空気より重い。
5. 常温（20℃）で、引火の危険性がある。

〈キシレン〉

問8 キシレンの性状について、次のうち誤っているものはどれか。

1. 無色の液体である。
2. 芳香臭がある。
3. 水より軽い。
4. 3種の異性体がある。
5. 蒸気は空気より軽い。

問9 キシレンの性状について、次のうち誤っているものはどれか。

1. 3つの異性体がある。
2. 芳香を有している。
3. 無色の液体である。
4. 水によく溶ける。
5. 水よりも軽い。

第3章 危険物の性質・火災予防・消火の方法

解法パターン＆コツ

問7 解答 5

- ◯ 1. 酢酸は常温（20℃）では、無色透明の液体である。p.221 の「簡便法」⑦「無色透明と出れば→すべて◯」を使っても、正しいと分かる。
- ◯ 2. 酢酸の水溶液は酸性で、腐食性を有している。また、皮膚等に付着すると火傷を起こすことがある。
- ◯ 3. 酢酸は炭素と水素等の化合物で、青い炎をあげて燃え、二酸化炭素と水蒸気になる。
- ◯ 4. 第4類の危険物の蒸気は、すべて空気より重い。
- × 5. 酢酸の引火点は 39℃なので、常温（20℃）では蒸発する蒸気の量が少なくて引火しない。

〈キシレン〉

問8 解答 5

- ◯ 1. キシレンは無色の液体である。
- ◯ 2. キシレンに芳香臭があると出れば、具体的な臭いなので◯で OK である。
- ◯ 3. 水よりも軽いと出れば、二硫化炭素ではないので◯で OK である。
- ◯ 4. オルトキシレン、メタキシレン、パラキシレンと3種の異性体がある。
- × 5. 第4類の危険物の蒸気は、すべて空気より重いので誤っている。

解法のテクニック

「p.220 〜 221 の簡便法」を使って解いてみよう！

問9 解答 4

- ◯ 1. キシレンには、3つの異性体がある。
- ◯ 2. キシレンは芳香を有している（芳香は具体的な臭いなので◯）。
- ◯ 3. 無色の液体である。**無色でも◯で OK である。**
- × 4. キシレンは非水溶性液体なので、水に溶けない。
- ◯ 5. 水よりも軽い（二硫化炭素は×、他はすべて◯）。

◎ 問題 33 ◎
第3石油類、第4石油類、動植物油類、第4類全般

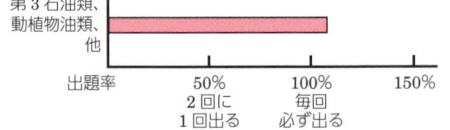

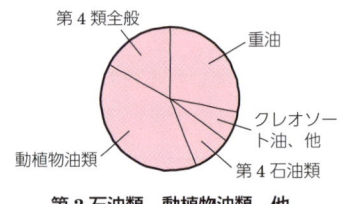

本問の出題率 → 108 %

第3石油類、動植物油類、他

- 50% 2回に1回出る
- 100% 毎回必ず出る

第3石油類、動植物油類、他：第4類全般、重油、クレオソート油、他、第4石油類、動植物油類

☑ 出題パターンの分析結果にもとづく合格のポイント

① 第3石油類

第3石油類とは、**重油、クレオソート油**その他1気圧において引火点が70℃以上200℃未満のものをいう。

品 名	液比重	沸点〔℃〕	引火点〔℃〕	発火点〔℃〕	燃焼範囲〔vol%〕	水溶性
重 油	0.9～1.0	300以上	60～150	250～380	―	×
クレオソート油	1.0以上	200以上	74	336	―	×
グリセリン	1.3	291	199	370	―	○

1. 重 油

① 褐色又は暗褐色で粘性があり、揮発しにくい。
② 一般に水より軽い。水には溶けない。
③ 1種（A重油）、2種（B重油）及び3種（C重油）に分類される。1種と2種の引火点は、日本工業規格では60℃以上と規定されている。
④ いったん燃えはじめると、液温が高くなっているので消火が困難な場合がある。
⑤ 不純物として含まれる硫黄が燃えると、有害な亜硫酸ガスとなる。

2. クレオソート油

① コールタールより製造する。
② 濃黄褐色の特異臭ある液体である。
③ 水より重い。
④ 水には溶けないが、アルコール、ベンゼン等の有機溶剤に溶ける。

2 第4石油類

第4石油類とは、**ギヤー油、シリンダー油**その他1気圧において引火点が200℃以上250℃未満のものをいう。

① 揮発しにくく（常温では蒸気は出ていない）、粘性のある液体である。
② 一般に比重は、水より軽いものが多い。
③ **燃えているときは、液温が高くなっている（250℃以上で発火点に近い場合がある）ので消火が困難な場合がある。**

3 動植物油類

動植物油類とは、動物の脂肉等又は植物の種子もしくは果肉から抽出したもので、1気圧において**引火点が250℃未満の**ものをいう。

区 分	ヨウ素価	品 名	自然発火の有無
乾性油	130以上	アマニ油、キリ油	しやすい
半乾性油	100〜130	なたね油、大豆油	
不乾性油	100以下	ヤシ油、落花生油	しにくい

① **一般に引火点は200〜250℃である。**
② 燃えているときは、液温が高くなっているので消火が困難な場合がある。（注水すると危険である。）
③ **ヨウ素価の大きい乾性油は、自然発火しやすい。**
④ **アマニ油等の乾性油は、ぼろ布等に染み込んでいると自然発火しやすい。**

簡便法で**合格率アップ！** 大切だから必ず読んでね！

〈重油〉

① こう出たら ✕ 重油は水より重い。 ⇨ 比重は1以下で水より軽い。

② こう出たら ✕ 重油の発火点は、70〜150℃である。 ⇨ 70〜150℃は引火点である。

◆ 問題33　第3石油類、第4石油類、動植物油類、第4類全般 ◆

出題頻度の高い★再現問題

〈第3石油類〉

問1 重油の一般的な性状等について、次のうち誤っているものはどれか。

1. 水に溶けない。
2. 水より重い。
3. 日本工業規格では、1種（A重油）、2種（B重油）及び3種（C重油）に分類されている。
4. 発火点は100℃より高い。
5. 1種及び2種の重油の引火点は、60℃以上である。

問2 重油の性状について、次のうち誤っているものはどれか。

1. 不純物として含まれている硫黄は、燃えると有害なガスになる。
2. 褐色又は暗褐色の液体である。
3. 水には溶けない。
4. 種類により引火点は若干異なる。
5. 発火点は70～150℃である。

得点力UPのポイント ★必ず読んでね！★

今までで、最も間違いやすい問題の一つである。
4項が引火点について問うているので、5項も引火点と早とちりして○印をつける方が多い。文章はきっちりと読むくせをつけよう！

問3 クレオソート油の性状として、次のうち誤っているものはどれか。

1. 濃黄褐色の特異臭のある液体である。
2. 水より重い。
3. アントラセン、フェノール等の成分が含まれている。
4. 引火点は、常温（20℃）より高い。
5. アルコール、ベンゼンに溶け、水にも溶ける。

解法パターン＆コツ

〈第3石油類〉

問1 解答2

○ 1. 重油等の**石油製品は、非水溶性なので水に溶けない**。
× 2. 重油は3種類あるが、比重はすべて**水より軽い**。水より重いと出れば、二硫化炭素は○。他はすべて×になる（p.220の「簡便法」②参照）
○ 3. 日本工業規格では、A、B及びC重油の3種類に分類されている。
○ 4. 発火点が100℃より低い物品は、二硫化炭素の90℃のみであり、他の第4類の危険物はすべて100℃より高い。
○ 5. 1種及び2種の重油の引火点は60℃以上であり、3種は70℃以上である。

出題パターンのアドバイス

比重が1より大きい危険物には、二硫化炭素（1.3）、酢酸（1.05）、グリセリン（1.3）等がある。しかし、実際の試験問題では酢酸等は○×形式の問題にはほとんど出ないので、試験問題で水より重いと出れば二硫化炭素のみが○となり、他はすべて×になる。

問2 解答5

○ 1. 重油に不純物として含まれている硫黄は、燃えると有害な亜硫酸ガスになる。
○ 2. 重油は、褐色又は暗褐色の液体である。
○ 3. 重油は石油製品で非水溶性物品なので、**水には溶けない**。
○ 4. A重油の引火点は低く、C重油の引火点は高い。
× 5. 70～150℃は発火点ではなく、ほぼ引火点の値である。

問3 解答5

○ 1. クレオソート油は、濃黄褐色の特異臭のある液体である。
○ 2. **水より重いので正しいが、二硫化炭素の例外物品として理解する。**
? 3. 5項が誤っているので3項は正しいはずであるが、アントラセン、フェノール等の説明が難しくて説明文がないので？マークとした。
○ 4. クレオソート油の引火点は74℃なので○であるが、物品名に油のつくものの引火点は、常温（20℃）より高い（p.220の「簡便法」③参照）。
× 5. クレオソート油は、アルコール、ベンゼンに溶け、水には溶けない（油の付く油種は、水に溶けないと覚えよう！）。

出題頻度の高い★再現問題

〈第4石油類〉

問4 第4石油類についての説明で、次のうち誤っているものはどれか。

出題ランク ★★☆

1. 切削油を切削作業に使用するときは、単位時間当たりの注油量が少ないと摩擦熱により発火するおそれがある。
2. 引火点が高いので、加熱しないかぎり引火する危険性はない。
3. 熱処理油を用いて焼き入れ作業を行うときは、灼熱している金属を素早く油中に埋没しないと発火する危険性がある。
4. 燃焼しているときに注水すると温度を下げる効果が期待できるので、棒状注水は有効である。
5. 潤滑油や可塑剤として多く使われる。

〈動植物油類〉

問5 動植物油類の自然発火について、次のうち誤っているものはどれか。

出題ランク ★★☆

1. 乾性油より不乾性油の方が、自然発火しやすい。
2. 発火点の高いものほど、自然発火しにくい。
3. ヨウ素価が大きいものほど、自然発火しやすい。
4. 発生する熱が蓄積しやすい状態にあるほど、自然発火しやすい。
5. 貯蔵中は換気をよくするほど、自然発火しにくい。

問6 動植物油類の中で乾性油は自然発火することがあるが、次のうち最も自然発火を起こしやすい状態のものはどれか。

出題ランク ★★★

1. 金属容器に入ったものが、長期間、倉庫に貯蔵されている。
2. ぼろ布等にしみ込んだものが、長期間、通風の悪い所に積んであった。
3. ガラス容器に入れたものが、長時間、直射日光にさらされていた。
4. 水の混入したものが、屋外に貯蔵されていた。
5. 種々の動植物油が、同一場所に大量に貯蔵されていた。

得点力UPのポイント　必ず読んでね！

動植物油類の乾性油による自然発火は、空気中で酸化されることが原因である。金属容器やガラス容器に貯蔵してある等の場合と空気の供給がない場合には、自然発火しない。

解法パターン&コツ

〈第4石油類〉

問4 解答 4

○ 1. 切削油を切削作業に使用するときは、単位時間当たりの**注油量が少ないと摩擦熱により切削工具や油温が高くなり発火する**おそれがある。
○ 2. **第4石油類は引火点が高いので、加熱して液温が200℃以上にならないかぎり引火する危険性はない。**
○ 3. 熱処理油を用いて焼き入れ作業を行うときは、灼熱している金属を素早く油中に埋没しないと、**部分的に液温が上がり発火する危険性がある。**
× 4. 第4石油類は引火点が高いので燃焼時の液温も高く、棒状注水は水分が飛び散り危険で効果がない。泡消火剤等による窒息消火が効果的である。
○ 5. 第4石油類は、ギヤー油等の潤滑油や可塑剤として多く使われる。

〈動植物油類〉

問5 解答 1

× 1. 動植物油の乾性油はヨウ素価が130以上で、不乾性油より自然発火しやすい。
○ 2. 発火点が300℃のAと500℃のBを比較すると、300℃の液温でAは発火するがBは発火点が高いので発火しない。このことから、**発火点の高い油ほど自然発火しにくい。**
○ 3. **ヨウ素価が大きい乾性油は、自然発火しやすい。**
○ 4. **乾性油がしみ込んだ布が積み重ねてあると、発生する熱が蓄積されて温度が上がり自然発火しやすい。**
○ 5. 貯蔵中は換気をよくするほど、蓄積した熱が冷却されるので自然発火しにくい。

問6 解答 2

× 1. 金属容器に入ったものが長期間倉庫に貯蔵されていても、**自然発火しない。**
○ 2. ぼろ布等に乾性油がしみ込んだものを長期間、通風の悪い所に積んでおくと、空気に触れる面積が大きく酸化されやすいので、発熱し自然発火しやすい。
× 3. ガラス容器で乾性油が、長時間直射日光にさらされていても**自然発火しない。**
× 4. 水の混入したものが屋外に貯蔵されていても、**自然発火しない。**
× 5. 種々の動植物油が同一場所に大量に貯蔵されていても、**正しい方法で貯蔵してあれば自然発火しない。**

出題頻度の高い★再現問題

問7 動植物油類の自然発火について、次のうち誤っているものはどれか。

1. 乾性油の方が、不乾性油より自然発火しやすい。
2. ヨウ素価が大きいものほど、自然発火しやすい。
3. 引火点が高いものほど、自然発火しやすい。
4. 発生する熱が蓄積しやすい状態にあるほど、自然発火しやすい。
5. 貯蔵中は換気をよくするほど、自然発火しにくい。

〈自然発火のポイント〉

①自然発火しやすい要素	発火点が低いもの→○
	ぼろ布等にしみ込んだものが、長期間、通風の悪い場所に積んであった場合。→○
②自然発火しにくい	貯蔵中は換気をよくする。→○
③動植物油の引火点	300℃程度である。→×（200～250℃程度のものが多い）
	引火点が高いと自然発火しやすい。→×（関係ない）

問8 動植物油類について、次のうち誤っているものはどれか。

1. 引火点以上に熱すると、火花等による引火の危険性を生じる。
2. 乾性油は、ぼろ布等にしみ込ませ積み重ねておくと自然発火することがある。
3. 水に溶けない。
4. 容器の中で燃焼しているものに注水すると、燃えている油が飛散する。
5. 引火点は、300℃程度である。

〈第4類全般〉

問9 灯油、軽油及び重油について、次のうち誤っているものはどれか。

1. いずれも原油を蒸留して製造した石油製品である。
2. いずれも引火点は、常温（20℃）より高い。
3. いずれも蒸気は、空気より重い。
4. いずれも水に溶けず、軽油は水より軽いが灯油と重油は水より重い。
5. いずれも噴霧状にして燃焼させる方法が、広く用いられている。

解法パターン＆コツ

問7　解答 3

○ 1. ヨウ素価の大きい乾性油の方が、不乾性油より自然発火しやすい。
○ 2. ヨウ素価が大きい乾性油は、自然発火しやすい。
× 3. 引火点の高い低いは、自然発火に関係しない。
○ 4. **乾性油のしみ込んだ布が積み重ねてある等発生する熱が蓄積しやすい状態にあるほど、自然発火しやすい。**
○ 5. 貯蔵中は換気をよくするほど、熱が放散され温度が下がるので自然発火しにくい。

問8　解答 5

○ 1. 動植物油を引火点以上に熱すると、火花等による引火の危険性を生じる。
○ 2. 乾性油はぼろ布等にしみ込ませ積み重ねておくと、**熱が蓄積され**自然発火することがある。
○ 3. 動植物油は、**非水溶性**なので水に溶けない。
○ 4. 容器の中で燃焼しているものに**注水すると、液温が高くなっているので燃えている油が飛散し危険である。**
× 5. 引火点は 200 ～ 250℃程度であり、300℃程度は誤っている。

得点力UPのポイント　★必ず読んでね！★

動植物油類では、①自然発火するのは乾性油（ぼろ布等にしみ込んだものは危険性を増す）、②引火点は 200 ～ 250℃程度　この２点を覚えておけば、ほぼ90％の確率で解答できる（最近の出題傾向より）。

〈第4類全般〉

問9　解答 4

○ 1. 灯油、軽油及び重油は、いずれも原油を蒸留して製造した石油製品である。
○ 2. いずれも引火点は○○油と物品名に油が付くので、常温（20℃）より高い（p.220の「簡便法」③参照）。
○ 3. **第４類の危険物の蒸気（蒸気比重）は、全部１以上で空気より重い。**
× 4. 灯油、軽油及び重油は、いずれも水に溶けず水より軽い。
○ 5. いずれも噴霧状にして燃焼させる方法が、広く用いられている。

◆ 問題 33　第3石油類、第4石油類、動植物油類、第4類全般 ◆

◎ 問題 34 ◎
特殊引火物、アルコール類

Check!

本問の出題率 ➡ 108 %

- 特殊引火物 53%
- アルコール類 55%

凡例：特殊引火物／アルコール類

（円グラフ：その他アルコール、他／ジエチルエーテル／アセトアルデヒド／特殊引火物の総合問題、他／メタノール／エタノール）

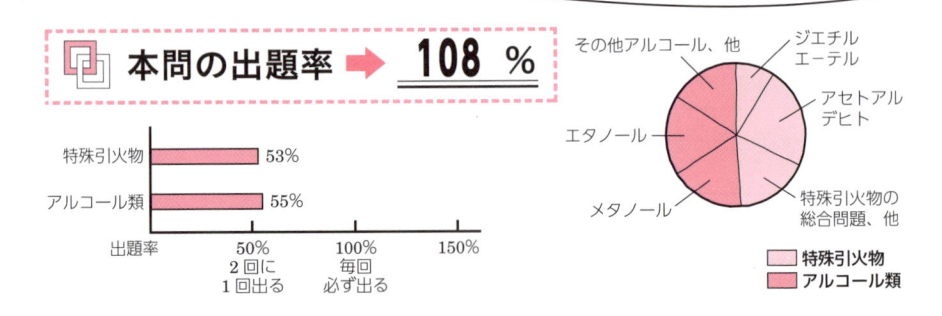

☑ 出題パターンの分析結果にもとづく合格のポイント

1 特殊引火物

　特殊引火物とは、**ジエチルエーテル**、**二硫化炭素**その他1気圧において発火点が100℃以下のもの、又は**引火点が−20℃以下で沸点が40℃以下**のものをいう。

品　名	液比重	沸点〔℃〕	引火点〔℃〕	発火点〔℃〕	燃焼範囲〔vol%〕	水溶性
ジエチルエーテル	0.7	35	−45	160	1.9〜36	△
二硫化炭素	1.3	46	−30以下	90	1.3〜50	×
アセトアルデヒド	0.8	21	−39	175	4.0〜60	○
酸化プロピレン	0.8	35	−37	449	2.3〜36	○

1．ジエチルエーテル

① 無色透明の液体で、刺激性の臭気がある。
② 沸点が低いので揮発（蒸発）しやすく、蒸気は麻酔性がある。
③ 日光や空気に接触すると過酸化物を生じ、加熱、衝撃等により爆発の危険がある。

2．二硫化炭素

① 液比重は水より重い。
② 可燃性蒸気（有毒）の発生を防ぐため水中で貯蔵する。

③ 発火点は 90℃で、危険性が大きい。→第 4 類危険物の中では最も低い。
④ 燃焼すると二酸化硫黄（有毒な亜硫酸ガス）と二酸化炭素を発生する。

3. アセトアルデヒド

① 無色透明の液体で、刺激性の臭気がある。
② 水によく溶けアルコール、ジエチルエーテルにもよく溶ける。
③ 貯蔵する場合は、安全のために不活性ガス（窒素等）を封入する。
④ 熱又は光で分解する性質がある。酸化すると酢酸になる。
⑤ 空気と接触した状態で加圧すると、爆発性の過酸化物を生成するおそれがある。

4. 酸化プロピレン〈別名プロピレンオキサイドともいう〉

① 水によく溶けアルコール、ジエチルエーテルにもよく溶ける。
② 重合する性質があり、その際に熱を発生し、火災、爆発の原因となる。
③ 貯蔵する場合は、安全のために不活性ガス（窒素等）を封入する。

5. 特殊引火物全般の注意点

① 沸点が低いため蒸発しやすく危険である。
② 引火点が低いため引火しやすく危険である。
③ 燃焼範囲がガソリンの約 5 倍以上あり、広くて危険である。

2 アルコール類

　アルコールとは、1 分子を構成する炭素の原子の数が 1 個から 3 個までの飽和 1 価アルコール（変性アルコールを含む）をいい、組成等を勘案して定められている。

品　名	液比重	沸点〔℃〕	引火点〔℃〕	発火点〔℃〕	燃焼範囲〔vol%〕	水溶性
メタノール	0.8	64	11	464	6.0〜36	○
エタノール	0.8	78	13	363	3.3〜19	○
イソプロピルアルコール（2-プロパノール）	0.79	82	15	399	2.0〜12.7	○

1. メタノールとエタノールに共通する特性

① 沸点は 100℃以下である（水は 100℃である）。
② 燃焼範囲は、ガソリンより広い。
③ 青白く淡い炎を出して燃焼するため、日中では炎が見えにくいことがある。
④ メタノールには毒性があるが、エタノールには毒性がない。

⑤ 水で希釈して濃度を低くすると、蒸気圧は低くなり引火点は高くなる。

常温での引火の可否

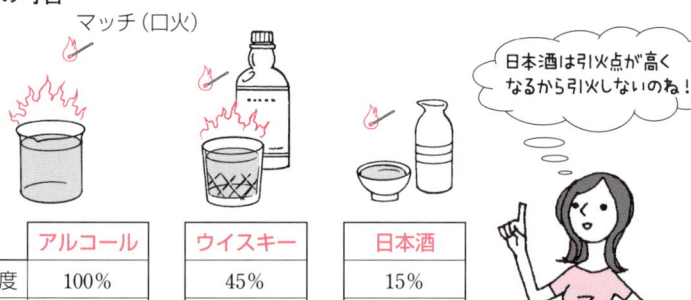

マッチ（口火）

日本酒は引火点が高くなるから引火しないのね！

	アルコール	ウイスキー	日本酒
アルコール濃度	100%	45%	15%
引火点	13℃	約30℃	—
引火の可否	○	○	×

⑥ 三酸化クロム（無水クロム酸＝第１類危険物で酸化剤）と接触すると激しく反応して、発火することがある。

⑦ アルコール類（含グリセリン）は、ナトリウムと反応して水素を発生する。

★ 簡便法で**合格率アップ！** ★大切だから必ず読んでね！

1. 特殊引火物

①ジエチルエーテル	日光や空気に触れると爆発性の過酸化物を作る。→○
②二硫化炭素	発火点は 90℃で、これ以外に 100℃以下はない。→○
	水より重い→○　蒸気は有毒→○　水没貯蔵→○
③アセトアルデヒド	水に溶ける→○　熱、光で分解する→○
	加圧状態で、爆発性の過酸化物生成のおそれあり。→○

2. アルコール

①アルコール全般	沸点は水（100℃）より低い。　→○
	燃焼範囲は、ガソリンより狭い。→×
	いずれも水溶性で濃度が低いほど引火点が下がる。→×
	引火点　メタノール 11℃→○　エタノール 13℃→○
②メタノール	メタノールの毒性はエタノールより高い→○

第3章　危険物の性質・火災予防・消火の方法

出題頻度の高い★再現問題

〈特殊引火物〉

問1 アセトアルデヒドの性状について、次のうち誤っているものはどれか。

出題ランク ★★☆
1. 無色透明の液体である。
2. 空気と接触して加圧すると、爆発性の過酸化物をつくることがある。
3. 熱、光に比較的安定で、直射日光でも分解しない。
4. 火炎は色が薄く見えにくい。
5. 水やアルコールによく溶ける。

問2 アセトアルデヒドの性状について、次のうち誤っているものはどれか。

出題ランク ★★☆
1. 無色透明の液体である。　　2. エタノールには溶けるが、水には溶けない。
3. 特有の刺激臭のある液体である。　　4. 酸化すると酢酸を生じる。
5. 沸点が低く、非常に揮発しやすい。

解法パターン＆コツ

〈特殊引火物〉

問1 解答 3

○1. アセトアルデヒドは、無色透明の液体である（p.221の「簡便法」⑦参照）。
○2. 空気と接触して加圧すると、爆発性の過酸化物をつくることがある。
×3. アセトアルデヒドは、熱、光で分解する性質がある。
○4. 火炎は色が薄く見えにくい。
○5. アセトアルデヒドは**水溶性液体なので、水やアルコールによく溶ける**。

問2 解答 2

×2. アセトアルデヒドは、水溶性液体なのでエタノールにも水にも溶ける。
○3. 特有の刺激臭（具体的な臭いなのでOK）のある液体である。
○4. 酸化すると酢酸を生じる。
○5. アセトアルデヒドの沸点は21℃と低く、非常に揮発しやすい。夏季に容器のふたが外れていると、沸騰して、全部が蒸発（揮発）してしまうおそれがある。

出題頻度の高い★再現問題

問3 特殊引火物について、次のうち誤っているものはどれか。
1. 引火点は、-20℃以下のものがある。
2. 水に溶けるものがある。
3. 40℃の温度で、沸騰するものがある。
4. 水より重いものがある。
5. 発火点は、100℃を超えるものはない。

問4 ジエチルエーテルと二硫化炭素について、次のうち誤っているものはどれか。
1. どちらも燃焼範囲は極めて広い。
2. どちらも発火点はガソリンより低い。
3. どちらも水より重い。
4. ジエチルエーテルの蒸気は麻酔性があり、二硫化炭素の蒸気は毒性がある。
5. どちらも二酸化炭素、ハロゲン化物などが消火剤として有効である。

〈アルコール類〉

問5 第4類のアルコール類に共通する性状で、次のうち誤っているものはどれか。
1. 無色透明の液体である。
2. 水より軽い液体である。
3. 沸点は水より高い。
4. 特有の芳香を有する。
5. 水に任意の割合で溶ける。

問6 エタノールの性質について、次のうち誤っているものはどれか。
1. 沸点は、100℃より低い。
2. 引火点は、0℃以下である。
3. 水溶性で、水とはどんな割合にも溶け合う。
4. 無色透明で、芳香がある。
5. 水より軽い。

解法パターン&コツ

問3 解答 5

- ○ 1. 試験に出る範囲内の特殊引火物の引火点は、**すべて−20℃以下である**。
- ○ 2. **アセトアルデヒド、酸化プロピレンは、水に溶ける**。
- ○ 3. ジエチルエーテル、アセトアルデヒド等は、40℃以下の温度で沸騰する。
- ○ 4. **二硫化炭素は、比重1.3で水より重い**。
- × 5. 特殊引火物の発火点は、二硫化炭素が90℃で他は全部100℃を超えている。

問4 解答 3

- ○ 1. 特殊引火物の**燃焼範囲は、すべて広くて危険である**。
- ○ 2. ジエチルエーテル及び二硫化炭素の発火点は、ガソリンの約300℃より低い。
- × 3. 二硫化炭素は比重1.3で水より重いが、ジエチルエーテルは水より軽い。
- ○ 4. ジエチルエーテルの蒸気は麻酔性があり、二硫化炭素の蒸気は毒性がある。
- ○ 5. どちらも二酸化炭素、ハロゲン化物などが消火剤として有効である。

〈アルコール類〉

問5 解答 3

- ○ 1. アルコール類は無色透明の液体であると出れば、すべて○となる。
- ○ 2. 水より軽い液体であると出れば、p.220「簡便法」②よりすべて○となる。
- × 3. 試験に出る範囲内のアルコール類の沸点は、水より高いではなくすべて低い。
- ○ 4. 特有の芳香を有すると出れば、すべて○となる。
- ○ 5. アルコール類は水溶性なので、水に任意の割合で溶ける。

解法のテクニック

p.220〜221の「簡便法で合格率アップ」を活用しよう！

問6 解答 2

- ○ 1. エタノールをはじめアルコール類の沸点は、すべて100℃より低い。
- × 2. エタノールの引火点は、日本酒をいさん（13）で飲もうで13℃と覚えよう！
- ○ 3. エタノールは水溶性で、水とはどんな割合にも溶け合う。
- ○ 4. 無色透明で、芳香があると出れば、p.221の「簡便法」⑦より→○となる。
- ○ 5. 水より軽いと出れば、p.220の「簡便法」②より→すべて○となる。

◎ 問題 35 ◎

第1石油類-2（ベンゼン、トルエン、アセトン他）

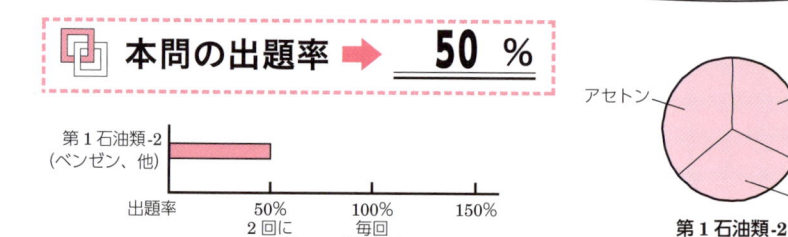

本問の出題率 ➡ **50** %

☑ 出題パターンの分析結果にもとづく合格のポイント

第1石油類とは、アセトン、ガソリンその他1気圧において引火点が21℃未満のものをいう。

品　名	液比重	沸点〔℃〕	引火点〔℃〕	発火点〔℃〕	燃焼範囲〔vol%〕	水溶性
ベンゼン	0.9	80	－11	498	1.2～7.8	×
トルエン	0.9	111	4	480	1.1～7.1	×
アセトン	0.8	56	－20	465	2.5～12.8	○

1. ベンゼン

① 芳香族炭化水素で無色透明の液体。芳香性の臭気がある。
② 水に溶けないが、アルコールやジエチルエーテル等の有機溶剤によく溶ける。
③ 揮発性があり、蒸気は有毒である。

2. トルエン

① 蒸気に毒性があるが、ベンゼンよりも小さい。
② 他の特性はベンゼンに同じ。

3. アセトン

① 無色透明の液体で、特有の臭気がある。

② 水に溶けるほか、アルコール、ジエチルエーテル等の有機溶剤にもよく溶ける。
③ 水溶性液体用泡消火剤が最適である。

危険物には、非水溶性と水溶性の二種類がある

非水溶性
ベンゼン
トルエン
ガソリンなど

水溶性
アセトン
アルコールなど

4．エチルメチルケトン（メチルエチルケトン）

① 通気口付きの貯蔵容器には収納できない。
② 水にわずかに溶け、アルコール、ジエチルエーテル等の有機溶剤にはよく溶ける。

簡便法で合格率アップ！ ★大切だから必ず読んでね！

	こう出たら	
①ベンゼン、トルエン	こう出たら ✕	水によく溶ける
	こう出たら ◯	有機溶剤に溶ける
	こう出たら ✕	動植物油を溶かすがエタノールには溶けない
	こう出たら ✕	トルエンの引火点はベンゼンより低い
②アセトン	こう出たら ◯	引火点は常温（20℃）より低い。
	こう出たら ✕	水に溶けない
	こう出たら ✕	ジエチルエーテル、エタノール等の有機溶剤に溶けない。

5．簡便法による引火点の覚え方

アセトン　　－20℃ ➡ アセトン成人式（成人式＝20才）
ベンゼン　　－11℃ ➡ ベンツはドイツの車（ドイツ＝どーいつ＝11）
トルエン　　　4℃ ➡ 4リットルエンジン

出題頻度の高い★再現問題

問1 ベンゼンの性状等で、次のうち誤っているものはどれか。

1. 揮発性を有し無色透明の液体で、芳香を有する。
2. 水によく溶けるが、多くの有機溶剤には溶けない。
3. 一般に樹脂、油脂等をよく溶かす。
4. 融点が5.5℃であるため、冬季には固化することがある。
5. 蒸気は毒性が強いため、吸入すると危険である。

問2 トルエンの性状について、次のうち正しいものはどれか。

1. 蒸気は空気より軽い。
2. 褐色の芳香ある液体である。
3. エタノールや水に溶けない。
4. 引火点は、ベンゼンより高い。
5. 蒸気の燃焼範囲は、おおよそ1〜60%と極めて広い。

問3 ベンゼンとトルエンの性状として、次のうち誤っているものはどれか。

1. いずれも無色透明の液体で、環式炭化水素である。
2. いずれも引火点は、常温（20℃）以下である。
3. トルエンは水に溶けないが、ベンゼンは水によく溶ける。
4. 蒸気はいずれも有毒である。
5. いずれも水より軽い。

解法パターン＆コツ

問1　解答 2

○ 1. ベンゼンは無色透明で芳香性があると出れば、○で OK である。また、沸点が低いので揮発性が大きい。p.221 の「簡便法」⑦参照。
× 2. **ベンゼンは**非水溶性で水に溶けないが、多くの有機溶剤（アルコール等）によく溶ける。
○ 3. ベンゼンは有機溶剤（ペンキのうすめ液等）でもあり、一般に樹脂、油脂等をよく溶かす。
○ 4. 融点が 5.5℃であるため、冬季には固化（固体になること）することがある。
○ 5. ベンゼンの蒸気は、毒性が強いため吸入すると危険である。

問2　解答 4

× 1. トルエンの蒸気（蒸気比重）は、**空気より軽いではなく重い**。
× 2. トルエンは**褐色ではなく、無色透明**の芳香ある液体である。
× 3. **エタノールには溶けるが**、非水溶性なので水には溶けない。
○ 4. トルエンの引火点は 4 リットルエンジン（引火点の覚え方）で 4℃、ベンゼンはベンツはドイツ（ど―いつ＝11）の車（引火点の覚え方）で－11℃で、トルエンの引火点はベンゼンより高い。
× 5. トルエンの燃焼範囲は、ガソリンとほぼ同じで狭い。1～60％は燃焼範囲が広くて危険な、特殊引火物に近いものであり誤っている。

問3　解答 3

○ 1. ベンゼン、トルエン共に無色透明の液体で、環式炭化水素である。
○ 2. ベンゼンの引火点はベンツはドイツ（ど―いつ＝11）の車で－11℃で、トルエンは 4 リットルエンジン（引火点の覚え方）で 4℃、いずれも引火点は常温（20℃）以下である。
× 3. トルエン、ベンゼンは非水溶性物品なので、いずれも水に溶けない。
○ 4. 蒸気はいずれも有毒である。毒性はベンゼンのほうが大きい。
○ 5. いずれも水より軽いと出れば、二硫化炭素以外は全部○である（p.220「簡便法」②参照）。

出題頻度の高い★再現問題

問4 ベンゼンとトルエンについて、次のうち誤っているものはどれか。

1. いずれも芳香族炭化水素である。
2. いずれも引火点は常温（20℃）より低い。
3. いずれも動植物油を溶かすが、エタノールには溶けない。
4. 蒸気はいずれも有毒である。
5. いずれも無色の液体で水より軽い。

問5 アセトンの性状について、次のうち誤っているものはどれか。

1. 揮発しやすい。
2. 水に不溶で、水に浮く。
3. 無色で特有の臭気を有する液体である。
4. 引火点は、常温（20℃）より低い。
5. 発生する蒸気は空気より重いので、低所に滞留する。

問6 アセトンの性状として、次のうち誤っているものはどれか。

1. 無色無臭の液体である。
2. 沸点は水より低い。
3. 酸化性物質と混合すると、激しく反応して発火することがある。
4. 引火点は、常温（20℃）より低い。
5. 水、ジエチルエーテル、クロロホルムに任意の割合で溶ける。

解法パターン＆コツ

問4　解答 3

- ○ 1. ベンゼン、トルエンいずれも芳香族炭化水素である。
- × 3. いずれも動植物油や有機溶剤のエタノール等によく溶ける。
- ○ 5. いずれも無色透明の液体で水より軽い（p.220～221の「簡便法」②⑦参照）。

問5　解答 2

- ○ 1. アセトンは、沸点が低いので揮発（蒸発）しやすい。
- × 2. アセトンは、水溶性液体なので水によく溶ける。水に溶けるので、ガソリンのように水に浮くことはない。
- ○ 3. 無色透明で特有の臭気を有する液体である（p.221の「簡便法」⑦より○）。
- ○ 4. アセトンの引火点は、アセトン成人式（引火点の覚え方で成人式＝20才）で－20℃であり、常温（20℃）より低い。
- ○ 5. 第4類危険物の発生する蒸気は、すべて空気より重いので低所に滞留する。

問6　解答 1

- × 1. アセトンが無色無臭は誤っている（p.221の「簡便法」⑦参照）。
- ○ 2. アセトンの沸点は、水の100℃より相当に低い。
- ○ 3. 第1類や第6類の酸化性物質と混合すると、激しく反応して発火することがある（p.221の「簡便法」⑩参照）。
- ○ 5. 水、ジエチルエーテル、クロロホルムに任意の割合（1％でも99％でも溶けるということ）で溶ける。

◆ 問題35　第1石油類-2 ◆

解 答 用 紙

A4（130%）に拡大してコピーして下さい。

番号		答	番号		答	番号		答	番号		答	番号		答
	1 2 3 4 5			1 2 3 4 5			1 2 3 4 5			1 2 3 4 5			1 2 3 4 5	
	1 2 3 4 5			1 2 3 4 5			1 2 3 4 5			1 2 3 4 5			1 2 3 4 5	
	1 2 3 4 5			1 2 3 4 5			1 2 3 4 5			1 2 3 4 5			1 2 3 4 5	
	1 2 3 4 5			1 2 3 4 5			1 2 3 4 5			1 2 3 4 5			1 2 3 4 5	
	1 2 3 4 5			1 2 3 4 5			1 2 3 4 5			1 2 3 4 5			1 2 3 4 5	
	1 2 3 4 5			1 2 3 4 5			1 2 3 4 5			1 2 3 4 5			1 2 3 4 5	
	1 2 3 4 5			1 2 3 4 5			1 2 3 4 5			1 2 3 4 5			1 2 3 4 5	
	1 2 3 4 5			1 2 3 4 5			1 2 3 4 5			1 2 3 4 5			1 2 3 4 5	
	1 2 3 4 5			1 2 3 4 5			1 2 3 4 5			1 2 3 4 5			1 2 3 4 5	
	1 2 3 4 5			1 2 3 4 5			1 2 3 4 5			1 2 3 4 5			1 2 3 4 5	
	1 2 3 4 5			1 2 3 4 5			1 2 3 4 5			1 2 3 4 5			1 2 3 4 5	
	1 2 3 4 5			1 2 3 4 5			1 2 3 4 5			1 2 3 4 5			1 2 3 4 5	
	1 2 3 4 5			1 2 3 4 5			1 2 3 4 5			1 2 3 4 5			1 2 3 4 5	
	1 2 3 4 5			1 2 3 4 5			1 2 3 4 5			1 2 3 4 5			1 2 3 4 5	
	1 2 3 4 5			1 2 3 4 5			1 2 3 4 5			1 2 3 4 5			1 2 3 4 5	
	1 2 3 4 5			1 2 3 4 5			1 2 3 4 5			1 2 3 4 5			1 2 3 4 5	
	1 2 3 4 5			1 2 3 4 5			1 2 3 4 5			1 2 3 4 5			1 2 3 4 5	
	1 2 3 4 5			1 2 3 4 5			1 2 3 4 5			1 2 3 4 5			1 2 3 4 5	
	1 2 3 4 5			1 2 3 4 5			1 2 3 4 5			1 2 3 4 5			1 2 3 4 5	
	1 2 3 4 5			1 2 3 4 5			1 2 3 4 5			1 2 3 4 5			1 2 3 4 5	
	1 2 3 4 5			1 2 3 4 5			1 2 3 4 5			1 2 3 4 5			1 2 3 4 5	
	1 2 3 4 5			1 2 3 4 5			1 2 3 4 5			1 2 3 4 5			1 2 3 4 5	
	1 2 3 4 5			1 2 3 4 5			1 2 3 4 5			1 2 3 4 5			1 2 3 4 5	
	1 2 3 4 5			1 2 3 4 5			1 2 3 4 5			1 2 3 4 5			1 2 3 4 5	
	1 2 3 4 5			1 2 3 4 5			1 2 3 4 5			1 2 3 4 5			1 2 3 4 5	
	1 2 3 4 5			1 2 3 4 5			1 2 3 4 5			1 2 3 4 5			1 2 3 4 5	
	1 2 3 4 5			1 2 3 4 5			1 2 3 4 5			1 2 3 4 5			1 2 3 4 5	
	1 2 3 4 5			1 2 3 4 5			1 2 3 4 5			1 2 3 4 5			1 2 3 4 5	
	1 2 3 4 5			1 2 3 4 5			1 2 3 4 5			1 2 3 4 5			1 2 3 4 5	
	1 2 3 4 5			1 2 3 4 5			1 2 3 4 5			1 2 3 4 5			1 2 3 4 5	

※適宜番号を入れ、各問の1項～5項に○印 ×印をして使って下さい。

- 本書の内容に関する質問は，オーム社ホームページの「サポート」から，「お問合せ」の「書籍に関するお問合せ」をご参照いただくか，または書状にてオーム社編集局宛にお願いします。お受けできる質問は本書で紹介した内容に限らせていただきます。なお，電話での質問にはお答えできませんので，あらかじめご了承ください。
- 万一，落丁・乱丁の場合は，送料当社負担でお取替えいたします。当社販売課宛にお送りください。
- 本書の一部の複写複製を希望される場合は，本書扉裏を参照してください。

JCOPY ＜出版者著作権管理機構 委託出版物＞

過去問パターン分析！
乙4類危険物試験　解法ガイド

2016 年 6 月 25 日　第 1 版第 1 刷発行
2023 年 4 月 10 日　第 1 版第 9 刷発行

著　　者　鈴木幸男
発行者　村上和夫
発行所　株式会社オーム社
　　　　郵便番号　101-8460
　　　　東京都千代田区神田錦町 3-1
　　　　電話　03(3233)0641(代表)
　　　　URL　https://www.ohmsha.co.jp/

© 鈴木幸男 2016

組版　新生社　印刷・製本　三美印刷
ISBN978-4-274-21912-2　Printed in Japan

●第4類危険物の特性

品名	特殊引火物 ジエチルエーテル	特殊引火物 二硫化炭素	特殊引火物 アセトアルデヒド	特殊引火物 酸化プロピレン	第1石油類 ガソリン	第1石油類 ベンゼン	第1石油類 トルエン	第1石油類 アセトン	第1石油類 酢酸エチル	第1石油類 エチルメチルケトン	アルコール類 メタノール(メチルアルコール)	アルコール類 エタノール(エチルアルコール)	アルコール類 イソプロピルアルコール(2-プロパノール)
液比重(水＝1)	0.7	1.3	0.8	0.83	0.65〜0.75	0.9	0.9	0.8	0.9	0.8	0.8	0.8	0.79
沸点〔℃〕	35	46	21	35	40〜220	80	111	56	77	80	64	78	82
引火点〔℃〕	−45	−30以下	−39	−37	−40以下	−11	4	−20	−4	−9	11	13	15
発火点〔℃〕	160	90	175	449	約300	498	480	465	426	404	464	363	399
水溶性	△	×	○	○	×	×	×	○	×	△	○	○	○
備考	爆発性の過酸化物に注意	蒸気は有毒。水没貯蔵する		重合の際に発熱し危険性が大	燃焼範囲1.4〜7.6％ 自動車、航空、工業ガソリン	蒸気は有毒	毒性はベンゼンより少ない			メチルエチルケトン	有毒	麻酔性	燃焼時は炎が見えにくく、煙も出ない。ナトリウムを加えると水素を発生する

危険性が高い
引火点が低い
引火しやすい
沸点が低い
蒸発しやすい（揮発しやすい）
蒸気圧が高い

	第2石油類				第3石油類					第4石油類		動植物油類		
	灯油	軽油	クロロベンゼン	キシレン(オルト)	酢酸	重油	クレオソート油	アニリン	ニトロベンゼン	エチレングリコール	グリセリン	ギヤー油	シリンダー油	アマニ油、キリ油	ナタネ油、綿実油	オリーブ油、ツバキ油
	約0.8	約0.85	1.1	0.88	1.05	0.9〜1.0	1.0以上	1.01	1.2	1.1	1.3	0.9	0.95	1以下	1以下	1以下
	145〜270	170〜370	132	144	118	300以上	200以上	185	211	198	291					
	40以上	45以上	28	33	39	60〜150	74	70	88	111	199	220	250	200〜250	200〜250	200〜250
	220	220	593	463	463	250〜380	336	615	482	398	370					
	×	×	×	×	○	×	×	△	×	○	○	×	×	×	×	×
	引火点以下でも霧状は危険。石油製品は自然発火しない	引火点以下でも霧状は危険。布に染み込んだものは空気の接触面積が大となり危険			酢は約4%の水溶液 *一般に96%以上のものを氷酢酸という	A、B、C重油の3種類あり、粘度等が異なる、引火点、		ナトリウムと反応して水素を発生する						乾性油(ヨウ素価130以上)自然発火に注意	半乾性油(ヨウ素価100〜130)	不乾性油(ヨウ素価100以下)

比較的安全
引火点が高い
引火しにくい
沸点が高い
蒸発しにくい
蒸気圧が低い